D1822614

मध्यकालीन भारत में प्रौद्योगिकी

[ई. 650-1750]

भारत का लोक इतिहास-20

भारत का लोक इतिहास–20

मध्यकालीन भारत में प्रौद्योगिकी

[ई. 650–1750]

इरफ़ान हबीब

अनुवाद

अवधेश कुमार सिंह

राजकमल प्रकाशन

ISBN : 978-81-267-2791-9

मूल्य : ₹695

© अलीगढ़ हिस्टोरियन्स सोसाइटी
© हिन्दी अनुवाद, राजकमल प्रकाशन प्रा. लि.

पहला संस्करण : 2016
चौथा संस्करण : 2025
This book is printed on **Print on Demand** Technology : 2025

प्रकाशक : राजकमल प्रकाशन प्रा. लि.
1-बी, नेताजी सुभाष मार्ग, दरियागंज
नई दिल्ली-110 002

शाखाएँ : अशोक राजपथ, साइंस कॉलेज के सामने, पटना-800 006
पहली मंजिल, दरबारी बिल्डिंग, महात्मा गांधी मार्ग, प्रयागराज-211 001
1, अनमोल सोराबजी संतुक लेन, धोबी तलाव, मरीन लाइंस, मुम्बई-400 002

वेबसाइट : www.rajkamalprakashan.com
ई-मेल : info@rajkamalprakashan.com

MADHYAKALIN BHARAT MEIN PRODHYOGIKI
by Irfan Habib
Translated by Awadhesh Kumar Singh

इस पुस्तक के सर्वाधिकार सुरक्षित हैं। प्रकाशक की लिखित अनुमति के बिना इसके किसी भी अंश को, फोटोकॉपी एवं रिकॉर्डिंग सहित इलेक्ट्रॉनिक अथवा मशीनी, किसी भी माध्यम से अथवा ज्ञान के संग्रहण एवं पुनःप्रयोग की प्रणाली द्वारा, किसी भी रूप में, पुनरुत्पादित अथवा संचारित-प्रसारित नहीं किया जा सकता।

प्रस्तावना

भारतीय लोक इतिहास (पीपुल्स हिस्ट्री ऑफ इंडिया) शृंखला में प्रकाशित पुस्तकों में मध्यकालीन भारत के विषय में यह पहला विनिबन्ध है। यह पुस्तक मध्यकालीन भारत के प्रौद्योगिकी सम्बन्धी अध्ययन पर केन्द्रित है। इस विषय पर अनेक महत्त्वपूर्ण शोधों के बावजूद कोई भी पाठ्यपुस्तक या सामान्य कार्य उपलब्ध नहीं है। विनिबन्ध के विषय की थोड़ी व्याख्या आवश्यक है। शब्दकोश से पता चलता है कि अंग्रेजी के शब्द 'टेक्नोलॉजी' (प्रौद्योगिकी) की उत्पत्ति ग्रीक शब्द टेक्नोलाजिया से हुई है जिसका अर्थ व्यवस्थित ढंग से कला का निरूपण है। ग्रीक शब्द टेक्नी का अर्थ कला या कौशल है। अंग्रेजी में टेक्नोलॉजी शब्द के प्रयोग ने इसके अर्थ को विस्तार प्रदान किया और इसका प्रयोग सभी प्रकार के यांत्रिक उपकरणों और ऐसी व्यावहारिक गतिविधियों में होने लगा है जिससे कुछ भौतिक लक्ष्य (जैसे—किसी विशेष प्रकार के माल का उत्पादन या कोई विशेष प्रकार का सेवा कार्य) पूरा हो। इसमें सैद्धान्तिक ज्ञान का व्यावहारिक प्रयोग भी शामिल है, परन्तु यह केवल यहीं तक सीमित नहीं है। सीमित पृष्ठों की इस छोटी पुस्तक में हम लोगों ने प्रौद्योगिकी के सर्वाधिक विस्तृत दृष्टिकोण और दायरे पर विचार प्रस्तुत किए हैं। इस विनिबन्ध में जहाँ कहीं प्रौद्योगिकी के साथ विज्ञान की टकराहट है वहाँ पर यदा-कदा विज्ञान की भी चर्चा की गई है परन्तु विज्ञान के इतिहास पर यहाँ तक कि कीमियागरी और फलित ज्योतिष ऐसे छद्म विज्ञान के विषय को भी हल करने की कोई महत्त्वाकांक्षा नहीं है। दूसरी तरफ प्रौद्योगिकी की सर्वाधिक महत्त्वपूर्ण शाखा उत्पादन की प्रौद्योगिकी होने के कारण प्रथम और दूसरे अध्याय में कृषि और गैर कृषि शिल्प का सर्वेक्षण किया गया है। अन्तिम अध्याय में, पूर्व आधुनिक काल में भारत में प्रौद्योगिकी विकास पर लगे सामाजिक, आर्थिक और सांस्कृतिक प्रतिबन्धों पर विमर्श किया गया है। इस पुस्तक में काल विभाजन की सर्वाधिक उदार प्रचलित योजना के अनुसार 650 से 1750 तक के मध्यकाल को सम्मिलित किया गया है।

इस शृंखला में प्रकाशित पूर्व की अन्य पुस्तकों की ही तरह हमारा उद्देश्य गैर तकनीकी पद्धति से पाठकों को एकदम सही सूचना उपलब्ध कराना है, साथ-

ही-साथ उसे ऐतिहासिक विश्लेषण की अन्य बड़ी समस्याओं से परिचित भी कराना है।

अन्य पुस्तकों की तुलना में इस पुस्तक के मूल लेख की प्रामाणिकता के लिए अनेक अति आवश्यक चित्रों को प्रस्तुत किया गया है। हमारे स्रोतों की प्रकृति, अनेक अन्वेषणों और उनके विस्तार, अन्य सभ्यताओं के महत्त्वपूर्ण प्रौद्योगिकीय योगदान तथा प्रारम्भिक प्रौद्योगिकीय शब्दों के बारे में विशेष, विस्तृत टिप्पणियाँ की गई हैं। पाठकों की सुविधा के लिए स्रोतों से प्राप्त 'निष्कर्षों' को प्रौद्योगिकी के इतिहासकारों के साक्ष्यों के साथ प्रस्तुत किया गया है। पुरानी पुस्तकों से लिए गए उद्धरणों और निष्कर्षों दोनों में, अंग्रेजी शब्दों की पुरानी स्पेलिंग के स्थान पर आजकल प्रयुक्त स्पेलिंग का प्रयोग किया गया है। प्रत्येक अध्याय के पूरक के रूप में कालानुक्रम की सारिणी प्रस्तुत है।

सम्पूर्ण शृंखला के लिए स्वीकृत योजना के अनुसार, स्रोतों से लिए गए उद्धरणों या प्रत्येक तथ्य के लिए सन्दर्भ प्रस्तुत नहीं किए गए हैं बल्कि इसके स्थान पर हर अध्याय के अन्त में स्पष्ट और पूर्ण ग्रन्थ सूची संलग्न है ताकि जो भी पाठक चाहे उस पुस्तक या शोध-पत्र को पढ़ सके जहाँ पर उस सन्दर्भ में विस्तृत विवरण उपलब्ध है।

ग्रंथ सूची सम्बन्धी टिप्पणी को अधिक लम्बा न करने के लिए, खुद स्रोतों के बारे में सन्दर्भ नहीं दिए जा सके हैं, यद्यपि उनके नम्बर मूल लेख में दिए गए हैं। हालाँकि सभी 'निष्कर्षों' के बारे में स्रोतों के पूर्ण सन्दर्भ प्रस्तुत किए गए हैं।

यथासम्भव सभी नामों को लिप्यन्तरित किया गया है। संस्कृत और प्राकृत के शब्दों के लिए वही पद्धति प्रयोग की गई है जो इस शृंखला की पुस्तक नम्बर 3, 3ए और 4 में प्रयोग हुई है। विद्वत्तापूर्ण मानक लिप्यान्तर के साथ सी, सीएच, आर और एस अक्षरों के स्थान पर क्रमशः भिन्न रूप में हमारी पुस्तकों में सीएच, सीएचएच, आरआई, एसएच और एसएच का प्रयोग हुआ है और आर के स्थान पर पूर्ण आर का प्रयोग हुआ है, जैसे—हिन्दुस्तानी 'सरक' (सड़क), फारसी (और अरबी) शब्दों के लिए वह लिप्यान्तर पद्धति प्रयोग की गई है जो स्टिंगास की परशियन-अंग्रेजी शब्दकोश में प्रयोग हुई है। इसे कुछ अधिक सरल किया गया है। अरबी शब्दों के प्रयोग में हम 'अला अलदीन' के स्थान पर 'अलाउद्दीन' का उच्चारण करते हैं क्योंकि 'अलाउद्दीन' उच्चारण करने में अधिक प्रचलित है।

एक छोटी-सी बात यह भी है कि हिजरी सन् सामान्य रूप से ईसाइयों के दो दौर के युगों के अनुरूप हैं, हम लोगों ने केवल एक ही हिजरी सन् का प्रयोग कर इसे सरल कर दिया है।

इस पुस्तक की तैयारी में अनेक लोगों ने सहयोग प्रदान किया। प्रौद्योगिकीय सामग्री के साक्ष्य प्रस्तुत करने के लिए 1969–1970 के दौरान एक असाधारण और सजग चित्रकार मि. सैय्यद मोहम्मद ने मुग़लकालीन और बाद के अनुशासन (स्कूलों) के प्रकाशित लघुचित्रों से हमारे लिए श्वेत–श्याम चित्रों को निर्मित किया। उनमें से कुछ चित्र नं. 2.9, 2.11, 2.14–16, 3.4, 3.5, 3.7 और 3.10 को यहाँ पर प्रकाशित किया गया है। इसके अतिरिक्त मुख्य पृष्ठ पर भी दो चित्र मिलाकर कुल ग्यारह चित्र यहाँ पर प्रकाशित किए हैं। फ़ैज़ हबीब ने 1.1 और 3.1 नक्शों को तैयार किया। (बाद वाले नक्शे में मूल लेख में प्रस्तुत अनेक स्थानों सहित अनेक पुरातन स्थलों को दर्शाया गया है।)

डॉ. इशरत आलम ने मेरा मसविदा गौर से पढ़ा और मध्यकालीन प्रौद्योगिकी के बारे में अपने विशद ज्ञान का प्रयोग कर इसे समृद्ध करने और कुछ जगहों पर कमियाँ दूर करने के महत्त्वपूर्ण सुझाव दिए। उनके इस कार्य के लिए मैं आभारी हूँ। मिस्टर अरशद अली ने अलीगढ़ हिस्टोरियन सोसाइटी के कार्यालय सम्बन्धी अनेक कार्यों को सँभाला और मि. इदरीस बेग ने तमाम सामग्री को जिराक्स कराने से लेकर विभिन्न कार्यों में सहयोग दिया।

मैं अलीगढ़ मुस्लिम विश्वविद्यालय के सेन्टर फॉर एडवान्स स्टडीज, इतिहास विभाग के पुस्तकालय के समस्त स्टाफ का आभारी हूँ जिन्होंने बेहद विनम्रतापूर्वक मेरी आवश्यकता की समस्त सामग्री को खोजा और उपलब्ध कराया।

अलीगढ़ हिस्टोरियन सोसाइटी की सेक्रेट्री प्रोफेसर शिरीन मुसवी ने हमेशा की ही तरह इस समस्त कार्य की देखभाल की, पुस्तक की मूल सामग्री तैयार करने से लेकर प्रेस कापी तैयार होने तक हर स्तर पर उन्होंने व्यवस्था की और अन्त में मैं 'तूलिका बुक्स' के डॉ. राजेन्द्र प्रसाद और सुश्री इन्द्रिरा चन्द्रशेखर का आभारी हूँ जो बहुत ही सावधानीपूर्वक इस इतिहास श्रृंखला के प्रकाशन का कार्य सम्पन्न कर रहे हैं।

दिसम्बर 2008 **इरफ़ान हबीब**

दूसरे संस्करण (पेपर बैक) के लिए नोट

डॉ. अमित मिश्रा द्वारा सुझाई गई कमियों सहित कुछ कमियाँ और छपाई की गलतियों को सुधार लिया गया है। मैंने कुछ जगहों पर व्याख्या को समृद्ध किया है और कुछ सूचनाओं को जोड़ा है।

दिसम्बर 2009 **इरफ़ान हबीब**

तीसरे संस्करण (पेपर बैक) के लिए नोट

प्रोफेसर श्रीरामुला आर शर्मा ने बड़ी विनम्रतापूर्वक, रेत घड़ी, जल घड़ी और खगोलीय यंत्रों तथा कुछ अन्य सामग्री सम्बन्धी त्रुटियों को ठीक करने के अनेक सुझाव पेश किए हैं। पुस्तक की सीमाओं को ध्यान में रखते हुए इन सुधारों को शामिल किया गया है और कुछ अन्य चूकों को भी सुधार लिया गया है। मैं प्रोफेसर शर्मा का आभारी हूँ।

नवम्बर 1912

इरफ़ान हबीब

तालिकाएँ, नक्शे और चित्र

तालिकाएँ

नक्शे

चित्र

अनुक्रम

कृषि

1.1 फसलें और औजार

पुरातन इतिहास

भारतीय उप महाद्वीप में कृषि का इतिहास करीब नौ हजार साल पुराना है। प्रसिद्ध बोलान दर्रे (बलूचिस्तान–पाकिस्तान में) के ठीक नीचे काच्छी के मैदान में निवास करने वाले 7000 वर्ष ईसा पूर्व कई प्रकार के गेहूँ और जौ का उत्पादन करते थे। वे बोआई से पहले कुदाल और फावड़े से जमीन की गोड़ाई करते और सम्भवत: दोनों मौसमों में (रबी और खरीफ) फसलें उगाते थे। 5000 वर्ष ईसा पूर्व पत्थर के फलक और अलकतरा की मूठवाले हसिया से फसल काटने का कार्य होता था। उस समय तक दूध और मांस खाने के लिए मेहनती बैलों और गायों को पाला जाता था। सामान्य तौर पर भारत में पाए जाने वाले कन्धेवाले बैलों का ही उल्लेख मिलता है परन्तु उस समय तक जमीन की जोताई के लिए इनके इस्तेमाल का कोई साक्ष्य नहीं मिलता है।

भारवाहक पशु के रूप में बैल के बारे में सबसे प्राचीन साक्ष्य, तथाकथित 'प्राचीन सिन्धु' संस्कृति में मिलता है। सिन्धु सभ्यता से पूर्व पंजाब (पाकिस्तान) के हड़प्पा नामक स्थान पर, 3000 वर्ष ईसा पूर्व, बैलगाड़ी की लीक के निशानों से पता लगता है कि उस समय बैलगाड़ी का प्रयोग होता था और लगभग उसी समय उत्तरी राजस्थान के काली बँगा स्थान पर जोते हुए खेतों के भी साक्ष्य मिलते हैं। हलों के मिट्टी के बने नमूने सिन्धु सभ्यता के दोनों इलाकों में (2500–1900 ईसा पूर्व) पाए गए। एक तो हरियाणा के बानावाली क्षेत्र में, दूसरे बहावलपुर (पाकिस्तान) के जबाईवाला में। माल ढोने में प्रयोग के लिए बैलों को बधिया करने की प्रक्रिया शुरू हुई। बैल केवल बधिया करने से ही सीधा–साधा जानवर बन जाता था। यह शायद मनुष्य का सबसे पहला बायोइंजीनियरिंग का उल्लेखनीय कार्य था।

इसी बीच पूर्व से धान की खेती का विस्तार होने लगा है। घरेलू उपयोग के लिए धान की खेती के प्रमाण सर्वप्रथम ऊपरी गंगा की घाटी में लगभग 3000 वर्ष ईसा पूर्व मिलते हैं, यद्यपि इस क्षेत्र में इससे भी पहले धान की खेती होने का

दावा किया जाता है। यहाँ से यह सिन्धु घाटी में फैल गई और वहाँ से बदले में गेहूँ और जौ की खेती का विस्तार पूर्व की ओर हुआ। गुजरात और दक्षिणी प्रायद्वीप में रागी और बाजरे की खेती प्रारम्भ हुई। मेहरगढ़ में 4000 वर्ष ईसा पूर्व से ही कपास का उत्पादन होता था और इसकी खेती सिन्धु घाटी सभ्यता में भी होती रही। किसानों ने 2000 वर्ष ईसा पूर्व रबी और खरीफ की फसलों में फर्क करना शुरू कर दिया था।

जिस मौसम में जो फसल अच्छा उत्पादन देती थी तदनुसार उसकी बोआई करते थे। अथर्ववेद (900 वर्ष ईसा पूर्व ?) के समय तक गन्ने की खेती भी प्रारम्भ हो गई थी। भैंस और भैंसे का पालन भी सम्भवत: धान की व्यापक खेती से जुड़ा है। सिन्धु घाटी की सभ्यता में पालतू जानवरों के चिह्न (सिन्ध में, बालाकोट में) मिलने के बावजूद ऐसा लगता है कि जब तक धान की खेती ने प्रमुखता प्राप्त नहीं की और इसकी खेती के लिए पानी में खेतों को जोतने का कार्य प्रारम्भ नहीं हुआ तब तक बड़े पैमाने पर पशुपालन शुरू नहीं हुआ। हालाँकि दूध के उत्पादन में भैंस एक मूल्यवान पशु था और दूध की आवश्यकता ने ही पशुओं की घरेलू नस्लों के पालन-पोषण को बढ़ावा दिया।

लोहे का प्रयोग होने से पूर्व हल का फाल आमतौर पर पत्थर का होता था परन्तु जैसा कि *मनुस्मृति* में वर्णन है कि 150 वर्ष ईसा पूर्व हल में लोहे का फाल प्रयुक्त होने लगा था। इसी प्रकार का एक लोहे का फाल मौर्यकाल में (ईसा पूर्व तीसरी सदी में) मिलता है जो अतरंजी खेड़ा (पश्चिमी उत्तर प्रदेश) में मिला था, उसके साथ चंद्राकार लोहे की दराँती भी मिली थी।

पाणिनी (350 वर्ष ईसा पूर्व) रेशेवाली फसल सन, बीसी और रँगाई के लिए प्रयुक्त नील की खेती का वर्णन करते हैं। प्रथम शताब्दी ईसवी के प्रारम्भिक वर्षों में भारत में रोपाई पद्धति से धान की खेती का वर्णन स्टाबों ने किया है। यह पद्धति कृषि प्रौद्योगिकी में एक महत्त्वपूर्ण विकास को दर्शाती है। कालीदास ने जब (ईसवी वर्ष 400 में) अपने लेखन में इसका संकेत दिया तो इसका अनुमान लगाया जा सकता है। पहले कपास पेड़ से प्राप्त होती थी लेकिन थियोफेरस के अनुसार (300 वर्ष ईसा पूर्व) कपास के पौधों की कतार में पौध लगाई जाती थी, इस प्रकार कपास की एक वार्षिक फसल प्राप्त करने के लिए कपास की खेती में संक्रमण प्रारम्भ हो चुका था। अशोक (270-234 वर्ष ईसा पूर्व) आम के बागानों का उल्लेख करता है। इस फल के बारे में यह बहुत पुराना सन्दर्भ है। पश्चिमी समुद्री तट की पूर्व आधुनिककाल की अर्थव्यवस्था के रूप में नारियल का आगमन इसके बाद हुआ। नारियल के बारे में सर्वप्रथम प्रमाण प्रथम सदी ईसवी में पांडिचेरी के पास अरिकामेडू में मिलते हैं और स्पष्ट रूप से इसकी खेती का विस्तार पश्चिमी समुद्री तट पर दूसरी शताब्दी ईसवी में ही दिखाई देता है।

मध्यकाल में कृषि उपकरणों का विकास

एक विशेष प्रकार का अर्गला (ड्रा बार) जिसको भार खींचनेवाले बैलों और पेराई करनेवाले कोल्हू के मध्य बाँधा जाता था, इसी के सहारे बैल गोल चक्कर में घूमते थे। यह मध्यकाल के प्रारम्भिक दिनों में ही देखा गया। यह सामान्य ज्ञान और अनुमान की बात है कि जब तक खरल और मूसल (ओखली और मूसल) हाथों से चालित उपकरण पूर्णतः घूमने वाला नहीं बन गया तब तक पेराई के कोल्हू में जानवरों का उपयोग प्रारम्भ नहीं हुआ। तक्षशिला के अभिलेखागारीय साक्ष्यों से यह प्रमाणित होता है कि हाथों से चलने वाली पूर्णतः घूर्णन मशीन केवल पाँचवीं ईसवी में ही देखने को मिली और इस मूल विषय से सन्दर्भित सभी बातें इससे बाद की हैं (अध्याय 1.3 देखें)। इस अर्गला का प्रयोग भूमध्य सागरीय दुनिया में ईसा पूर्व दूसरी सदी से और चीन में दूसरी सदी ईसवी से हो रहा था परन्तु भारत में पाँचवीं सदी से पूर्व इसके प्रयोग का कोई प्रमाण नहीं मिलता। लालन जी गोपाल ने इस तथ्य की ओर ध्यान आकर्षित किया है कि *अभिधनरत्नमाला* (ईसवी 950) और *वैजयन्ती* (ईसवी 1050) में *मेघी* की परिभाषा एक ऐसे खम्भे के रूप में की गई है 'जिसके चारों तरफ फसल की दँवाई (दँवरी) करने के लिए जानवर चक्कर लगाते हैं और इस प्रकार अनाज और भूसा निकाला जाता है'; *संध्याकरननदीन* (ईसवी 1100) की *रामचरित्र* में बैलों द्वारा फसल की दँवाई का वर्णन है जिसमें बैल गोल-गोल चक्कर में घूमते हैं। इसी प्रकार की अनेक समानताएँ देखने को मिलती हैं जिसमें अर्गला का प्रयोग जानवरों को गोल मार्ग में बार-बार घुमाने के लिए होता है और पाँचवीं तथा दसवीं शताब्दी के बीच भारत के विभिन्न भागों में इस प्रकार बैलों के द्वारा दँवाई और पेराई कराने के अनेक उदाहरण मिलते हैं।

बैलों के द्वारा खींचने वाले हल की बनावट में कोई खास परिवर्तन नहीं हुआ था। ईसाई युग की आरम्भिक सदी की गान्धार मूर्तिकला में दर्शाए गए हल (चित्र 1.1) का चित्र *मिफ़ताहु-ल-फ़ुजाला* (मालवा शब्दकोश 1469) चित्र 1.2 की पांडुलिपि में दर्शाए गए चित्र से बहुत भिन्न नहीं है। कोई भी देख सकता है कि 15वीं सदी के हल का लोहे का फाल काफी बड़ा और भारी है, इसे किसी भी प्रकार *मनुस्मृति* में वर्णित 'लोहे की नोक' नहीं कहा जा सकता है परन्तु इसमें कोई अतिरिक्त भाग नहीं दिखाई देता। इसमें चीन में नवीं शताब्दी में पहले से ही प्रचलित हल में मिट्टी उलटने के लिए न तो ढलवाँ लोहे का शीट लगा था और न ही मध्यकालीन यूरोपीय हल की तरह पहिया लगा हुआ था। ये दोनों भाग भारतीय हल के लिए सम्भवतः फालतू की चीज थे क्योंकि भारतीय हल हलके होते थे और उनसे ऊपर की उपजाऊ भूमि को ही जोता जाता था। इन हलों का प्रयोग गहरी जोताई के लिए नहीं होता था। भारतीय बैलों के कन्धा होने के कारण जुआट के फिसलने का कोई खतरा नहीं था परन्तु यूरोप के बगैर कन्धेवाले बैलों के लिए यह

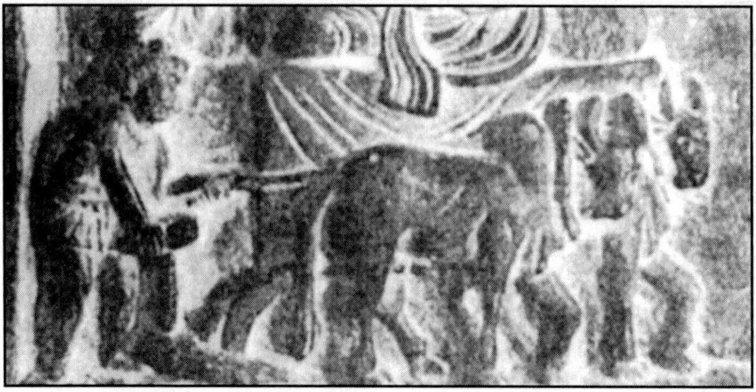

चित्र-1.1 : हल : गान्धार मूर्तिकला, दूसरी सदी ईसवी (डी.डी. कोसाम्बी)

एक गम्भीर समस्या थी, इसीलिए हल के पीछे पहिया लगाया गया कि बैल हल को आसानी से खींच सके। इसके बावजूद भारत के अनेक समीपवर्ती क्षेत्रों में भूमि के अनुसार हलों में भिन्नता पाई जाती थी। 1670 के दशक में जॉन फेरिय ने पश्चिमी समुद्र तट की 'हलकी जमीन' को जोतने लायक 'कठोर लकड़ी' के फाल वाला हल खोजा परन्तु 1801 में फ्रांसिस बुखानन ने कर्नाटक की ऊँची भूमि में आठ बैलों से खींचे जानेवाले 3.3 किलोग्राम के लोहे के फालवाले हल का पता

चित्र- 1.2 : हल : *मिफ़ताहु-ल-फ़ुज़ाला*, ईसवी सन् 1469

लगाया। एच.एम. इलियट ने 1842 में पता लगाया कि दिल्ली और पश्चिमी उत्तर प्रदेश में गन्ने की खेती के लिए गहरी जोताई करने के लिए किसान, लकड़ी का मुड़ा हुआ हल (जिसमें दो प्रकार के लकड़ी के छोटे तखते *रो* और *पाखी*) प्रयोग करते थे।

मध्यकाल में भारतीय हल के साथ बोवाई करनेवाली मशीन का प्रयोग होने लगा था। यह मशीन शायद चीन से आई थी क्योंकि चीन में इसका प्रयोग ईसा पूर्व प्रथम सदी में ही शुरू हो गया था। पूर्व औपनिवेशिक काल से पूर्व सम्पूर्ण भारत में इसका प्रयोग होने के बावजूद एक पुर्तगाली पर्यवेक्षक द्वारा सन् 1516 में ही इसका वर्णन किया गया। भटकल क्षेत्र के कनारा बन्दरगाह के आसपास धान की खेती के बारे में वर्णन करते हुए बारबोसा ने लिखा, 'जब खेत में पानी भर जाता है तब खेतों में जोताई करते समय हल के फाल के साथ एक खोखली नलकी लगी होती है, जिसमें धान भरा रहता है और इसी के द्वारा धान का बीज हल के पीछे-पीछे गिरता रहता है और पानी के अन्दर भूमि में दब जाता है।'

सत्रहवीं सदी के प्रथम वर्षों में अमानउल्ला हुसैनी ने अपने कृषि सम्बन्धी लेखन में बोआई के समय बीज की बरबादी को कम करने के लिए छिद्र रोपण विधि का भी वर्णन किया है। विशेष रूप से कपास की खेती के सन्दर्भ में उसने लिखा, 'कुछ क्षेत्रों में किसान एक लकड़ी के नुकीले डंडे को जमीन में घुसाकर छोटा-सा गड्ढा करते हैं, फिर उसमें बीज डालकर उसे मिट्टी से ढक देते हैं। इस प्रकार की बोआई से पौधा अच्छा विकसित होता है।'

जानवरों के गोबर से बनी खाद के अतिरिक्त अन्य किसी खाद के प्रयोग का कम ही वर्णन मिलता है। सत्रहवीं शताब्दी में पश्चिमी समुद्री तट पर मछली की खाद के प्रयोग का वर्णन है, परन्तु यह अपवाद है।

जब एक कन्धे (कूबड़) वाला ऊँट भारवाहक पशुओं की जमात में शामिल हुआ तो परिश्रमी पशुओं के वंश में एक प्रजाति और जुड़ गई। प्राचीन भारत के इतिहास में दो कन्धों (कूबड़) वाले ऊँटों की प्रजाति का ही वर्णन मिलता है। यह उत्तरी चीन, मंगोलिया से लेकर अफ़ग़ानिस्तान और उत्तरी इरान तक के ठंडे प्रदेश में पाला जाने वाला कठोर परिश्रमी जानवर था परन्तु प्रसिद्ध चीनी यात्री ह्वेन त्सांग ने सदी 640 में जब सिन्ध की यात्रा की तो उसने एक कन्धे वाले ऊँटों को प्रयोग में देखा। इसके बाद एक कन्धे वाले ऊँट का चित्रण नौवीं सदी में बारदोली चित्रकला में, दसवीं सदी में खजुराहो में (चित्र 1.3) और (12वीं सदी में जबलपुर के पास) मनदौर (चित्र 1.6) में देखने को मिलता है। एक कन्धे वाले ऊँट में जबरदस्त खींचने की शक्ति होती है और शुष्क तथा गर्म वातावरण में काम करने की बड़ी क्षमता होती है और इसीलिए सिन्धु घाटी में सभी भार वाहनों और अन्य कठोर कार्यों के लिए यह पशु व्यापक रूप से उपयोगी था।

चित्र- 1.3 : एक कंधे (कूबड़) वाला ऊँट, खजुराहो की मूर्तिकला, दसवीं सदी (विद्या प्रकाश)

फसलें

शताब्दियों के विकास के दौरान भारत के बाहर से अनेक फसलें भारत में आईं और भारत में भी भारी संख्या में फसलें विकसित हुईं। सोलहवीं सदी के अन्त तक भारत के किसान काफी बड़ी संख्या में विभिन्न प्रकार की फसलें उगाते थे। अवध से लेकर मुलतान तक, आठ मुग़ल शासित प्रान्तों के ग्रामीण जिलों में टैक्स की दरों को निर्धारित करने के लिए अबुल फ़ज़ल ने 1595 में फसलों की एक सूची तैयार की। इस सूची में *रबी* की फसल में 16 से 21 फसलें और *खरीफ* की फसल में 17 से 29 फसलों को लिखा है। आगरा प्रान्त में रबी फसल में 19 और खरीफ में 28 फसलों का वर्णन है। इतनी बड़ी संख्या में फसलों के उत्पादन से भारतीय कृषि विशेष रूप से अति समृद्ध थी और अनेक प्रकार के अनाजों का उत्पादन करने से भारत के किसानों में फसलों और पौधों के संवर्धन करने का कौशल और ज्ञान भी प्रचुर था।

इन फसलों में से अफीम और मेहँदी की दो फसलें प्रारम्भिक मध्य काल में इस्लाम के अनुयायियों द्वारा लाई गईं। अफीम की खेती के बारे में सबसे पहले चौदहवीं सदी में बरानी ने उल्लेख किया है। पी.के. गौड़ ने हिना के भारतीय नाम मेहँदी की खोज गलाना के संस्कृत में लिखे मूल आलेख में (ग्यारहवीं सदी) की, जहाँ इसका वर्णन मुख्य रूप से शरीर की खाल रँगने के लिए किया गया है।

सन् 1492 में कोलम्बस द्वारा अमेरिका की खोज करने के तुरन्त बाद ही हिन्द महासागर में पुर्तगालियों की घुसपैठ के बाद भारतीय फसलों की लम्बी सूची में नए पौधों की सूची जुड़ गई। गुजरात में सन् 1613 में तम्बाकू का उत्पादन होता था और इसके बाद तम्बाकू की खेती का विस्तार सम्पूर्ण भारत में तेजी से होने लगा। उस समय मक्का देश का प्रमुख खानेवाला अनाज था और

देश के विशाल क्षेत्र में इसका उत्पादन भी उसी सदी में हुआ। आम आदमी के भोजन में स्वाद का परिवर्तन करनेवाली लाल मिर्च का सर्वप्रथम उत्पादन दक्षिण भारत में हुआ और करीब अठारहवीं सदी के मध्य तक उत्तरी भारत में इसका उत्पादन होने लगा था।

नई दुनिया के पड़ोसियों द्वारा उत्पादित मूँगफली, सामान्य और मीठा आलू, टमाटर और भिंडी यह सब बाद में धीरे-धीरे भारतीय जलवायु के अनुकूल बनाए गए और इनका उत्पादन होने लगा। यह सब हमें इस बात की याद दिलाता है कि नई दुनिया के जिन लोगों ने बिलकुल अलगाव (एकान्त) में इन फसलों का उत्पादन घरेलू उपयोग के लिए विकसित किया, भारतीय कृषि उन अमेरिकी आदिवासियों की आभारी है।

जब तक बहुत अधिक जमीन उपलब्ध थी तब तक जमीन के एक टुकड़े पर रबी या खरीफ की एक ही फसल का उत्पादन होता था और दूसरी फसल में यह भूमि खाली छोड़ दी जाती थी। रबी और खरीफ दोनों फसलें उगाने वाली (दो फसला) जमीनें काफी कम थीं। अनेक किसान किसी भी फसल चक्र पर अमल नहीं करते थे और इसलिए उन्नीसवीं सदी में इस प्रकार की अनेक शिकायतें पाई गईं कि किसान फसल चक्र के गुणों को नहीं समझते थे। हालाँकि अठारहवीं सदी में ही बंगाल में धान, तम्बाकू और कपास के उत्पादन का फसल चक्र विकसित हो गया था और अंग्रेजों की रिपोर्टों में उन्नीसवीं सदी के प्रारम्भ में ही विभिन्न इलाकों में क्रमश: एक के बाद एक फसल उत्पादित करने की परम्परा का वर्णन मिलता है। स्पष्ट है कि जैसे-जैसे भूमि की कमी होती गई और खाली जमीन छोड़ना सम्भव नहीं रहा तो इस प्रकार प्राप्त फसल चक्र का अनुभव और ज्ञान व्यापक रूप से प्रयोग होने लगा।

रेशम के कीट का पालन और रेशम उत्पादन

मध्य काल से पहले रेशम के कीट पालन या शहतूत या कच्चे रेशम उत्पादन की संस्कृति का देश में कहीं भी कोई भी साक्ष्य नहीं मिलते हैं। यह आश्चर्यजनक है कि ग्यारहवीं सदी तक रेशम के कीट पालन और रेशम का उद्योग ईरान में फलता-फूलता उद्योग था। भारत का देशी रेशम 'टसर' और 'इरी' दो किस्म की जंगली प्रजातियों के रूप में पाया जाता था जबकि 'मूँगा' और 'चम्पा' रेशम असम में एकत्र किया जाता था। भारत में रेशम उत्पादन का सर्वप्रथम वर्णन चीनी नौयात्री माहुआन के वर्णन में मिलता है जिसने सन् 1422 में बंगाल की यात्रा की। उसने वहाँ पर 'शहतूत के पेड़, जंगली शहतूत के पेड़, रेशम के कीड़ों और कृमि कोष को देखा'। इसके बाद सोलहवीं और सत्रहवीं सदी में बंगाल, शहतूत के पेड़ पर रेशम के कीट पालन और रेशम उत्पादन में विश्व भर में सर्वप्रथम स्थान पर पहुँच

गया। यहाँ के रेशम के कीड़े कई प्रकार के रेशम देने वाले थे और यहाँ साल में छह बार रेशम की फसल होती थी। इससे पता लगता है कि यह प्रजाति मूल रूप से चीन के उष्ण कटिबन्ध वाले इलाके से लाई गई थी न कि ईरान से। सोलहवीं सदी के अन्त तक कश्मीर में भी रेशम का कीट पालन व रेशम का उत्पादन होने लगा था।

फलवाले पौधे की कलम लगाना

किसी खास नस्ल के फल की कृषि का विस्तार करने या किसी खास किस्म का नया फल विकसित करने के लिए कलम लगाने की पद्धति का भारत में प्रयोग मुग़लकाल से पहले नहीं दिखाई देता, यद्यपि यह पद्धति ईरान में पहले से ही प्रयोग में थी। अकबर के शासनकाल में कश्मीर का गवर्नर एक ईरानी अली फली अफशर था, उसने काबुल से मीठी चेरी की कलम लाकर इसे कश्मीर में लगवाया और कश्मीर के लोगों को इससे परिचित करवाया और इसी प्रकार खुबानी के पेड़ों का वहाँ विस्तार किया। जहाँगीर (निधन 1627) ने उल्लेख किया कि शहतूत के पौधे की कलम लगाकर ही उसके फल को खाने योग्य बनाया गया। शाहजहाँ के शासनकाल (1628–58) में कलम लगाने की पद्धति का व्यापक रूप से प्रयोग गलगल, नीबू (चकोतरा), सन्तरा, कोला और नारंगी को विकसित करने में हुआ। टेकचन्द बहार ने अन्वेषण किया कि 1739 में सन्तरा (ऑरेन्ज)का विकास नारंगी के पौधे पर तुरंग की कलम लगाने से हुआ। उक्त दोनों फल गलगल नीबू की प्रजाति के हैं।

पुर्तगालियों ने नई दुनिया में सोलहवीं और सत्रहवीं सदी में अनन्नास, पपीता, काजू और अमरूद ऐसे अनेक फलों की पौध विकसित की। अनन्नास की कृषि का विस्तार सबसे तेजी से हुआ जबकि अन्य फलों के पौधों का विस्तार धीरे-धीरे हुआ। कलम लगाने के द्वारा आम की कृषि का विकास सर्वप्रथम पुर्तगालियों ने ही किया। पी.के. गौड़ द्वारा की गई यह खोज आज भी मान्य है कि मानुषी (सदी 1700) का यह उल्लेख कि आम की मशहूर किस्म 'अफान्सो' की कलम लगाए जाने से पहले आम की किसी भी नस्ल की कलम लगाने का उल्लेख नहीं मिलता। अमानउल्ला हुसैनी (सदी 1630) यह मानते हैं कि पौधों की कलम लगाना सम्भव था परन्तु फलों में किसी भी प्रकार के विकास के लिए इसे अनावश्यक मानते थे।

1.2 सिंचाई

भूमि से पानी निकालने के साधन

पिछली सदी के मध्य से पूर्व, भारत के कछारी मैदानों में, अधिकांश नदियों की घाटी में भूमि के अन्दर का पानी, जमीन की सतह के इतने समीप था कि इसे आसानी से प्राप्त किया जा सकता था। कम-से-कम वर्षा के मौसम में जमीन में

बड़े-बड़े गड्ढे खोदकर (कच्चा कुआँ बनाकर) आसानी से पानी प्राप्त किया जा सकता था। ईंटों से बने हुए कुएँ सर्वप्रथम सिन्धु घाटी की सभ्यता (2500-1900 ईसा पूर्व) में केवल मोहनजोदड़ो ऐसे शहरों में ही नहीं बल्कि कराची के समीप अलाहदिनो ऐसे स्थानों पर भी देखे गए, जहाँ पर इन कुओं से निकाले हुए पानी से निचली जमीन के खेतों की सिंचाई होती थी परन्तु पानी की बाल्टी को हाथों से ही रस्सी की मदद से ऊपर खींचा जाता होगा क्योंकि गरारी के किसी भी चिह्न का प्रमाण नहीं मिलता। इसके बाद ऋग्वेद में (ईसा से 1000 सदी पूर्व) एक-दूसरे प्रकार की गरारी और पहिए *(आसमा चक्र)* के द्वारा पानी को ऊँचाई पर उठाने का प्रमाण मिलता है। एक भार वाहक पशु के रूप में बैलों का प्रयोग बहुत पहले से ही प्रचलित था। कोई भी यह अनुमान लगा सकता है कि बड़े-बड़े चमड़े के थैलों (पुर) में पानी भरकर इसे रस्सी में बाँधकर बैलों द्वारा खींचा जाता था इस प्रकार कुएँ से सिंचाई के लिए पानी निकाला जाता था। यह *चक्कावात्रका* (घुमाने वाला पहिया) बुद्ध के मूल लेखों में *चुलावाग्गक* निकाय (ईसा पूर्व 350 वर्ष) लेकिन बाद में इसे रहट के रूप में विकसित किया गया।

एक ऊर्ध्वाकार पहिया जिसके परिचक्र पर पानी भरने वाले पात्र लगे रहते हैं (देखें चित्र नं. 1.4) उसे वैज्ञानिक शब्दावली में 'रहट' कहते हैं। यह परिचक्र से बंधे हुए पात्र पानी की सतह में डूबते हुए पानी से भर जाते हैं और बारी-बारी से चक्रीय क्रम में ऊपर-नीचे होते हुए पानी को निकालते रहते हैं। जब वे पहिए के शिखर पर पहुँचते हैं और नीचे जाने लगते हैं तो उनका पानी साथ में लगे एक लोहे

चित्र : 1.4 : 'रहट' (चित्रकार द्वारा बनाया चित्र)

के चैनल में गिरता है। भारत में सबसे पहले रहट का पंचतंत्र के संस्करण में (सदी 300 वर्ष) में उल्लेख मिलता है। वहाँ एक व्यक्ति को अरहट्टा चलाते हुए बताया गया है जिसका शाब्दिक अर्थ है एक पहिया जिसकी तीलियों में मिट्टी के बर्तन (घट) बँधे हों। इसका प्राकृत स्वरूप अरहट्टा था, यह शब्द बुद्ध घोष (पाँचवीं सदी) में मिलता है। यह सम्भव है कि यह *चक्कावात्रका* शब्द जिसकी पहले चर्चा हो चुकी है, यह शब्द अरहट्टा उसी की त्रुटिपूर्ण व्याख्या हो। इस पानी निकालने वाली मशीन में जब तीलियों के स्थान पर मजबूत रॉड लगाए गए और मजबूत आधार पर इसे रखा गया तथा घड़ों की एक मजबूत लम्बी माला को परिचक्र पर चढ़ाया गया (देखें चित्र 1.5) तो यह मशीन काफी गहराई से पानी निकालने योग्य हो गई। इस प्रकार की 'माला' का सर्वप्रथम सन्दर्भ ईसवी 532 में यशोधरम के मनदासोर के शिलालेख में मिलता है।

चित्र : 1.5 : 'साकिया' बिना गियर वाला (चित्रकार द्वारा बनाया चित्र)

इसके बाद दूसरी सदी में बाना इस उपकरण की चर्चा अनेक बार करता है। वह इसे 'सुमिरनी की तरह की माला में कुछ बँधे हुए बर्तन कहता है'। यद्यपि घड़ों से बँधी माला के कारण यह उपकरण काफी वजनी हो जाता था, इसलिए दाँतेदार गियर के उपयोग किए बगैर इस ऊर्ध्वाकार पहिए को पशुओं द्वारा नहीं घुमाया जा सकता था, अतः मनुष्यों द्वारा इसे घुमाया जाता था। इसका चित्रण (बारहवीं सदी में) मनदौर फ्रीजी ने किया है (देखें चित्र 1.6) जहाँ दो पुरुष पहिए को घुमा रहे हैं परन्तु यह निश्चित नहीं है कि यह बर्तनों की मालावाला उपकरण है

चित्र : 1.6 : जल उठाती ऊँट गाड़ी (मेंडोर फ्रीज, 12वीं सदी ईसवी)

या साधारण रहट है, यहाँ तक कि बारहवीं सदी के अन्त में राजस्थान के एक मन्दिर के शिलालेख में एक अरघट्टा की स्वीकृति का उल्लेख है। इस चित्र में दो व्यक्ति रहट को चला रहे हैं परन्तु कोई खास माल ढोनेवाला पशु इस कार्य में नहीं प्रयोग हुआ है। *शीरत-ए-फ़िरोजशाही* (1371) के लम्बे वर्णन में कुएँ में पहिया पर बर्तनों की माला वाले रहट का वर्णन मिलता है जिसे फ़िरोज तुग़लक (1351-88) ने दिल्ली में एक तालाब को चारों ओर से घेरकर उसके अन्दर एक कुआँ बनाकर उस पर रहट लगाया था, इस समय तक रहट में किसी गियर के प्रयोग या किसी पशु द्वारा इस रहट के पहिए को घुमाने का सन्दर्भ नहीं मिलता। बाबर (1526-30) ने भी एक वाक्य में मनुष्य द्वारा चलाए जा रहे पहिए का जिक्र किया है जिसमें एक चेन से बँधे बर्तनों की माला घूमती थी परन्तु उसके अनुवादकों द्वारा बाबर के इस वाक्य को गलत ढंग से समझा गया। (देखें उद्धरण 1.1)। भारत में बर्तनों की चेन वाला एक *साकिया* होता था, ए.पी. अशर और जोसेफ नीधम ऐसे तकनीक के इतिहासकारों द्वारा कुएँ के रहट से बड़ी सावधानी से इसका विभेदीकरण किया गया, परन्तु यह अभी भी एंग्लो-इंडियन द्वारा प्रयुक्त रहट (परशियन व्हील) नहीं था, इस रहट में अलग से गियर उपकरण लगा होता था।

इस प्रकार के गियर युक्त 'रहट' के बारे में सर्वप्रथम श्रेष्ठ वर्णन बाबर के वक्तव्य में मिलता है। बाबर ने इसके बारे में लिखा कि इस प्रकार के रहट पंजाब और हरियाणा के सीमावर्ती इलाकों, लाहौर, दीपालपुर और सरहिन्द में सामान्य रूप से प्रयुक्त होते थे। बर्तनों की माला (या चेन-रस्सी से बँधे बर्तनों) का वर्णन करने के बाद वह लिखता है कि इसे एक कुएँ के ऊपर एक ऊर्ध्वाकार चक्र *(चरखा)* के ऊपर डाला जाता था। उसी धुरे से जुड़े एक ओर चक्र से यह जुड़ा होता था और इस दूसरे चक्र (चक्के) के दाँते एक तीसरे क्षैतिज चक्के के दाँतों से फँसे रहते थे (इसमें एक ऊर्ध्वाकार धुरा जुड़ा रहता था)। इस आखिरी दाँतेदार चक्के को बैलों की मदद से घुमाया जाता था। बैल गोल चक्र में घूमते थे। इस प्रकार बैलों द्वारा गोल चक्कर में घूमने से कुएँ वाला चक्का भी घूमने लगता था (उद्धरण 1.1)। अकबर के समय की पेंटिंग (चित्र 1.7) में दर्शाया गया है कि गियरों का निर्माण लकड़ी के दाँते वाले पहियों से किया गया था जो लकड़ी के दो क्षैतिज तख्तों से जुड़ा होता था, इसके दाँते इस प्रकार बने होते थे कि वह ऊर्ध्वाकार चक्कर के रिम से बाहर

निकलते दाँतों में फँस जाते थे और उसी धुरी पर कुएँ वाला मुख्य चक्का भी जुड़ा रहता था या इसी चक्के पर बर्तनों की माला घूमती थी। इस प्रकार की गियर व्यवस्था को तकनीकी रूप से 'पिन ड्रम' या 'लैनटर्न' गियरिंग कहते हैं।

चित्र 1.7 : 'गियर युक्त रहट परशियन व्हील' : सानवला की पेंटिंग, अकबर के स्टूडियो से

इस उन्नत किस्म के उपकरण का भारत में आगमन पन्द्रहवीं सदी के प्रारम्भ में भूमध्य सागरीय प्रदेश और ईराक़ से हुआ जहाँ पर इसका प्रयोग बारहवीं सदी से ही हो रहा था। इस प्रकार भारत में इसका व्यापक प्रयोग बाबर के काल में ही हुआ। इस समय तक इसका प्रयोग सिन्ध प्रान्त में भी होने लगा था और इसको चलाने के लिए ऊँट का प्रयोग होता था। दूसरी तरफ इससे पूर्व इतिहास के स्रोतों में इस प्रकार के किसी गियरयुक्त उपकरण का उल्लेख न मिलने से यह स्पष्ट होता है कि चौदहवीं सदी से पूर्व इस उपकरण का समय निर्धारित नहीं किया जा सकता।

तुलनात्मक रूप से कम वर्षा वाले सिन्धु घाटी क्षेत्र के लिए यह गियरयुक्त साकिया या रहट बहुत महत्त्वपूर्ण थे क्योंकि जब जमीन के अन्दर का पानी जमीन

की सतह से काफी नजदीक होता था (जहाँ पर बैलों से खींचा जाने वाला घिररी (पुली) वाला उपकरण काम नहीं करता था) और जब पानी काफी गहराई पर होता था, जहाँ भार कम करने के लिए माला में छोटी-छोटी गगरियों (बर्तनों) को दूर-दूर बाँधा जाता था, दोनों ही स्थितियों में यह रहट पानी का नियमित प्रवाह प्रदान करता था। जैसा हम पहले चर्चा कर चुके हैं बैलों और ऊँट को गोल चक्कर में घुमाने के लिए अर्गला (ड्रा-बार) का निर्माण निश्चित रूप से नवीं सदी तक हो गया था और इससे इस उपकरण के क्षैतिज चक्के को घुमाया जा सकता था।

लकड़ी के रहट में प्रयोग होनेवाले दाँतेदार पहियों के प्रयोग ने अकबर के दरबारियों में काफी उत्साह और रुचि उत्पन्न कर दी। इसका प्रयोग अनाज को पीसने और बन्दूक की नाल को चिकना करने, ऐसे अनेक कार्यों के लिए होने लगा, इस सन्दर्भ में हम इस विनिबन्ध में अन्यत्र चर्चा करेंगे। इस रहट के द्वारा बैलों की ऊँचाई से भी काफी ऊँचे स्तर तक पानी पहुँचाने के लिए इस रहट का स्पष्ट प्रयोग करने और इसे उन्नत करने के प्रमाण मिलते हैं। इस काम के लिए एक लम्बे ऊर्ध्वाकार धुरे को एक अर्गला (ड्रा-बार) द्वारा घुमाया जाता था, जिसके सिरे पर एक क्षैतिज पहिया लगा होता था जिसके दाँते उस उर्ध्वाकार पहिए के दाँतों में फँसते थे और इसी धुरे के दूसरे छोर तक कुएँ वाला पहिया लगा होता था, इस प्रकार पहले वाले पहिए को घुमाने से यह आखिरी पहिया जिस पर बर्तनों वाली माला होती थी, घूमने लगता था। इस प्रकार पानी को काफी ऊँचे धरातल पर ले जाने वाला उपकरण अबुल फ़ज़ल के समय से सन्दर्भित है और यह उपकरण अकबर के समय की दो पेंटिंग में चित्रित है (देखें चित्र 1.8)। वर्तमान अवशेषों से पता चलता है कि इस प्रकार के उपकरण का प्रयोग मुग़ल गार्डन में सिंचाई के लिए और 1632 में मंडी में हुआ होगा जहाँ फ़तेहपुर सीकरी में एक झील से पानी उठाकर एक तालाब में और फिर दूसरे तालाब में एकत्र कर अन्त में शिखर तक पहुँचाया गया।

चित्र 1.8 : रहट द्वारा पानी को ऊपर चढ़ाने का चित्र, अकबर की चित्रशाला से मधूचेला की पेंटिंग

पहिए पर बर्तनों वाली माला के साथ, यह लकड़ी वाला रहट सिन्धु घाटी के विशाल क्षेत्र में उन्नीसवीं सदी के अन्त तक प्रयोग होता रहा, इसके बाद इसका स्थान लोहे की चेन, बाल्टी की माला और लोहे के पहियों वाले रहट ने लिया। भारी-भरकम गियर के स्थान पर दाँतेदार पहियों का प्रयोग होने लगा। आज के डीजल और बिजली से चलने वाले पम्पों ने इसे अतीत की चीज बना दिया है।

यहाँ पानी निकालने वाले उपकरणों की चर्चा समाप्त करने से पूर्व हमें मनुष्य के शारीरिक वजन से चलाने वाले एक कृषि उपकरण की चर्चा करनी चाहिए (इसे हिन्दुस्तानी भाषा में *ढेकली* कहते हैं)। इसमें हाथों पर जोर दिए बगैर एक लीवर के द्वारा पैरों का प्रयोग किया जाता है। इसका प्रयोग वहीं होता है जहाँ जमीन के तल के पास ही किसी नहर या सोते से पानी उठाना होता है। इसका वर्णन कौटिल्य के *अर्थशास्त्र* में सम्भवत: *स्रोतयंत्र* के रूप में हुआ है। यह वास्तव में एक छिछला नालीनुमा उपकरण है।

नहरें और तालाब

हिन्दुस्तान में तालाबों और नहरों का पुराना इतिहास है। सिन्धु घाटी सभ्यता के विशाल शहर मोहनजोदड़ो (सिन्ध प्रदेश) में 12 मीटर लम्बा, 7 मीटर चौड़ा और 2.4 मीटर गहरा तालाब था जिसे स्नान करने का बड़ा स्थान कहा जाता था। यह शहरी नागरिकों के प्रयोग के लिए था न कि किसानों के खेतों की सिंचाई के लिए परन्तु उसी सभ्यता के समय गुजरात में लोथल स्थान पर मिला 212 मीटर लम्बा और 35 मीटर चौड़ा तालाब वास्तव में सिंचाई के लिए बनाया गया तालाब था। इस तालाब को नौकाओं को खड़ा करने वाले तालाब के रूप में भी कहा जाता है। मौर्य साम्राज्य में जूनागढ़ (सौराष्ट्र) के समीप सुदर्शन झील का निर्माण, छोटी-छोटी पहाड़ियों में हुआ था। इसका निर्माण चन्द्रगुप्त मौर्य ने (ईसा पूर्व 322-298) में कराया था और इसे अशोक ने (ईसा पूर्व 270-234) में विकसित किया और इस झील से नहरें निकाली गईं जिससे खेतों में फसलों की सिंचाई होती थी।

मध्य युग में दक्षिण में सिंचाई के लिए बड़े-बड़े निर्माण कार्य हुए। ग्यारहवीं शताब्दी या इससे थोड़ा बाद में, कावेरी नदी पर 300 मीटर लम्बा 5.5 मीटर ऊँचा और 18 मीटर चौड़ा बाँध बनाया गया। इसका नाम ग्रैंड अनीकट था। इस बाँध से एक भारी झील निर्मित हो गई जिससे सिंचाई के लिए नहरें निकाली गईं। इसी प्रकार का एक विशाल कार्य कर्नाटक में कुमुदवती नदी पर हुआ था जिसके फलस्वरूप एक विशाल मदाग (Modag) झील का निर्माण हुआ। निचले इलाकों की सिंचाई करने के लिए इस झील से नहरें निकाली गईं (देखें उद्धरण 1.2)। उस समय के शिलालेखों और बुखानन द्वारा लिखे उस समय के वर्णनों से ज्ञात होता है कि विजयानगर साम्राज्य (1346-1565) की सीमा में इस प्रकार के

अनेक छोटे-छोटे बाँधों का निर्माण हुआ था। ये बाँध सामान्य रूप से मिट्टी की मोटी-मोटी दीवारों से बनाए जाते थे, जबकि पानी निकालने के द्वार और प्रवेश द्वार तथा नहरों में पानी छोड़ने के द्वार, पत्थरों से निर्मित होते थे ताकि प्रवेश करते या बाहर निकलते समय पानी मिट्टी को काट न दे। बाँधों के ऊपर मिट्टी चढ़ाने या बाँधों की तलहटी में जमी मिट्टी को निकालने की नियमित व्यवस्था की जाती थी।

जब सिलखड़ी और चूने को मिलाकर गारा बनाया जाने लगा और महराबदार द्वार बनाने की तकनीक विकसित हो गई तो चौदहवीं सदी में दिल्ली के चारों तरफ काफी परिष्कृत वाटर वर्क्स देखने को मिले। फ़िरोज तुग़लक ने (1351-88) वजीराबाद (दिल्ली) में 34.7 मीटर लम्बा एक पक्का बाँध निर्मित करवाया, इसमें तीन महराबदार फाटक बनवाए जिसमें से पानी को निकलते समय नियंत्रित किया जा सकता था और इन फाटकों को बन्द करके पानी को रोका जाता था। इस बाँध के एक किनारे पर नौ महराबों वाले पुल की लम्बाई 47.5 मीटर है, बाढ़ के समय इसी मार्ग से पानी आता था। दिल्ली के दूसरे भाग में 'सिरी सोते' पर इसी प्रकार का बाँध और पुल बना है जिसे सतपुला के नाम से जाना जाता है।

फ़िरोज तुग़लक के ही काल में उत्तरी हिन्दुस्तान के मैदानी इलाकों में लम्बी और चौड़ी नहरों का निर्माण हुआ। उसने सतलज और यमुना नदी के अतिरिक्त अन्य छोटी-छोटी नदियों से भी नहरों का एक वास्तविक जाल निर्मित कर दिया। फ़िरोज तुग़लक के इंजीनियरों ने ऊँचे-नीचे भूखंडों और आड़े-तिरछे एक-दूसरे को काटने वाले जल स्रोतों की समस्या को कैसे हल किया इसका हमें कुछ भी पता नहीं है परन्तु वास्तविक नहरों के कुछ अवशेष आज भी उपलब्ध हैं। इस सम्बन्ध में हमें नहरों के बारे में मुग़ल सम्राट शाहजहाँ (1628-58) के शासनकाल में निर्मित करवाई गई नहरों की अच्छी जानकारी उपलब्ध है।

आधुनिक नहरों के निर्माताओं से पूर्व के नहर निर्माताओं के पास एक विस्तृत जानकारी वाले सर्वेक्षण नक्शे का अभाव, उनके लिए बड़ी समस्या थी। सामान्य रूप से यह नहर निर्माता अपनी आँखों से देखकर प्राकृतिक ढलान की लाइन पर ही काम करते थे। जहाँ पर सम्भव नहीं था वहाँ प्रयास करो-असफल होने पर फिर प्रयास करो का खर्चीला तरीका अपनाया जाता था। इस प्रकार की घटना शाहजहाँ द्वारा नदी से नहर निकालने में घटित हुई। उसने नदियों में ऊपर दूर से लाहौर तक नहर से पानी लाने का प्रयास किया परन्तु दो बार नहर खोदने के बावजूद लाहौर तक पानी नहीं पहुँच सका। तीसरे प्रयास में सब कुछ छोड़कर मुख्य नहर से एक छोटी नहर निकालने में सफलता मिली और यह लाहौर तक पहुँचाई गई। शाहजहाँ द्वारा निर्मित करवाई जा रही पश्चिमी यमुना नहर को जब सफेदाँ से दिल्ली तक

खोदा जा रहा था तब इसका पानी एक गड्ढे में गिर गया और इससे रोहतक के पास का लालपुर कस्बा बर्बाद हो गया। इसके मार्ग में सुधार करने के बाद इसे 'ऊँचे टीले के किनारे-किनारे निकालने का प्रयास हुआ, जहाँ पर कई बार नहर का तल आसपास की जमीन से काफी ऊँचा होता था और खोखले स्थानों पर चारों तरफ समुचित गारा और मसाला लगाकर जलसेतु बनाया गया।' इस प्रकार इसे एक आधुनिक नहर बनाने की कल्पना की गई थी (कालविन की रिपोर्ट 1831)। इतनी ऊँचाई पर नहर निर्मित करने से छोटी-छोटी नहरों द्वारा सिंचाई के लिए पानी देना बहुत सुविधापूर्ण था और इसलिए 'करनाल से दिल्ली तक नहर के दोनों किनारों पर बसे ग्रामीण इलाकों के लिए बड़े पैमाने पर पानी के स्रोत उपलब्ध थे।' इसने दिल्ली की पहाड़ियों में न्यूनतम कटाव के बाद नहर को दिल्ली तक पहुँचाया। यहाँ पर वह कृत्रिम जलसेतु के द्वारा उचित ऊँचाई से पानी का वितरण कर सका। यह बहुत ही महत्त्वपूर्ण कार्य था।

1.3 : कृषि के संसाधन

पीसना

दाने को भूसे से अलग करना, उसको पीसने के लिए सिल-बट्टे का प्रयोग करना या पत्थर की ओखली में डालकर मूसल से कूटना यह सब उस पाषाण युग के बाद में होता था जब मनुष्य ने कृषि कार्य प्रारम्भ ही किया था। हाथ से चलाई जाने वाली चकिया या जांत अभी कुछ दिन पहले तक घरों में प्रचलित थी और यह अभी का ताजा इतिहास है।

हाथ से चलाई जाने वाली चक्की (चकिया) ईसा पूर्व दूसरी सदी में भूमध्य सागरीय यूरोप और चीन दोनों देशों में प्रयोग होती थी। जॉन मार्शल जिसे 'सर्कुलर ग्राइंडिंग मिल' (गोल घुमाने वाली चक्की) कहते हैं, वह भी प्रथम ईसवी सदी में तक्षशिला के सिरकाप स्थान पर मिली थी परन्तु इसे केवल आधे चक्र में ही मनुष्य द्वारा खींचने और ढकेलने के द्वारा चलाया जा सकता था। लियन व्हाइट जूनियर ने चिह्नित किया कि इस चक्की में विशेष रूप से जब ऊपरी पत्थर छोटा होता था तो उसमें खूँटी लगाने के लिए दो छेद होते थे ताकि दोनों हाथों से परस्पर खींचने और ढकेलने की क्रिया की जा सके। मार्शल द्वारा सिरकाप में मिलने वाली जिस चक्की का वर्णन किया गया है, उसमें इसी प्रकार के दो खूँटों का वर्णन है। यह खूँटे ऊर्ध्वाकार नहीं बल्कि थोड़ा झुके हुए होते थे। उसी समय मिलने वाली 'पिसाई चक्की' में ऊपरी पत्थर के आर-पार एक कड़ी लगी रहती थी और इसके लिए पत्थर में गहरी जगह रहती थी जो दोनों तरफ बाहर निकली रहती थी। इस प्रकार की कड़ी बाहर निकली होने के कारण दोनों तरफ हत्थे (हैंडिल) का काम करती थी। पूर्णतः घूमने वाली चक्की पाँचवीं ईसवी में कुनाल के मठ (तक्षशिला) में

मिली थी। इसका ऊपरी पत्थर पूर्णतः सुरक्षित है और उसमें खूँटे (हैंडिल) के लिए केवल एक ही छेद है और यह ऊर्ध्वाकार हैंडिल है। (तक्षशिला की चक्कियों के पुनर्निर्माण के चित्र, देखें चित्र 1.9)

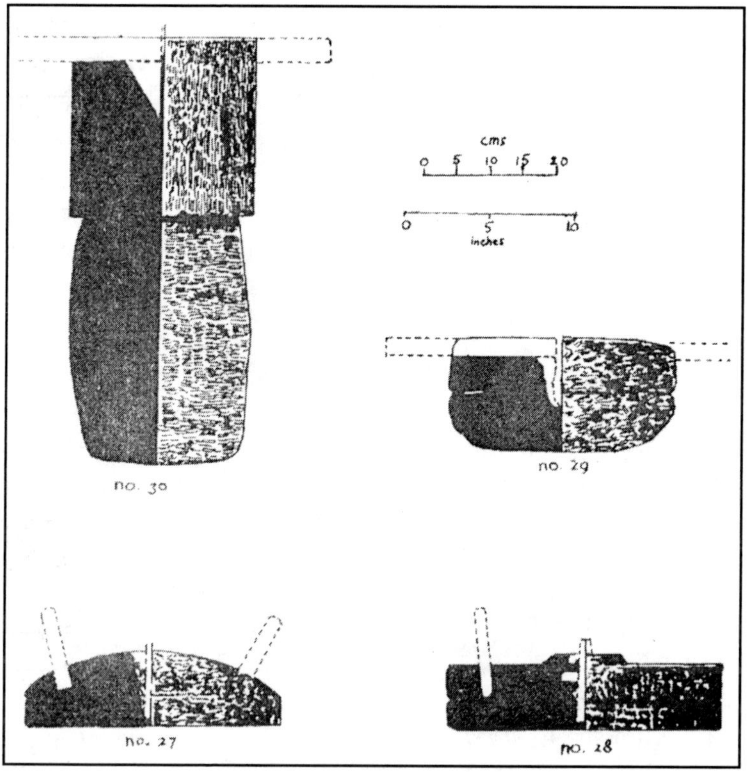

चित्र 1.9 : आधी घूमने वाली और पूरी घूमने वाली चक्कियाँ, तक्षशिला में प्राप्त अनाज पीसने वाली चक्कियाँ (जॉन मार्शल का पुनर्निर्माण किंचित परिवर्तन के साथ)

ऊर्ध्वाकार खूँटे के हैंडिल के साथ पूर्णतः घुमाने वाली चक्की भारत में सर्वप्रथम पाँचवीं सदी में प्रयुक्त होती थी। इसमें कोई शक नहीं है कि एक हैंडिल से घूमने वाली चक्की ने अनाज पीसने का काम बहुत आसान कर दिया था। इस प्रकार की हथचक्की का चित्रण *मिफ़ताहु-ल-फ़ुज़ाला* (1469) में मिलता है (देखें चित्र 1.10) और 1670 दशक में फ्राटूयर ने लिखा कि 'भारतीय पत्नियाँ...अपना अनाज हथचक्की (चक्कियाँ) से पीसती थीं और उस समय वे गीत गातीं, गपशप करतीं और प्रसन्न रहती थीं।' इस तरह का अनाज पीसने का कार्य सामान्य प्रचलन में था।

चित्र 1.10 : घरेलू हस्तचालित चक्की : *मिफ़ताहु-ल-फ़ुज़ाला,* 1469

यह सम्भावित है कि आधा घूमनेवाली तेल चक्की *(ऑयल मिल)* लगभग उसी समय प्रचलित थी जब अनाज पीसनेवाली हथचक्की (हैंड मिल) का प्रयोग होता था। ईसा पूर्व प्रथम शताब्दी या प्रथम शताब्दी ईसवी में *मनुस्मृति* (iv 84-85) में तेल मिल के लिए पहले से ही *चक्र* शब्द का प्रयोग मिलता है। धीरे-धीरे शायद चक्र मिल का प्रयोग पूर्णतः घूमनेवाली चक्की के लिए होने लगा, ईसवी 500 में *भविष्य पुराण* में *तैलिका यंत्र चक्र* 'तेल मिल का चक्र' का प्रयोग मिलता है और इसी प्रकार सातवीं और आठवीं ईसवी में तमिल ग्रन्थों में *चिक्कू* शब्द का प्रयोग मिलता है, चिक्कू शब्द का सम्बन्ध प्राकृत भाषा के शब्द चक्का (पहिया) से है। इसे आधुनिक हिन्दुस्तानी में चक्की कहा जाता है।

पशुओं द्वारा तेल निकालने वाले कोल्हू को खींचने के लिए अभी भी अर्गला की आवश्यकता थी, इसके बारे में दसवीं सदी से पहले का कोई लिखित साक्ष्य नहीं मिलता परन्तु हिमाचल प्रदेश में बैजनाथ में शाका 726 (सन् 804) का एक शिलालेख गिला है जिस पर दान स्वरूप मन्दिर को तेल का कोल्हू देने का उल्लेख है।

(*तैलोपदियांत्र*—'तेल निकालने का यंत्र')। यह यंत्र शिव के मन्दिर में दीप प्रज्वलित करने के लिए तेल निकालने के लिए दिया गया था। यद्यपि इसमें उपकरण के बारे में कोई वर्णन नहीं किया गया है, परन्तु यदि यह हस्तचालित यंत्र

होता तो निश्चित रूप से अलग से शिलालेख पर इसका उल्लेख नहीं होता। कोई भी केवल एक ऐसे कोल्हू के बारे में ही सोच सकता है जो पूरी तौर पर बैलों द्वारा खींचने वाला और गोल चक्कर में घूमने लायक तेल निकालने वाला यंत्र ही हो। यदि ऐसा ही था तो कोल्हू को चलाने के लिए इस पहाड़ी इलाके में आठवीं सदी में अर्गला (ड्रा–बार) भी अवश्य रहा होगा।

गन्ने से रस निकालने के लिए गन्ना पेरने वाले कोल्हू का प्रयोग होता था। एक बार इसके बेलनों को पशुओं से घुमाने लायक बना लिया गया तो इसका बड़ा आकार भी विकसित हो गया था। इस प्रकार के कोल्हू का चित्रण हस्तलिखित *जैन महापुराण* में मिलता है जिसका लिप्यान्तरण दिल्ली में 1540 में हुआ था, इस चित्रण में कोल्हू के पास गन्ने के खेत भी चित्रित हैं (देखें चित्र 1.11)। पूर्वी उत्तर प्रदेश में इस प्रकार के पत्थर के कोल्हुओं पर 1533 और 1579 वर्ष के खुदे होने का साक्ष्य मिला है।

चित्र 1.11 : बैलों से चलनेवाला गन्ना पेरने का कोल्हू (ओखली और मूसल) जैन, पेंटिंग, दिल्ली ईसवी सन् 1540 (के.जे. खंडेलवाल और मोतीचन्द्र के बाद)

कारेरी ने 1695 में, मुम्बई के पास एक घाटी में तकनीकी के रूप से बिलकुल भिन्न गन्ना पेरने का एक यंत्र देखा। उसने देखा कि गन्ने को दो बड़े–बड़े लकड़ी के बेलनों के बीच कसकर दबाया जाता था। लकड़ी के इन बेलनों को बैलों की मदद से घुमाया जाता था और जब गन्ना दूसरी तरफ बाहर निकलता तो पूर्ण रूप से

उसका रस निकल जाता था। बुखानन ने 1800-1801 के बीच ऐसे कोल्हू का कर्नाटक में प्रयोग लिखा है और एक चित्र में दिखाया गया है कि लकड़ी के बेलन में आड़े-तिरछे खाँचे कटे हैं। एक बेलन दूसरे में फँस जाता है और यदि एक बेलन को एक दिशा में घुमाया जाता है तो दूसरा उसकी विपरीत दिशा में घूमने लगता है (देखें चित्र 1.12)। यह एक प्रकार का 'सर्पिल गियर' है। इस प्रकार का गियर भारत की सूत की ओटनी में भी मिलता है। (इसका जिक्र हम आगे अध्याय 2.1 में करेंगे) इसलिए भारत में इस प्रकार के सर्पिल गियर वाले कोल्हू के ईजाद होने का समय 1400 ईसवी होना विश्वसनीय लगता है।

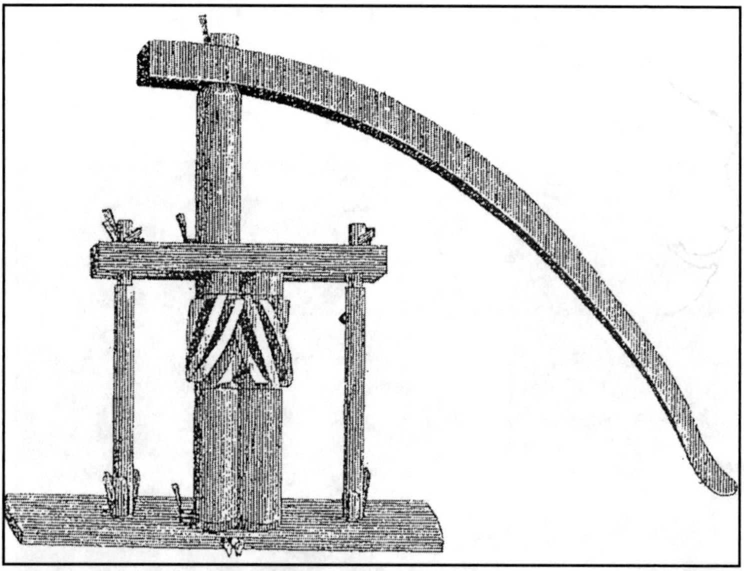

चित्र 1.12 : गन्ना पेरनेवाले कोल्हू में वर्म गियर रोलर, दक्षिण भारत (फ्रांसिस बुखानन, 1800-01)

उन्नीसवीं सदी में बेलन वाले चीनी मिलों (कोल्हुओं) का प्रचलन दक्षिण भारत और दक्कन में था जबकि गंगा की घाटी में ओखल और मूसल वाले कोल्हू का प्रचलन था (देखें नक्शा 1.1)। पंजाब में एक जटिल यंत्र का प्रयोग होता था : यहाँ पर ऊर्ध्वाकार खड़े बेलन के स्थान पर एक क्षैतिज बेलन का प्रयोग होता था जिससे कई हाथों से आसानी से गन्ने को कोल्हू में घुसाया जा सकता था। इन बेलनों को बैलों की मदद से चलाया जाता था जिससे क्षैतिज पहिए के चलने से ऊर्ध्वाकर बेलन घूमते थे, इसमें पिन ड्रम गियर का प्रयोग होता था, जैसा कि रहट में होता था (देखें चित्र 1.2)। इसका सबसे पहले वर्णन 1831 में ए. बनरीज ने किया है। हालाँकि इस प्रकार के गन्ना पेरनेवाले कोल्हू का प्रयोग नैपोलियन के फ्रान्सीसी

वैज्ञानिक ने मिस्र में 1798-1801 के दौरान लिखा है। यद्यपि इसमें सर्पाकार गियर नहीं था, इसके क्षैतिज बेलन ऊपर से पड़ने वाले दबाव से एक-दूसरे की विपरीत दिशा में घूमते थे।

नक्शा-1.1 : गन्ना पेराई करनेवाले कोल्हू (भौगोलिक क्षेत्र)

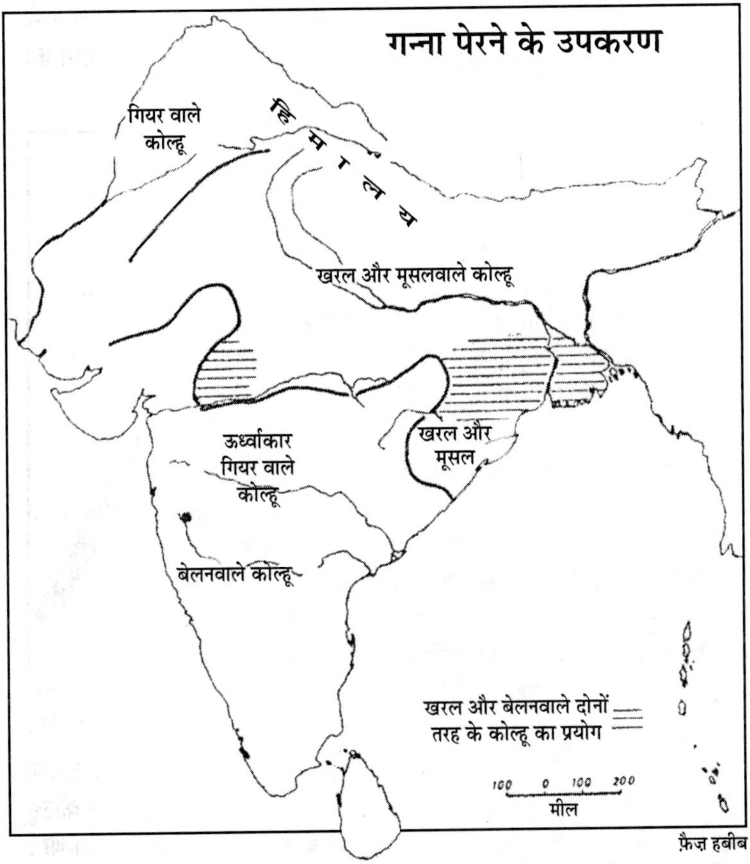

टिप्पणी—इस नक्शे में ऊर्ध्वाकार गियरवाले कोल्हू सर्पाकार गियरवाले कोल्हू हैं और गियरवाले कोल्हू क्षैतिज बेलनवाले कोल्हू हैं जो पिन ड्रम गियर पर कार्य करते हैं।
पैमाने में दर्शाए गए 100 मील = 161 किलोमीटर

यदि बेलन युक्त यह यंत्र पिन ड्रम गियर से काम करता था तो यह अनुमान लगाया जा सकता है कि 1800 से काफी पहले पंजाब में इसका प्रयोग प्रारम्भ हो गया था और यह यंत्र वास्तव में पंजाब से मिस्र की ओर ले जाया गया होगा।

पुर्तगालियों द्वारा सत्रहवीं सदी में ब्राजील में गन्ना पेरने वाली चीनी मिलों को स्थापित किया गया। इन मिलों को पशुओं द्वारा नहीं बल्कि पानी की शक्ति से चलाया जाता था। हिन्दुस्तान में पानी से चलाई जानेवाली ये मिलें देश के उत्तरी और उत्तर-पश्चिमी सीमावर्ती इलाकों तक ही सीमित थीं। *मिफ़ताहु-ल-फ़ुज़ाला* (1469) ने एक असयाब (फारसी में इसका शाब्दिक अर्थ 'पानी वाला मिल' है) अर्थात मिल (असया) बनाई जो पानी के बहाव से घूमती है। पानी से चलने वाली साधारण क्षैतिज स्वरूप वाली ईरानी पानी की मिल का वर्णन मुग़लकाल के हिन्दुस्तानी शब्दकोष में मिलता है। ऊँचे सोते से आने वाले पानी को पत्थर और चूने की बनी एक सुरंग (तनूरा) के द्वारा कुछ ऊँचाई से पत्थर के गोल ब्लेडों (परों) पर गिराने से मिल के पत्थर घूमने लगते थे। एक लकड़ी के डिब्बे में अनाज रखा जाता और इस डिब्बे के निचले भाग में एक छेद होता था। जब चक्की (मिल) के पहिए घूमने लगते तो एक लकड़ी अनाज से भरे इस डिब्बे को निरंतर धीरे-धीरे हिलाती इससे डिब्बे का अनाज चक्की (मिल) में गिरता (*फ़रहंग-ए-जहाँगीर,* 1608 और *बहार-ए-अजाम,* 1739)। विभिन्न प्रकार की ऐसी साधारण चक्की (मिल) उन्नीसवीं सदी में बलूचिस्तान, अफ़ग़ानिस्तान, हिन्दुस्तान के हिमालय के पर्वतीय क्षेत्र और नेपाल में प्रयोग की जाती थीं। बहुत पहले 1631 में ही लद्दाख में इस पनचक्की का प्रयोग होता था। मुग़ल सम्राटों द्वारा कश्मीर जानेवाले लम्बे मार्ग के बीच हजारा जिला पड़ता था, यहाँ एक छोटी आबादी वाले इलाके में इस जल शक्ति के प्रयोग की प्रवीणता देखी गई। उन्नीसवीं सदी की रिपोर्ट के अनुसार यहाँ पर अनाज पीसने वाली परम्परागत पनचक्की के अतिरिक्त यहाँ पर धान कूटने वाली एक ढेकी का भी प्रयोग मिलता है। इसे *पेकोह* कहा जाता था और इसका प्रयोग धान से चावल निकालने के लिए होता था। इसमें एक प्रकार का दाँतेदार पहिया लगा होता है (देखें टिप्पणी 1.1) चूँकि यह पहिया ऊर्ध्वाधर होता है, अतः यह क्षैतिज पहिए या गियर की विधि से भिन्न एक महत्त्वपूर्ण विकास था। चीन में इस प्रकार के यंत्र के प्रयोग का पुराना इतिहास है। चीन के सीमावर्ती क्षेत्र से लगा होने के कारण सम्भवतः यह यंत्र चीन से आया होगा परन्तु हजारा जिले में पाखली स्थान पर जल शक्ति से चालित गियर युक्त कपास ओटने का यंत्र (बेलना) वास्तव में भारतीय कपास की ओटनी (जिन) और कई कार्यों के लिए प्रयुक्त होने वाली जल शक्ति से चालित चीन में प्रयुक्त, दोनों ही यंत्रों का काम करती थी।

यह उल्लेखनीय है कि उन्नीसवीं सदी में ब्रिटिश द्वारा विकसित नहरों की व्यवस्था के साथ-ही-साथ उत्तरी भारत के समतल इलाकों गें नहरों और उससे निकलने वाली छोटी नहरों के किनारे पर जलचालित चक्कियाँ (यंत्र) स्थापित की गई।

प्रौद्योगिकी सम्बन्धी जिज्ञासा के लिए हम गाड़ीवाली चक्की (मिल) के बारे में विचार कर सकते हैं, यानी कि एक ऐसी गाड़ी जो चलते समय अनाज पीसती है।

निज़ामुद्दीन अहमद (1593) नामक एक इतिहासकार ने इस यंत्र की खोज का श्रेय अकबर के विद्वान दरबारी फ़तेउल्ला सिराजी (1589) को दिया है जबकि अबुल फ़ज़ल (1595) का दावा है कि इसका अन्वेषक अकबर स्वयं था। इस यंत्र का विस्तृत विवरण नहीं है परन्तु यह लिखा है कि गाड़ी के ऊर्ध्वाकार पहियों के चलने से उसका क्षैतिज धुरा घूमता है और इसके द्वारा क्षैतिज गियर घूमता है, लगभग यह सुनिश्चित है कि रहट में प्रयोग होने वाली पिन ड्रम गियर पद्धति का इसमें प्रयोग हुआ था। इस यंत्र का अन्वेषण सत्रहवीं सदी में आनेवाली यूरोपीय गाड़ी वाली चक्की (कार्ट मिल) से पहले ही हुआ था।

आसवन

गन्ना, अंगूर, जौ, ताड़ी, नारियल, महुआ आदि कृषि उत्पादों में मौजूद मादक शक्ति के कारण ही लोग इसमें से शराब निकालने के लिए आकर्षित हुए। शराब (लिकर) के आसवन का कार्य विभिन्न सभ्यताओं के लोगों द्वारा किया गया।

पी.सी. रे ने अपनी पुस्तक *'हिस्ट्री ऑफ हिन्दू केमेस्ट्री'* में आसवन के बारे में संस्कृत के उद्धरणों का उल्लेख कर हिन्दुस्तान में इसका समय मध्यकाल के प्रारम्भ में बताया है। इन उद्धरणों में से कोई भी हिन्दुस्तान में शराब निकालने के पुराने इतिहास को स्थापित नहीं करते, यहाँ तक कि भाषायी जिज्ञासा की दृष्टि से भी सुंडा शब्द के दो अर्थ होते हैं (हाथी की सूंड और झुकी हुई नली)। इससे भी हिन्दुस्तान में शराब निकालने का पुराना इतिहास स्थापित नहीं होता परन्तु तक्षशिला से प्राप्त पुरातन बर्तनों के पुरातात्विक साक्ष्यों को सर्वप्रथम जॉन मार्शल द्वारा उद्घाटित किया गया और ए. घोष ने रेमंड अलचिन (Raymond Allchin) द्वारा साईखान घेरी (चरसदा, नार्थ वेस्ट फ्रन्टियर प्राविन्स, पाकिस्तान) से प्राप्त बर्तनों के अनेक अवशेषों के आधार पर इसे उद्घाटित किया। नीधम ने इन बर्तनों (चित्र 1.13) को 'गान्धार पात्र'

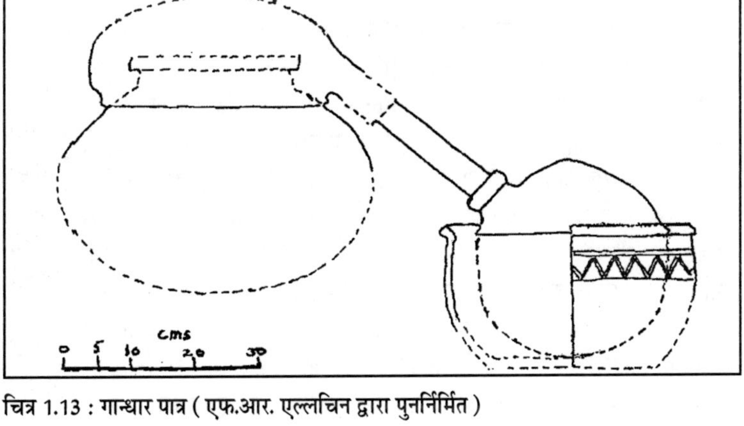

चित्र 1.13 : गान्धार पात्र (एफ.आर. एल्लचिन द्वारा पुनर्निर्मित)

का नाम दिया, पश्चिमी या यूनानी टाइप के बर्तनों के वर्गीकरण से तुलना की और तब यह प्रस्थापना पेश की कि इन बर्तनों के शोधन से ज्ञात होता है कि इनका समय ईसा पूर्व 150 वर्ष से सन् 150 तक होगा। यहाँ बर्तन इस प्रकार के आसवन वाले बर्तनों की 'उत्पत्ति दर्शाते हैं'। साईखान घेरी से प्राप्त मिट्टी के आसवन पात्र काफी विशाल हैं, उदाहरण के लिए एक आसवन पात्र से निकलनेवाले वाष्पित पदार्थ को एकत्र करने के लिए 135 नलियाँ लगी हैं और प्रत्येक नली से काजल के रँगे हुए इतने ही पात्र जुड़े थे। यह पात्र इतने विशाल थे कि कोई भी अनुमान लगा सकता है कि यह केवल शराब निकालने के लिए ही थे और शीशा ऐसी अन्य कोई वस्तु नहीं। इस ऐतिहासिक तथ्य से अन्य देशों के मुकाबले शराब आसवन में हिन्दुस्तान की श्रेष्ठता स्थापित होती है। चूँकि बहुत ही कम तापमान पर वाष्पन के द्वारा शराब तैयार होती थी, इसलिए 'गान्धार पात्र' से अत्यधिक हलकी (फीकी) शराब का ही आसवन होता था और यदि अच्छी (तीखी) शराब निकालने के लिए तापमान को कम रखा जाता था तो आसवन बहुत धीमी गति से होता था।

कुछ दस्तावेजों से पता चलता है कि बारहवीं सदी में सम्भवतः इटली और अरब के लोगों के बीच गहन विचार-विमर्श के बाद कम ताप पर अधिक शुद्ध एल्कोहल का आसवन करने के लिए आसवन पात्र में रूपान्तरण किया गया था। मुख्य आसवन पात्र के ऊपर उलटी चम्मच के रूप में गोल छल्लों से कसा हुआ एक आवर्ती ढक्कन लगा था। इस आवर्ती ढक्कन से एक लम्बी नली जुड़ी थी जो आसवित एल्कोहल को एकत्र करनेवाले पात्र से जुड़ी थी। इस आसवन पात्र के सबसे ऊपर पानी से भरा एक पात्र रखा था इसे 'मूर हेड' कहते थे। आसवन की किसी दूसरी विधि की तुलना में इस विधि के द्वारा निश्चित रूप से अधिक शुद्ध एल्कोहल प्राप्त हुआ और यह एक परिष्कृत उपकरण साबित हुआ। इस्लामी देशों से पार होते हुए यह नया उपकरण (आसवन पात्र) शीघ्र ही हिन्दुस्तान तक पहुँच गया। तेरहवीं सदी के अन्तिम वर्षों में एल्कोहल आसवन में प्रारम्भ हुई नई प्रक्रिया सम्भवतः इस नए परिष्कृत उपकरण का ही परिणाम थी। इतिहासकार ज़िया बरानी ने 1357 में लिखा कि 1290 में दिल्ली और इसके आसपास के कस्बों में पहले से ही 'बूँद-बूँद' शराब निकालने के पात्र *(चकानीदान)* और (भट्ठियाँ) मौजूद थीं। शराब निकालने (आसवन) के लिए यही शब्द *चकानीदान* का प्रयोग *मिफ़ताहु-ल-फ़ुज़ाला* (1469) द्वारा भी किया गया है।

इस शब्द चकानीदान का महत्त्व इस अर्थ में है कि इटली और अरब वासियों (इटालो-अरब) द्वारा निर्मित इस पात्र में आसवित शराब को एकत्र करनेवाला पात्र वाष्पन करनेवाले मुख्य पात्र से केवल अलग ही नहीं था, बल्कि गान्धार पात्र में वाष्प एकत्र करने की तुलना में इसमें सीधे द्रव शराब ही एकत्र होती थी। इसे पारदर्शी पाइप से बूँद-बूँद गिरते हुए देखा जा सकता था, इसलिए इस शब्द का प्रयोग इस प्रकार के विशेष आसवन पात्र के लिए ही होता था।

इस समय तक शराब आसवन के दो अन्य प्रकार के पात्रों का प्रयोग होने लगा था। इनमें से एक पात्र को नीधम ने 'मंगोल पात्र' कहा है (इसमें आसवन पात्र के अन्दर ही शराब एकत्र करनेवाला पात्र होता था) और दूसरा 'चीनी पात्र' था जिसमें शराब एकत्र करनेवाला पात्र एक नली के द्वारा आसवन पात्र के बाहर जुड़ा रहता था। 'मंगोल पात्र' का चित्र एक गुफा की दीवार पर खुदा है। यह चित्र 1031 से 1227 के बीच और दूसरा 1163 में चीन में बनी एक ड्रॉइंग में चित्रित है परन्तु ये दोनों प्रकार के उपकरण भूमध्य सागरीय प्रदेश के उपरोक्त परिष्कृत आसवन पात्र की प्रतियोगिता में ठहर नहीं सके।

अबुल फ़ज़ल (1595) के *आइन-ए-अकबरी* में शराब आसवन का वर्णन सर्वाधिक प्रसिद्ध है (देखें उद्धरण 1.3)। इसमें तीन प्रकार के आसवन पात्रों का वर्णन है। पहला 'मंगोल' और दूसरा 'गान्धार' पात्र है जिसका वर्णन नीधम ने किया है। अबुल फ़ज़ल विशेष रूप से वर्णन करता है कि दूसरे प्रकार के आसवन पात्र में शराब एकत्र करनेवाला पात्र शीतल पानी में रखा जाता था। तीसरी प्रकार का आसवन पात्र सबसे अधिक अच्छा था क्योंकि इस पात्र के ऊपर उलटी 'चम्मच' की तरह का ढक्कन लगा था और इसके ऊपर एक टब में शीतल जल रखा जाता था जिसे 'मूर हेड' कहते थे। दूसरे शब्दों में कहें तो यह मध्यकालीन इटली और अरब देश के लोगों का (इटैलियन अरब) पात्र था, (देखें चित्र 1.14)। इस पात्र के एक अपरिष्कृत स्वरूप के दक्षिण हिन्दुस्तान में मिलने की जाँच बुखानन ने की है। इस प्रकार यह विदित होता है कि यह पात्र व्यापक रूप से पूरे देश में प्रचलन में था।

चित्र 1.14 : इटालो-अरब पात्र, अबुल फ़ज़ल द्वारा वर्णित (चित्रकार की ड्रॉइंग)

आसवन की इस प्रक्रिया का प्रयोग मध्यकाल में ही इत्र और सत उत्पादित करने के लिए होने लगा था। इतिहासकार गोडे ने चिह्नित किया है कि पन्द्रहवीं सदी के मध्य से पूर्व संस्कृत साहित्य में गुलाब (गुल) की जानकारी नहीं मिलती। हालाँकि फ़िरोज तुग़लक की नहरों से नए बागीचों की सिंचाई का वर्णन करते हुए बरानी (1357) ने विभिन्न प्रकार के गुलाबों का वर्णन किया है। इब्ने बतूता ने 1340 के दशक में जब बंगाल का दौरा किया तो उस समय बंगाल में गुलाबजल (रोज वाटर) की बिक्री का सन्दर्भ मिलता है। दबाए हुए गुलाब को पानी के साथ आसवन पात्र में रखकर, इस पात्र को गर्म कर वाष्प को साधारण नली के द्वारा एक पात्र में (गुलाबजल) को एकत्र किया जाता था। जब गुलाबजल थोड़ा-सा गर्म ही रहता था तभी इसकी सतह पर एक बारीक परत जम जाती थी। सम्राट जहाँगीर (निधन 1627) ने जिक्र किया है कि उसकी रानी की माँ, नूरजहाँ इस परत को सावधानी से एकत्र करवाती थी और इससे बहुत अच्छा तेज इत्र प्राप्त करती थी। इस इत्र का नाम *इत्र-ए-जहाँगीरी* पड़ा और सत्रहवीं सदी में इसे बड़े पैमाने पर उत्पादित किया गया। अबुल फ़ज़ल ने आसवन की एक जटिल प्रक्रिया का भी जिक्र किया है जिसके द्वारा घृत कुमारी (ऐलो) की लकड़ी का सत निकाला जाता था।

नील का उत्पादन

वर्तमान समय में रासायनिक रंगों का प्रयोग होने से इस प्रतियोगिता में नील के पौधों से नीला रंग तैयार करने की प्रक्रिया विलुप्त हो गई है। हिन्दुस्तान में नील की खेती और नील के पौधे से रंग निकालने का पुराना इतिहास है। पाणिनी (350 वर्ष ईसा पूर्व) ने नील से रँगे गए वस्त्र के लिए नीला शब्द का उल्लेख किया है जबकि पाणिनी की व्याख्या करते हुए कात्यायन (250 वर्ष ईसा पूर्व) ने नीली शब्द का प्रयोग एक पौधे के लिए किया है। नील का सूखा पाउडर प्राप्त करने के लिए नील के पौधे की पत्तियों, शाखाओं और तने को एक 'बड़े बर्तन' में पानी भरकर भिगो दिया जाता था। इसके बाद इस रंगीन पानी को वाष्पित होने के लिए धूप में रख दिया जाता और सूख जाने पर सूखा नील एकत्र कर लिया जाता था। मार्को पोलो ने 1290 के दशक में जब दक्षिण हिन्दुस्तान का दौरा किया तो उसने नील उत्पादन की इस धीमी और कठिन प्रक्रिया का वर्णन किया है परन्तु एक समय चूने और जिपसम गारे को मिलाने से मजबूत टैंक बनाने की परिष्कृत प्रक्रिया विकसित हो गई तो नील उत्पादन की प्रक्रिया का भी विकास हो गया। जिपसम (सिल खड़ी) और चूने के गारे से बने टैंक निर्माण का वर्णन सत्रहवीं सदी से पूर्व के ग्रन्थों में मिलता है। नील उत्पादन की इस प्रक्रिया में जुड़ाई के द्वारा जलअवरोधी दो-दो टैंकों का निर्माण किया जाता। नील के पौधे की पत्तियाँ और शाखाएँ आदि को ऊपरी पानी से भरे टैंक में डालकर खूब घुमाया जाता, इस प्रकार पत्तियों और शाखाओं का नील पानी के साथ घुल जाता, इसके बाद प्रत्येक ऊपरी टैंक में बना एक छेद खोल दिया जाता और

रंगीन पानी निचले टैंक में जमा हो जाता। इस टैंक में पानी को काफी हिलाने के बाद बिलकुल शान्त छोड़ दिया जाता ताकि रोगन तलहटी में बैठ जाए। इसके बाद इस टैंक के छेदों से धीरे-धीरे पानी को बाहर निकाला जाता और भीगा हुआ रोगन तलहटी में रह जाता। इसे निकालकर धूप में सूखने के लिए छोड़ दिया जाता था और इसे सुखाने के लिए ब्यालरों का प्रयोग अपवाद था। यह संशोधित तरीका यूरोपीय उत्पादकों द्वारा अठारहवीं सदी के अन्त और उन्नीसवीं सदी के प्रारम्भ में प्रयोग किया जाता था। सत्रहवीं सदी के टैंक आज भी मौजूद हैं और इनका सर्वेक्षण हुआ है।

सारिणी 1.1 कालक्रम (सभी तारीखें ईसवी सन् में)

रोटरी हैंड मिल, तक्षशिला	ई 400–500
कुएँ के ऊपर पहिए पर बर्तन युक्त माला (दीवार पर खुदा चित्र) का सबसे पहला सन्दर्भ	532
एक कन्धे वाला ऊँट सिन्ध में देखा गया (ह्वेन त्सांग)	640
अरघट्टा का सम्भावित प्रयोग (बैजनाथ शिलालेख)	804
शराब आसवन की रिपोर्ट सम्भवत: इटालो-अरब पात्र (बरानी)	1290
हिन्दुस्तान में गुलाब उत्पादन का सर्वप्रथम सन्दर्भ (बरानी)	1357
बंगाल में रेशम उत्पादन (माहुआन)	1422
रोजमर्रा में प्रयोग होने वाले शब्दों की *मिफ़ताहु-ल-फ़ुज़ाला* की डिक्शनरी	1469
हिन्दुस्तानी बोआई की मशीन के बारे में सर्वप्रथम जानकारी (बार बोसा)	1516
बाबर के रहट (परशियन व्हील) का उल्लेख : हिन्दुस्तान में पिन ड्रम गियर के प्रयोग की पहली जानकारी	1526–30
मूसल और गन्ना पेराई कोल्हू का सर्वप्रथम वर्णन	1540
अबुल फ़ज़ल आइन-ए-अकबरी	1595
भारत में तम्बाकू का उत्पादन, कलम लगाकर कश्मीर में मीठी चेरी का पौधा तैयार किया गया	ई. 1600
छिद्ररोपण का वर्णन (अमानउल्ला हुसैनी)	ई. 1630
गन्ना पेराई का हिन्दुस्तानी कोल्हू, सर्वप्रथम जानकारी (काटेरी)	1695

उद्धरण 1.1

हिन्दुस्तान में पानी को ऊँचाई तक पहुँचाने की पद्धतियाँ : बाबर 1526–30

वर्षा ऋतु में वर्षा होने के कारण खरीफ की फसल की सिंचाई खुद-ब-खुद हो जाती है और फसल पक जाती है परन्तु यह आश्चर्यजनक है कि वर्षा के बगैर रबी की फसल भी बढ़ती है। एक या दो वर्ष तक पौधों की सिंचाई रहट (चरखा) या चमड़े के बड़े से बैग के द्वारा कुएँ से पानी निकालकर की जाती है, इसके उपरान्त उनको सिंचाई की कोई आवश्यकता नहीं होती। कुछ सब्जियों की भी सिंचाई की जाती है। लाहौर, दीपालपुर, सहरहिन्द (सरहिन्द) के इलाके में लोग रहट से सिंचाई करते हैं। वे लोग

कुएँ की गहराई के बराबर रस्सी के दो टुकड़ों से लम्बे चक्र बनाते हैं। वे इन दोनों रस्सियों में थोड़ी-थोड़ी दूर पर लकड़ी के टुकड़े बाँधते हैं। लकड़ी के इन टुकड़ों के साथ मिट्टी के जार (बर्तन) (कूजा) बाँधे जाते हैं। यह दोहरी रस्सी जिससे यह जार बँधे होते हैं एक बड़े पहिए (चरखी) के ऊपर चढ़ाई जाती है। इस पहिए के बीच में एक लम्बा धुरा *(टीर)* लगा होता है, इस धुरे के दूसरे सिरे पर एक दूसरा पहिया लगा रहता है। इस दूसरे पहिए की दूसरी तरफ एक और पहिया जुड़ा होता है इसका धुरा सीधा ऊर्ध्वाकार खड़ा होता है। जब बैल के द्वारा इस पहिए को घुमाया जाता है तो दूसरे पहिए के दाँतों से फँसे इस पहिए के दाँते उसे घुमाने लगते हैं, परिणामस्वरूप वह पहिया भी घूमने लगता है जिस पर मिट्टी के बर्तनों (जार) से बँधी रस्सी पड़ी रहती है। इन बर्तनों (जार) से जहाँ पानी गिरता है वहाँ पर एक खुली टंकी लगी होती है। अब इस टँकी से पानी को आवश्यकता के अनुसार जिधर चाहे उधर ले जाया जाता है।

दूसरा सिंचाई का तरीका आगरा के बयाना और चन्दवार के लोगों का है। यह लोग बाल्टियों से पानी भरकर सिंचाई करते हैं। इस प्रकार सिंचाई करने में काफी श्रम करना पड़ता है और यह सिंचाई का खराब तरीका है। वे कुएँ के एक किनारे पर गाड़ देते हैं और इसके बीच एक घिर्री (घालताक) लगाते हैं। इस घिर्री (घालताक) के ऊपर से वह लम्बी रस्सी (अरघमची) डालते हैं जिसके एक सिरे से एक बड़ी-सी बाल्टी *(डालव)* बँधी होती है। रस्सी के दूसरे सिरे को बैल से बाँध दिया जाता है। एक व्यक्ति बैल को हाँकता है और जब पानी से भरी बाल्टी ऊपर आ जाती है तो एक व्यक्ति उससे पानी निकालता है। हर बार कुएँ से दूर जाते समय बैल बाल्टी को ऊपर खींचता है और फिर वापस आते समय रस्सी ढीली पड़ जाती है और इसी रास्ते पर बैल द्वारा पेशाब और गोबर करने से यह रस्सी भीग जाती है और फिसलने लगती है और यही पेशाब से गीली रस्सी कुएँ में भी जाती है।

कुछ जोते हुए खेतों में सिंचाई की आवश्यकता पड़ने पर कुछ महिला और पुरुष एक रस्सी के साथ शृंखला में बँधे मिट्टी के बर्तनों से (कूजा द्वारा) पानी निकालते हैं।

(बाबरनामा से)

नोट—यह उद्धरण, अब्दुर रहीम ख़ानख़ाना द्वारा बाबरनामा के सर्वोत्तम फारसी अनुवाद से लिया गया है। अकबर के पुस्तकालय की पांडुलिपि अब ब्रिटिश म्यूजियम में है और इसके 3174, फोलियो 37 बी-377 ए का तुर्की में लिखी मूल पांडुलिपि से मिलान किया गया है। इसका सम्पादन ईजी मानो, क्वैटो ने किया 1995 पृ. 439-40। और ए.एस. बेवरीज और डब्ल्यू.एम. थैक्सटन ने इस अनुवाद में कुछ तकनीकी बिन्दुओं को छोड़ दिया था। आखिरी वाक्य जो वास्तव में मिट्टी के बर्तनों वाली माला से सम्बन्धित है जिसमें बैलों द्वारा खींचे जाने वाले गियर वाले उपकरण के बगैर पानी निकालने का जिक्र है उसे दोनों अनुवादकों ने गलत ढंग से समझा था।

उद्धरण 1.2

मदाग झील, जिला धारवाड़, कर्नाटक

धारवाड़ जिले के दक्षिण और पश्चिम में सिंचाई के अन्य निर्माणों की ही तरह मदाग झील के निर्माण का समय भी विजयनगर राजाओं (1335–1570) के समय से ही माना जाता है। इस झील के निर्माताओं ने पहाड़ियों के बीच बहने वाले कुमुदवती फीडर के उस मार्ग को अवरुद्ध करने की योजना बनाई जिससे तुंगभद्रा नदी का यह फीडर कोड में प्रवाहित होता था। इस प्रकार पहाड़ियों के दक्षिण भाग में एक झील का निर्माण हुआ जो मैसूर घाटी को मैसूर से अलग करती है। यह कार्य 100 फीट ऊँचा और 800 फीट चौड़ा मिट्टी का बाँध बनाकर पूरा किया गया। इस बाँध में झील की तरफ पानी के नीचे से ऊपर तक पत्थर की बड़ी–बड़ी चट्टानों को आरोही क्रम में लगाया गया जो सीढ़ियों को निर्मित करती हैं। पूरे बाँध में ही ऐसा निर्माण किया गया है। कुमुदवती घाटी के दाहिने और बाएँ ओर इसी प्रकार का गैप भरने के लिए ऐसे ही दो अन्य बाँध बनाए गए थे ताकि झील का पानी ऊपर से न निकल सके और पहाड़ियों के किनारे नहर निर्मित की गई थी ताकि झील में अपेक्षित ऊँचाई से अधिक पानी उतप्लावित हो सके। जब यह झील पूर्णतः भर जाती थी तो 10 से 15 मील दूरी तक पानी–ही–पानी होता और निश्चित रूप से इससे एक बड़े क्षेत्र की सिंचाई होती होगी। समीप की पहाड़ियों में आज भी पत्थरों के काटे जाने और सड़कों के निशान मौजूद हैं जिसके द्वारा बाँध निर्मित करने की सामग्री लाई गई थी। झील पर निगरानी और नियंत्रण रखने के लिए एक पहाड़ी पर साधारण किला बना है। कहा जाता है कि यह निर्माण कार्य करनेवाले लोगों की सुरक्षा के लिए था। इन तीनों बाँधों में भारी पत्थरों को चीरकर बड़ी–बड़ी पट्टियों से पानी निकालने वाले जल कपाट निर्मित किए गए थे ताकि नीचे वाले समतल खेतों की सिंचाई के लिए पानी दिया जा सके, इनमें से दो बाँध आज भी वैसे ही खड़े हैं जैसे निर्मित किए गए थे। यह जल कपाट उसी पद्धति से निर्मित किए गए थे जिस प्रकार हिन्दुओं द्वारा अन्य स्थानीय जल कपाट निर्मित किए गए थे। बाँध में गारे से बना एक आयताकार फाटक बनाया गया था, इसे छेदों वाले पत्थरों से बन्द किया गया और एक लकड़ी का अवरोधक लगाया गया परन्तु जैसा कि इन जल कपाटों को झील के आकार के अनुसार अनुपातिक होना चाहिए, इसे छोटे पत्थरों के खम्भों के ऊपर अवरोधक का प्लेटफार्म होना चाहिए, इसके बजाय यह खम्भे एक ही पत्थर के बने थे। प्रत्येक खम्भे का वजन 20 टन था...

झील का निर्माण कार्य पूरा हो गया और पानी भर गया था परन्तु एक भारी बाढ़ के समय इस झील का पानी फूट पड़ा, हालाँकि यह विस्फोट सावधानीपूर्वक निर्मित बाँधों में नहीं हुआ। इन तीनों बाँधों के सबसे पश्चिम में पानी के दबाव से पहाड़ी में

गहरा छेद बनाया और करीब 100 फीट के एक सोते के साथ इसका पानी एक खाई में जा गिरा, पानी गिरने के स्थान पर पहाड़ियाँ इस प्रकार ऊर्ध्वाकार कटी हैं जैसे उनको चाकू से तराशा गया हो...इस विभीषिका के बाद इसे पुनर्निर्मित करने का कोई प्रयास नहीं हुआ, यह टूटी हुई झील आज भी ऐसी ही पड़ी है और इसके पानी को प्रयोग करने का आज तक कोई प्रयास नहीं हुआ। निर्माताओं ने पुनः कोई उपक्रम नहीं किया और वर्तमान में भी यह अपूर्ण बाँध जंगलों के बीच स्पष्ट नजर आते हैं और अपने अतीत की दास्तान लिए पड़े हैं।

(धारवाड़ जिले के गजेटियर से, 1884, पृ-260-62)

नोट—पाठकों की जानकारी के लिए 100 फीट बराबर 30.5 मीटर और 10 मील बराबर 16.1 किलोमीटर।

उद्धरण 1.3

शराब का आसवन : अबुल फ़ज़ल 1595

यद्यपि गन्ने के रस से वे शराब बनाते हैं परन्तु आज भी गुड़ (अशोधित चीनी) से अच्छा नशा करने वाली शराब बनाई जाती है। इसके आसवन के लिए अनेक तरीके प्रयोग किए जाते हैं। एक पद्धति में लोग एक मन (करीब 32 किलो) गुड़ में दस सेर (8 किलो) *बबूल* (बबूल का गोंद या छाल) को मिलाकर इसका पाउडर बनाते हैं और इस आयतन के तीन गुना पानी में इसे मिलाते हैं। बड़े-बड़े जारों में भरकर उनको जमीन में गाड़ दिया जाता था और इसके चारों ओर घोड़े की सूखी लीद डाल दी जाती है। इस प्रकार सात से दस दिन में इसका खमीर तैयार हो जाता है। खमीर उठने का संकेत यह है कि गुड़ की मीठी सुगन्ध और मिठास का स्वाद कसैला हो जाता है। यदि शराब को अधिक तेज बनाना होता है तो लोग इसमें कुछ गुड़ या कुछ जड़ी-बूटी और सुगन्धित पदार्थ जैसे कच्चा अम्बार, काफूर आदि मिश्रित कर देते हैं। कुछ लोग इसमें कुछ मांस भी डाल देते हैं। कुछ लोग इस खमीर से नरकुल (धीश) के द्वारा शराब निकालते हैं और इसको पीते हैं परन्तु अधिकांश लोग आसवन विधि से इसका एल्कोहल *(अरक)* निकालते हैं और आसवन विभिन्न तरीकों से होता है। सर्वप्रथम वे इस मिश्रण को एक ताँबे के घड़े में रख देते हैं और इसके अन्दर स्थिर रूप में प्याला रख देते हैं। प्याला इस प्रकार रखा जाता है कि मिश्रण का पानी इसमें न जा सके। ताँबे के घड़े के ऊपर एक कटोरानुमा ढक्कन रखकर इसे चारों तरफ से मिट्टी से सील कर दिया जाता है। इस कटोरे के अन्दर पानी भर दिया जाता है फिर इस ताँबे के घड़े के नीचे आग जलाई जाती है, जब ऊपरी कटोरे का पानी गर्म हो जाता है तो इसे ठंडे पानी से बदल दिया जाता है। जब अन्दर की वाष्प इस कटोरे (ढक्कन) के सम्पर्क में आती है तो शीतल एल्कोहल (अरक) में परिवर्तित होकर, बर्तन के अन्दर रखे कप में एकत्र हो जाती है।

दूसरी पद्धति में इस बर्तन (घड़े) को मिट्टी के एक बर्तन से बन्द कर दिया जाता है, इसके किनारे पर सरकंडे की दो नलियाँ लगा दी जाती हैं। इनका दूसरा सिरा एल्कोहल एकत्र करने वाले पात्र (कूजा) से जोड़ दिया जाता है। इस पात्र को शीतल जल में रख दिया जाता है। जब वाष्प इस पात्र में पहुँचती है तो पात्र ठंडा होने से यह एल्कोहल (अरक) में परिवर्तित हो जाती है।

तीसरी विधि में लोग उक्त मिश्रण को मिट्टी के एक घड़े में भर देते हैं और इसके ऊपर उलटी चम्मच के आकार का ढक्कन लगा देते हैं, चम्मच के हैंडिल के स्थान पर एक लम्बी नली (नावा) जुड़ी रहती है। इस नली को मिट्टी के एक पात्र से जोड़ दिया जाता है। यह पात्र एल्कोहल एकत्र करनेवाला पात्र (कूजा) होता है। इस ऊपर वाले ढक्कन पर थोड़ी-थोड़ी देर में पानी डाला जाता है। इस प्रकार नली से होता हुआ एल्कोहल (अरक) एकत्र करनेवाले पात्र में पहुँचता है। कुछ लोग इस आसवित एल्कोहल को पुन: आसवन करते थे तो इसे दो अतीशा (दुबारा आग से गर्म किया हुआ) कहते हैं। इस प्रकार काफी तेज एल्कोहल (तुंड ओ तेज) प्राप्त होता है। यदि कोई इसमें (अरक में) अपना हाथ भिगोकर आग जलाता है तो इसमें आग लग जाती है और विभिन्न रंग की लौ निकलती है परन्तु हाथ को कोई हानि नहीं होती है। उल्लेखनीय है कि जब एल्कोहल (अरक) में आग लगती है तो इसे किसी प्रकार भी बुझाया नहीं जा सकता था परन्तु अरक के बर्तन को ढक देने से आग बुझ जाती है।

(अबुल फ़ज़ल के *आइन-ए-अकबरी*, 1595 से)

नोट—उक्त अनुवाद एच. बलोचमान्न द्वारा सम्पादित *आइन-ए-अकबरी* से किया गया है; भारत का ग्रन्थाकार, कोलकाता वॉल्यूम-I, 1867-77, पृ-76-77 हालाँकि बलोचमान्न द्वारा किया गया इस अंश का अनुवाद कुछ बिन्दुओं पर सही नहीं है।

नोट 1.1

तकनीकी शब्द

प्रौद्योगिकी के आधुनिक इतिहासकारों द्वारा अपने लेखन में विभिन्न यांत्रिक प्रक्रियाओं और प्रौद्योगिकीय उपकरणों के लिए अनेक शब्दों का प्रयोग किया जाता है। यद्यपि हमारी विषय-वस्तु में पहली बार प्रयोग होने पर इन शब्दों की व्याख्या होती है, पाठकों की सुविधा के लिए इनमें से कुछ शब्दों की व्याख्या करना उचित होगा ताकि पाठक इसका सन्दर्भ समझ सके, क्योंकि हर स्थान पर इन शब्दों की व्याख्या नहीं की गई है। वास्तव में पाठक को यह शब्द अन्यत्र हमारे ग्रन्थ में मिल सकते हैं और उस समय हमारे यह नोट पाठकों के लिए बड़े मददगार साबित होंगे। हालाँकि यहाँ पर व्याख्यायित शब्दों का यह तात्पर्य नहीं है कि यह यंत्र या उपकरण या व्यवहार पूर्व आधुनिक हिन्दुस्तान में ही होता था हालाँकि अधिकांश मामलों में ऐसा ही है।

इन शब्दों में से अधिकांश का प्रयोग बल को संचारित (पावर ट्रांसमिशन) करने के लिए होता है। गरारी (पुली) एक पहिया होता है इस परिचक्र का बाहरी

तल अवतल (गहरा) होता है ताकि इसमें रस्सी चढ़ाई जा सके और उसे खींचा जा सके। घिर्री या गरारी (पुली) घूमती है और रस्सी के दूसरे सिरे से बँधे वजन का अधिकांश भार जमीन की तरफ स्थानान्तरित कर देती है और साथ-ही-साथ रस्सी को खींचना भी आसान हो जाता है। इससे अधिक उन्नत किस्म का बल संचारण तब होता है जब एक सीध में छोटी-बड़ी दो गरारी (पुली) लगाई जाती हैं। दोनों गरारियों पर एक बेल्ट चढ़ा दी जाती है जिसके दोनों सिरे आपस में जुड़े होते हैं। जब बड़ी गरारी को घुमाया जाता है तो बेल्ट घूमती है और साथ-ही-साथ छोटी गरारी भी तेजी से घुमाती है। बड़ी गरारी की तुलना में छोटी गरारी की परिधि छोटी होती है इसलिए छोटी गरारी तेजी से घूमती है। इस प्रकार केवल चक्रीय गतिशीलता ही नहीं बढ़ती बल्कि चक्करों की संख्या भी बढ़ जाती है। इस प्रकार की बेल्ट ड्राइव चरखे और आधुनिक मशीनों में साइकिल में देखी जा सकती है जहाँ बेल्ट के स्थान पर धातु की चेन का प्रयोग होता है जिसकी छोटी-छोटी कड़ियाँ गियर और फ्री-व्हील दोनों के दाँतों में फिट बैठ जाती हैं और इस प्रकार बड़ा गियर पीछे वाले छोटे गियर को तेजी से घुमाता है।

बेल्ट द्वारा चालित इन पहियों में मुख्य पहिया फ्लाई-व्हील का काम करता है और जब प्रारम्भ में इसे हाथ से घुमाया जाता है तो यह कई बार एक के बाद एक झटका देकर चलता है और फिर समान गति से घूमने लगता है और धीरे-धीरे इसकी गति धीमी पड़ती है और झटके देकर रुक जाता है। प्राचीनकाल में इस तरह की गति कुम्हारों के चाक में भी होती थी और बहुत स्पष्ट रूप से इसे चरखे में देखा जा सकता है।

यह बेल्ट द्वारा चालित यंत्र एक ही धरातल पर घूमता है और गति बढ़ाने या गति कम करने का काम उसी धरातल पर होता है। जबकि गियर पद्धति में गति केवल एक ही धरातल पर कम या अधिक नहीं की जा सकती बल्कि इसमें क्षैतिज धरातल पर घूमने वाला गियर ऊर्ध्वाकार घूमनेवाले गियर को गति दे सकता है और इसी प्रकार इसके विपरीत प्रक्रिया भी हो सकती है। आजकल धातु के साधारण उपकरणों में गियर व्हील की बाहरी परिधि पर दाँते बने होते हैं जो उसी प्रकार के दाँतोंवाले दूसरे आकार (छोटे या बड़े) के गियर में फँस जाते हैं। यदि दूसरा गियर छोटा होता है तो गति बढ़ जाती है और यदि गियर बड़ा होता है तो गति धीमी होती है। यह गियर एक ही धरातल पर हो सकते हैं या एक-दूसरे के लम्बवत (समकोण पर) हो सकते हैं। एक-दूसरे के लम्बवत गियर होने पर क्षैतिज गियर की गति को ऊर्ध्वाकार गति में और ऊर्ध्वाकार गियर की गति को क्षैतिज गति में बदला जा सकता है।

पूर्व आधुनिक प्रौद्योगिकी में दाँतोंवाले पहिए के अतिरिक्त, दो प्रकार के गियर मिलते हैं। लकड़ीवाले पहियों की बाहरी परिधि पर समान दूरी पर खूँटियाँ लगी होती हैं और इसी प्रकार दूसरे लकड़ी के पहिए में भी समान दूरी पर खूँटियाँ लगी होती हैं, इस प्रकार दोनों गियरों के खूँटियों से निर्मित दाँते आपस में फँसते हैं। यदि दोनों पहिए एक ही धरातल पर स्थित होते हैं तो दोनों पहियों के स्कोपों को

बड़ा कर पहिए से बाहर निकाला जा सकता है जो खूँटियों के रूप में दाँते का काम करते हैं। ये पहिए परस्पर समकोण पर भी रखे जा सकते हैं। पहियों के रिम के ऊपर यह खूँटियाँ लम्बवत भी फिट की जा सकती हैं और दूसरे पहिए में दो गोल पहियों की परिधि के बीच ये खूँटियाँ फिट की जा सकती हैं। यह एक ड्रमनुमा दिखाई देता है इसलिए इसे *लैनटर्न व्हील* या *पिन ड्रम* कहते हैं।

एक दूसरे प्रकार के गियर को वर्म गियरिंग कहते हैं और इसका प्रयोग मुख्य रूप से रोलरों में होता है। एक रोलर पर सर्पाकार खाँचे इस प्रकार काटे जाते हैं कि यह खाँचे दूसरे रोलर के उभरे हुए हिस्से में बिलकुल फिट हो जाते हैं। इस प्रकार एक रोलर की गति दूसरे में विपरीत दिशा की गति उत्पन्न करती है। धातु से निर्मित अनेक प्रकार के वर्म गियर प्रयोग में हैं और उनका निर्माण सम्भव है।

जिस प्रकार किसी वस्तु (भार) को खींचने में घिर्री (पुली) के प्रयोग से कम शक्ति लगती है उसी प्रकार ढोल चर्खी *(कैप्सटन)* से भी मदद मिलती है। ढोल चर्खी (कैप्सटन) एक प्रकार का ड्रम होता है जिसमें हैंडिल के रूप में कई स्पोक बाहर निकले रहते हैं और एक रस्सी या तार इसके ऊपर लिपटा होता है। जब कई लोग इस लिपटी हुई रस्सी के दूसरे सिरे को खींचते हैं या हैंडिलों को धक्का देते हैं तो थोड़ी-सी लिपटी हुई रस्सी इस ड्रम को घुमाती है और इस प्रकार ऊपर उठाने वाली वस्तु पर रस्सी कस जाती है और यह वस्तु धीरे-धीरे ऊपर उठने लगती है। इस प्रकार खींचने वालों के हाथों पर पड़ने वाला दबाव ढोल चर्खी पर ही पड़ता है। इसी प्रकार हस्त घिर्री *(टैकल)* रस्सियों और दो घिर्रियों (पुली) की ऐसी व्यवस्था है जिसमें ढोल चर्खी ऐसे यंत्र से लम्बे खिंचाव के बाद छोटी घिर्री के हुक से वस्तु को धीरे-धीरे खींचा जाता है, परिणामस्वरूप जिस वस्तु को उठाना है उसे यह छोटी घिर्री प्रति सेन्टीमीटर ऊपर उठाती है।

यह ढोल चर्खी (कैप्सटन) बल को एकत्र करने का साधन भी है। यदि लीवर का एक किनारा जिसके अन्त में भार लदा है रस्सी को ऊपर खींचने के बाद ढोल चर्खी (कैप्सटन) से लिपटी रस्सी को ढीला छोड़ा जाता है तो यह सिरा तीव्र गति से ऊपर उठता है और इसका प्रयोग एक मशीन द्वारा मिसाइल फेंकने में होता था जिसे पाषाण क्षेपक यंत्र (मैन्गनल्) कहते हैं। एक ऐसा ही यंत्र स्प्रिंग भी है जिसमें शक्ति को सँजोया जा सकता है। स्प्रिंग का सबसे प्राचीन रूप धनुष है, इसमें धनुष को खींचने पर वह बल सँजोता है और छोड़ने पर तीर को प्रक्षेपित कर धनुष अपनी पहले वाली स्थिति में वापस आ जाता है। इसके बाद विकसित और आजकल प्रयुक्त होने वाला स्प्रिंग का एक रूप तार को गोल चक्करों में घुमाकर बनाया गया सर्पाकार स्प्रिंग (स्पाइरल स्प्रिंग) है।

बल संचारण की व्यवस्था पर पुनः चर्चा करते हुए बड़े पहिए को हाथों द्वारा घुमाने की बजाय एक और तरीका उल्लेखनीय है। इस पद्धति में पहिए के तल पर परिधि के पास एक खूँटी या हैंडिल जुड़ी रहती है, इससे पहिए को घुमाना काफी

आसान हो जाता है। हालाँकि यह आश्चर्यजनक है कि ऐसा उपकरण काफी बाद के इतिहास में दिखाई देता है। अर्गला *(ड्रा बार)* लकड़ी या रस्सी का वह उपकरण है जिसके द्वारा भारवाहक पशु किसी पहिए या ओखली के मूसल ऐसी वस्तु को गोल चक्कर में घुमा सकता है। इस भारवाहक पशु को अरगड़े को खींचते हुए खुद एक *चक्राकार मार्ग* पर घूमना होता है।

एक क्रैंक वास्तव में पहिए की धुरी का बाहरी बढ़ा हुआ भाग है। इसमें दो समकोणीय मोड़ होते हैं। पहला मोड़ एक सीधे स्पोक की तरह बगैर किसी पहिए के होता है और दूसरा समकोणीय हिस्सा हैंडिल का काम करता है। क्रैंक की मदद से पहिए को आसानी से घुमाया जा सकता है। पुरानी मोटर कारों को स्टार्ट करने के लिए इसे सहायक यंत्र के रूप में प्रयोग किया जाता था। जब कनेक्टिंग रॉड या पिसटन को क्रैंक से धक्का दिया जाता है तो पिसटन की व्यूतक्रमिक गति चक्रीय गति में परिवर्तित कर दी जाती है। इस प्रकार के उपकरण के प्रयोग से ट्रिडिल की ऊर्ध्वाकार गति को चक्रीय गति में परिवर्तित किया जा सकता है। इसकी आवश्यकता चरखे या लेथ मशीन में पड़ती थी। ट्रिडिल में एक व्यक्ति द्वारा बारी-बारी से पैर उठाने और गिराने की प्रक्रिया द्वारा पैडल चलाए जाते हैं।

विपरीत दिशा में निरन्तर घूमने वाली चक्रीय गति को **कैम** उपकरण के द्वारा अन्तर्बाधा डालकर रेखीय गति में परिवर्तित किया जा सकता है। यह कैम या तो किसी पहिए की परिधि से बाहर निकला हुआ स्कोप हो सकता है या एक तरफ पहिए का ही बढ़ा हुआ भाग हो सकता है। पहिया घूमने पर कैम एक छड़ पर टक्कर मारता है या उसे ढकेलता है। यदि अपने ही मार से छड़ पुनः नीचे आ जाती है तो कैम द्वारा पुनः इसे ढकेल दिया जाएगा, चूँकि पहिया घूमता रहता है अतः पारस्परिक रेखीय गति उत्पन्न होगी। इसी विधि से **ट्रिप हैमर** कार्य करता है, इसके हैंडिल को नीचे आने पर एक कैम द्वारा धक्का दिया जाता है तो हैमर ऊपर उठ जाता है और कैम के आगे बढ़ जाने से हैमर पुनः अपने भार से नीचे गिर जाता है और कैम द्वारा दूसरी बार धक्का देने से पुनः ऊपर उठ जाता है। इसी प्रकार यह प्रक्रिया जारी रहती है।

यहाँ पर घूर्णन प्रक्रिया से कटिंग करनेवाले दो यंत्रों की चर्चा करना भी जरूरी है। बहुत ही तेज नोकवाला एक यंत्र **ड्रिल** है। यह तेजी से घूमते हुए किसी कठोर वस्तु में छेद करता है, जबकि **लेथ** मशीन में वस्तु घुमाई जाती है और काटने वाला औजार (टूल) स्थिर रहता है। इन दोनों प्रकार के यंत्रों को बेल्ट ड्राइव से घुमाया जा सकता है। धुरेनुमा नुकीली तेज ड्रिल को एक छोटे पहिए के साथ फिट किया जाता है और इसके द्वारा घुमाया जाता है जबकि लेथ के छोटे पहिए के बीच में धुरे की तरह धातु के टुकड़े को कसकर घुमाया जाता है।

पेंच (स्क्रू) शब्द दो भिन्न प्रकार के यंत्रों का प्रतिनिधित्व करता है जो सर्पाकार छेद पर आधारित है। एक यंत्र पानी को निकालने का प्राचीन साधन है

और दूसरा धातु या अन्य किसी कठोर तत्त्व के टुकड़ों को एक साथ कसने वाला सुपरिचित उपकरण है। बाद वाली प्रक्रिया में पेंच की चूड़ियाँ दूसरी वस्तु के परस्पर समान छेद में फिट होती हैं। बाद में चूड़ियों वाले अलग-अलग नट और बोल्ट का विकास हुआ।

घिर्री (पुली) और स्क्रू पम्प के अतिरिक्त प्रौद्योगिकी के इतिहासकारों ने पानी निकालने के दो अन्य उपकरणों में फर्क किया है। अरबी शब्द *नाउरा* से *नोअरिया* (रहट) बना है परन्तु अरबी शब्द से भिन्न इसका अर्थ एक ऐसे उपकरण से है जो एक बड़े पहिए के रिम के ऊपर रस्सी से बँधे बर्तनों (जार) के द्वारा पानी निकालता है। पहिए के घुमाने से बर्तनों में भरा पानी ऊपर आता है। पानी जितना गहरा होगा रहट (नोअरिया) का पहिया भी उतना बड़ा होगा।

साकिया, अरबी और फारसी शब्द साकी से बना है जिसका अर्थ शराब पेश करनेवाला है और इसका प्रयोग एक ऐसे पहिए के लिए होता है जिसके रिम पर बर्तनोंवाली माला या चेन चढ़ी रहती है और पानी निकालने के काम आता है। समय के साथ-साथ इस उपकरण में गियर का प्रयोग हुआ और यह पशुओं द्वारा खींचनेवाला गियरयुक्त उपकरण विकसित हो गया था। इसके बावजूद कि विद्वान 'नोअरिया' और साकिया के लिए भिन्न-भिन्न परिभाषाएँ प्रयोग करते हैं और पुराने ग्रन्थों में बहुत ही सामान्य रूप से इनका प्रयोग हुआ है परन्तु वर्तमान में यह सामान्य रूप से स्वीकृत शब्दावली है।

आसवन (डिस्ट्रीलेशन) के बारे में विचार करते हुए कुछ शब्दों को याद कर लेना चाहिए। आसवन पात्र (स्टिल) शब्द का प्रयोग सम्पूर्ण उपकरण के लिए होता है, साथ-ही-साथ जिसमें वाष्प तैयार करने के लिए तरल मिश्रण भरा जाता है विशेष रूप से उस पात्र के लिए इसका प्रयोग होता है। दूसरे शब्दों में कहें तो यह अरक खींचने वाले टोंटीदार बर्तन (एलेम्बिक) की तरह होता है। *एलेम्बिक* शब्द का निर्माण अरबी शब्द *अल-अनबिक* से हुआ है। आसवन पात्र (रिटार्ट) नीचे भारी गोल पेंदी और ऊपर की तरफ पतली और नीचे की ओर झुकी गर्दनवाला विशेष पात्र होता है जिसमें एल्कोहल एकत्र करने वाला पात्र अलग से जुड़ा रहता है। कूष्मांड *(क्यूकर्बिट्)* एक प्रकार का फ्लास्क (सुराही) है जिसमें आसवन पात्र के अन्दर वास्तव में वाष्पीकरण होता है। इटालो-अरब आसवन पात्र के शीर्ष पर रखा हुआ पानी भरा टब *मूर हेड* कहलाता है। रिसीवर (एल्कोहल एकत्र करनेवाला पात्र है जहाँ अन्तिम रूप में वाष्पित पदार्थ जमा होता है।) आसश्नन पात्र में बचनेवाला अवशिष्ट पदार्थ, तलछट या कचरा (ड्रेग) कहलाता है।

कपड़ों की रँगाई और छपाई में एक प्रकार का पदार्थ *(मॉरडन्ट)* प्रयोग होता है। इसके प्रयोग से रंग पक्का हो जाता है और कपड़ा धोने पर रंग नहीं छोड़ता है। इसे रंग पक्का करना भी कहते हैं। अवरोधी पदार्थ *(रेजिस्ट)* उसे कहते हैं जो

कपड़ों या जिस पदार्थ पर लगा दिया जाता है उस पर रंग नहीं चढ़ता है या इतना हल्का रंग होता है कि धोने पर कपड़ा साफ हो जाता है।

धातुकर्म विज्ञान *(मेटलर्जी)* में सोच-समझकर किसी तत्त्व 'ए' को अपने उपायों से अलग किया जाता है परन्तु अयस्क या धातु मिश्रण के गौण उत्पादन के रूप में दूसरे पदार्थ (बी.सी) निकाले जाते हैं तो इस प्रकार 'ए' तत्त्व को प्राप्त करने की प्रक्रिया को *अवकरण (रिडक्शन)* कहते हैं। जब किसी तत्त्व के पाउडर (चूर्ण) से या किसी दूसरे पदार्थ से किसी ठोस पदार्थ को चारों ओर से लगाकर गर्म किया जाता है और इस प्रकार ठोस पदार्थ में रासायनिक परिवर्तन हो जाता है (जैसे ताँबे के चारों ओर जस्ते (जिंक) को लगाकर गर्म करने से पीतल बन जाता है) तो इस प्रक्रिया को *सीमेंटकरण (सीमेंटेशन)* कहते हैं।

भवन की छतों को निर्मित करने की पद्धति के आधार पर सामान्य रूप से **भवन निर्माण की तकनीक** में फर्क किया जाता है। शहतीर की छवाई द्वारा भवन निर्माण की पद्धति में दीवारों या खम्भों के आर-पार शहतीरें रखी जाती हैं। इन शहतीरों के आर-पार दूसरी शहतीरें बिछाकर छत निर्मित की जाती है। *छज्जा निकालने की पद्धति* में दीवारों या खम्भों पर पत्थरों के टुकड़ों या ईंटों को एक के बाद एक थोड़ा-थोड़ा बाहर निकालकर एक-एक रद्दा (लेयर) तैयार की जाती है। इस प्रकार ऊपर उठाते हुए यह ऊपर तक शीर्ष तक उठाई जाती है। जब इस प्रकार का छज्जा किसी गेट या द्वार के ऊपर निर्मित होता है तो इसे 'तोड़े का छज्जा' कहते हैं। एक तोड़ेदार छत को निर्मित करने के लिए आमने-सामने की दीवारों को समान रूप से स्तूपाकार (टेपर) झुकाते हुए शीर्ष पर मिलाया जाता है। *महराबदार तकनीक* में महराबों का निर्माण होता है। 'वास्तविक' महराब को निर्मित करने के लिए खम्भों के ऊपर पत्थरों के टुकड़ों या ईंटों को धनुषाकार रूप में क्रमशः ऊपर उठाया जाता है। 'महराब के लिए गढ़ा हुआ पत्थर' (बूस्वेयर) या ईंट या ब्लाक फनाकार बनाया जाता है। इसका बाहरी हिस्सा अन्दरूनी हिस्से की तुलना में छोटा होता है ताकि यह फिसल न जाए और स्थिर रहे। इसे दोनों तरफ महराब के अन्य पत्थरों या ब्लाक से दबाया जाता है। सबसे ऊपरवाला गढ़ा हुआ पत्थर भी फनाकार होता है, इसे डाटका पत्थर (की-स्टोन) कहते हैं। महराबदार छत (वाल्ट) वास्तव में क्रमशः उठाए गए कई महराबों से बनाई जाती है इसलिए यह महराबों को बढ़ाकर बनाई गई छत के रूप में दिखाई देती है जबकि एक *गुम्बद* का निर्माण आड़े-तिरछे महराबों से होता है और इसलिए बाहर से देखने पर अर्धगोलाकार (गेंद का आधा भाग) दिखाई देता है।

पूर्व आधुनिक प्रौद्योगिकी के सन्दर्भ में **मशीन** शब्द का प्रयोग कुछ सावधानी से करना चाहिए। एक मानक शब्दकोश में लिखी मशीन शब्द की इस परिभाषा से आप शुरू कर सकते हैं कि 'यह पुर्जों का एक ऐसा समुच्चय है जो पूर्व निर्धारित विधि से बल, गति या शक्ति को एक से दूसरे तक संचारित करती है।' दूसरे शब्दों

में, यह औजारों या उपकरणों का एक ऐसा संयोजन है जो किसी भी शक्ति से (मनुष्य, पशु, पानी, वाष्प, बिजली आदि) चालित होती है, इनकी परस्पर क्रिया से गति या शक्ति उत्पन्न करती है। इसलिए एक मशीन में अनेक प्रकार के यांत्रिक सिद्धान्तों का प्रयोग होता है। ऐतिहासिक रूप से, जैसा कि कार्ल मार्क्स ने चिह्नित किया कि मशीन केवल मानव श्रम को ही नहीं बल्कि मनुष्य के कौशल को भी प्रतिस्थापित कर देती है। इस परिभाषा के अनुसार चरखा जिसमें बेल्ट ड्राइव और फ्लाई व्हील दोनों का प्रयोग होता है, इसे पुरातनकाल की मशीन के रूप में समझा जा सकता है परन्तु व्यावहारिक प्रयोग में मशीनों में चरखे की तुलना में अधिक जटिलताएँ देखी जाती हैं। इसे समझने के लिए एक पुरानी टाइप मशीन का उदाहरण अधिक उपयुक्त होगा, इसमें रोलर, लीवर और स्प्रिंग द्वारा चालित बल का काफी जटिल प्रयोग होता है परन्तु यह सब परिधि की ही मशीनें हैं। अठारहवीं सदी के अन्त में इंगलैंड में औद्योगिक क्रान्ति के बाद बड़ी-बड़ी फैक्ट्रियाँ अस्तित्व में आईं, निरन्तर जटिल मशीनों का प्रयोग बढ़ता गया और व्यावहारिक रूप से उत्पादन के प्रत्येक विभाग में मशीनों का वर्चस्व स्थापित हो गया।

नोट 1.2

ग्रन्थ सूची सम्बन्धी टिप्पणियाँ

पी.के. गोडे द्वारा कृषि प्रौद्योगिकी और विशेष रूप से फसलों के सम्बन्ध में किए गए उच्चकोटि के कार्य में प्रचुर सामग्री उपलब्ध है। इनका पहला ग्रन्थ *स्टडीज इन इंडियन कल्चरल हिस्ट्री,* वॉल्यूम-I 1961 होशियापुर में, वॉल्यूम-II 1960, पूना और वॉल्यूम-III पूना 1969 में संग्रहित है। पौधों और फसलों के सम्बन्ध में वॉल्यूम-I का अध्ययन करना चाहिए।

प्राचीन हिन्दुस्तानी कृषि प्रौद्योगिकी के बारे में देखें लालनजी गोपाल की पुस्तक *आसपेक्टस ऑफ हिस्ट्री ऑफ एग्रीकल्चर इन एंशिएंट इंडिया,* वाराणसी 1980। इस खंड में संग्रहित लेखों के साथ-साथ इसी लेखक की पुस्तक 'टेकनिक ऑफ एग्रीकल्चर इन अरली मिडिवल इंडिया (ईसवी 700-12000)' देखें, *यूनिवर्सिटी ऑफ इलाहाबाद स्टडीज* (एंसिएंट इंडियन हिस्ट्री सेक्शन), इलाहाबाद 1963-64, लालनजी गोपाल द्वारा 'एग्रीकल्चर' और 'टेक्नोलॉजी ऑफ फूड' पर लिखे अन्य अध्याय, के.टी. आचार्य और ए.के. बेग द्वारा सम्पादित *हिस्ट्री ऑफ टेक्नोलॉजी इन इंडिया,* वॉल्यूम-I, (एंसिएंट इंडिया) नई दिल्ली 1997, पृ-391-436 और 448-76 तक उपलब्ध हैं। इसी वॉल्यूम में (पृ-556-90) पर टी.एम. श्रीनिवासन ने 'इरीगेशन एंड इरीगेशन वर्क्स' शीर्षक से लेख लिखा है।

मध्य काल में अर्गला (ड्रा बार), पानी निकालने की विधियों, पिसाई, पेराई और आसवन के बारे में जानकारी के लिए देखें इरफ़ान हबीब की पुस्तक 'जोसेफ नीधम एंड दि हिस्ट्री ऑफ इंडियन टेक्नोलॉजी', *इंडियन जनरल ऑफ हिस्ट्री*

ऑफ साइंस, वॉल्यूम–35 (3), पृ–245–74 और वहीं 'टेक्नोलॉजी एंड बैरियर्स टु सोशल (*रेक्ट* टेक्नोलॉजिकल) चेंज इन मुग़ल इंडिया', *इंडियन हिस्टारिकल रिव्यू,* वॉल्यूम–(1–2) गन्ना पेराई और कोल्हुओं के बारे में विस्तृत जानकारी के लिए जोसेफ नीधम (सम्पादित) *साइंस एंड सिविलाइजेशन इन चाइना,* वॉल्यूम–6 (3) कैम्ब्रिज, 1995 में क्रिश्चन डेनियल द्वारा 'एग्रो इंडस्ट्रीज : शूगर केन टेक्नोलॉजी' शीर्षक का लेख देखें। इसी प्रकार पानी निकालने वाले उपकरणों से सम्बन्धित (आज भी उपयोगी) थारकिल्ड स्कालर का महत्त्वपूर्ण कार्य *रोमन एंड इस्लामिक वाटर लिफ्टिंग व्हील्स,* आर्डेस, 1973 है, इसमें हिन्दुस्तान के बारे में भी एक अध्याय है। नहरों के बारे में देखें इरफ़ान हबीब द्वारा सम्पादित (1992) *मिडिवल इंडिया–I* में आभा सिंह का लेख 'इरीगेटिंग हरियाणा : दि प्री माडर्न हिस्ट्री ऑफ दि वेस्टर्न यमुना कैनाल' / आसवन (डिस्टिलेशन) के बारे में बहुत लिखा गया है। देखें *हिस्ट्री ऑफ हिन्दू केमेस्ट्री,* कोलकाता 1902 (परिवर्धित संस्करण, *हिस्ट्री ऑफ केमेस्ट्री इन एंशिएंट एंड मिडिवल इंडिया,* कोलकाता, 1956), पी.के. गोडे द्वारा अपनी पुस्तक *स्टडीज इन इंडियन कल्चरल हिस्ट्री,* वॉल्यूम–I, पृ 15–37 पर एक लेख पुनः छपा है और भारतीय साक्ष्यों पर पुनर्विचार से सम्बन्धित एक महत्त्वपूर्ण लेख, *साइंस एंड सिविलाइजेशन इन चाइना,* वॉल्यूम–5 (4) कैम्ब्रिज, 1980 में जोसेफ नीधम का लेख 'स्पैगिरिकल डिस्कवरी एंड इनवेंशन' शीर्षक से छपा है (विशेष रूप से देखें पृ 85–86, 97, 104–107 और 131–132)। ए. पिट्रूसिओली द्वारा सम्पादित *इनवायरलमेंटल डिजाइन : दि गार्डेन ऐस ए सिटी,* रोम, (कार्य तिथि नहीं है) में इक्तिदार आलम ख़ान के लेख 'प्री–माडर्न इंडिगो वाट्स ऑफ बयाना' में नील के मध्यकालीन हौजों का सर्वेक्षण किया गया है। गुलाबजल और गुलाब के इत्र के बारे में इरफ़ान हबीब का लेख 'नोटस ऑन दि इकोनॉमिक एंड सोशल आसपेक्ट्स ऑफ मुग़ल गार्डेन्स' देखें। यह लेख जेम्स एल. वेस्कोट जूनियर और जोचिम वोलचेक—बुलमान (सम्पादित), *मुग़ल गार्डेन्स : सोर्सेज, प्रेसेज, रिप्रेजेंटेशन एंड प्रॉसपेक्ट्स,* वाशिंगटन डी.सी. 1996 में संकलित है।

इरफ़ान हबीब की पुस्तक '*ऐग्रेरियन सिस्टम ऑफ मुग़ल इंडिया 1556–1707*' के दूसरे परिवर्धित संस्करण, नई दिल्ली, 1999 के अध्याय–I में मुग़लकाल में कृषि प्रौद्योगिकी, फसल और कृषि–उद्योगों का सर्वेक्षण मौजूद है।

हरबंस मुखिया (सम्पादित) '*हिस्ट्री ऑफ टेक्नोलॉजी इन इंडिया*' वॉल्यूम–II, नई दिल्ली, 2012 में मध्यकालीन भारत का वर्णन है : विभिन्न लोगों के व्यक्तिगत लेख भी बहुत महत्त्वपूर्ण हैं।

शिल्प

2.1 सूती कपड़े की प्रौद्योगिकी (टेक्सटाइल टेक्नोलॉजी)

हिन्दुस्तान को कपास का जन्मदाता माना जाता है और इतिहास इसकी पुष्टि करता है। मेहरगढ़ (पाकिस्तान) में प्राप्त हुए कपास के बीजों का काल 4000 वर्ष ईसा पूर्व निर्धारित किया गया है, परन्तु मोहनजोदड़ो (सिन्ध) में प्राप्त बारीक रँगे हुए कपड़े के टुकड़ों का समय 2000 वर्ष ईसा पूर्व निर्धारित किया गया है। इसके अतिरिक्त 3000 वर्ष ईसा पूर्व का कपड़ा जार्डन में भी प्राप्त हुआ। सम्पूर्ण उत्पादन लागत और मजदूरों की संख्या की दृष्टि से सूती कपड़ा उद्योग पूर्व औपनिवेशिक काल में कृषि के अतिरिक्त सम्भवतः सबसे बड़ा उद्योग रहा है, इसलिए इस उद्योग की प्रौद्योगिकीय स्थितियों के बारे में विभिन्न स्रोतों से पुनः जानकारी हासिल करना काफी रुचिकर होगा। हम यहाँ पर खेत में कपास की फसल तैयार होने के समय पर कपास को एकत्र करने से लेकर अन्त में कपड़ा निर्मित होने तक की विभिन्न प्रक्रियाओं का अध्ययन करेंगे। (इन चरणों के लिए देखें सन्दर्भ 2.1)

एक बार खेतों से कपास निकाल ली जाने के बाद, धागे से कपड़े की बुनाई तक की प्रक्रिया के बीच अनेक प्रक्रियाएँ होती हैं। सर्वप्रथम कपास के रेशों को उसके दानों से अलग करना होता है। इस कार्य के लिए दो बेलनों वाला एक उपकरण प्रयोग होता है जिसे हम **भारतीय सूती ओटनी** कहते हैं (इसे हिन्दुस्तानी भाषा में *चरखी* कहते हैं)। इसका प्रयोग व्यापक स्तर पर होता था। यह विशिष्ट रूप से भारतीय खोज प्रतीत होती है। अजन्ता के भित्तचित्रों में काफी पहले छठी सदी में इस उपकरण का पुराना रूप चित्रित है। यहाँ गुफा नम्बर एक में एक औरत द्वारा आयताकार लकड़ी के फ्रेम में लगे दो समानान्तर बेलनों को अपनी हथेली से घुमाते हुए चित्रित किया गया है। इस प्रकार बेलनों को घुमाने से वह एक-दूसरे के विपरीत दिशा में घूमते हैं और इस प्रकार वह कपास से उसके बीज (बिनौला) को अलग करती है। इन दोनों बेलनों के बीच कपास के छोटे-छोटे टुकड़े डाले जाते हैं। (देखें चित्र नं. 2.1) यद्यपि प्रौद्योगिकीय दृष्टि से यह महत्त्वपूर्ण है कि यह उपकरण सभी रोलिंग मिलों का पितामह हो। इसके बाद के उपकरण इसमें केवल

कुछ जोड़ने का ही काम कर सके, इसको बदलने या हटाने का काम नहीं कर सके, हालाँकि एक बोर्ड के ऊपर बेलन (रोलर) द्वारा बिनौले को कपास से अलग करने का काम होता है। यह उपकरण भी अजन्ता की गुफाओं के भित्तचित्र में दर्शाया गया है। इस बेलन वाली ओटनी को अधिक कारगर बनाने के लिए एक वर्म गियर और क्रैंक वाले हत्थे की आवश्यकता थी। इससे एक बेलन को घुमाने से, गियर की मदद से दूसरा बेलन स्वयं ही घूमता था। इस सम्बन्ध में जो सम्भावित सूत्र मिलता है वह उसी समय का है जब हिन्दुस्तान से कपास और उसके साथ-साथ ओटनी तेरहवीं सदी में चीन पहुँचाया गया, तो इसमें वर्म गियर का प्रयोग नहीं था। यह निश्चित है कि भारतीय कपास ओटनी का विस्तार जब तेरहवीं सदी में चीन तक हुआ तभी इस उपकरण में वर्म गियर का प्रयोग हुआ। इस प्रकार इस उपकरण में वर्म गियर के प्रयोग का समय तेरहवीं से सत्रहवीं सदी के बीच निर्धारित किया जा सकता है। सत्रहवीं सदी के अन्त में गन्ना पेरने के कोल्हू में गियर के प्रयोग का पता लगता है। (देखें अध्याय 1.3)

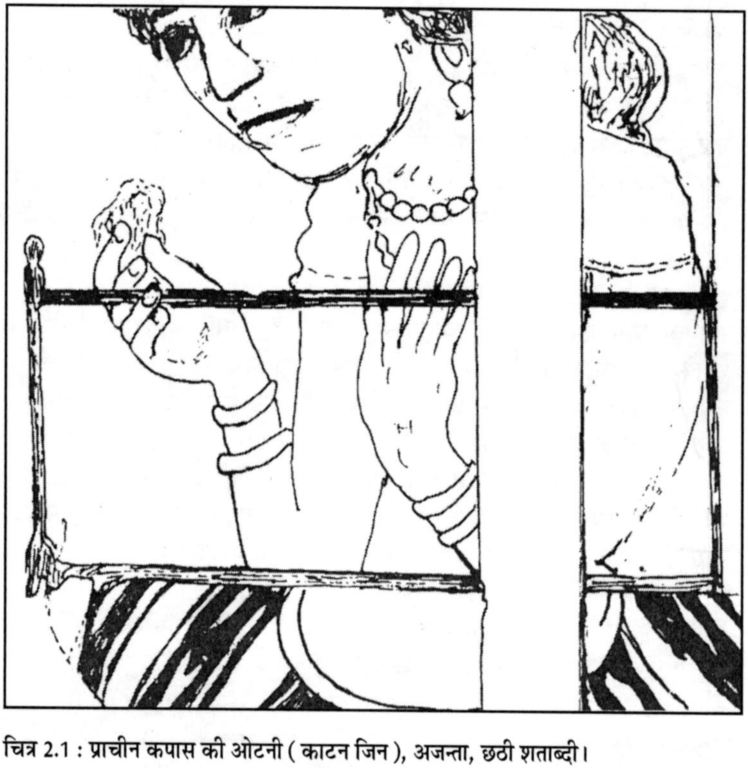

चित्र 2.1 : प्राचीन कपास की ओटनी (काटन जिन), अजन्ता, छठी शताब्दी।

क्रैंक हत्थे (हैंडिल) वाला हिन्दुस्तानी उपकरण सर्वप्रथम सत्रहवीं सदी में चरखे के रूप में चित्रित है और इसे 1750 की काँगड़ा पेंटिंग (चित्र 2.2ए) में कपास की ओटनी के साथ चित्रित किया गया। बुखानन द्वारा दक्षिण भारत की कपास ओटनी की अपनी 1801 की ड्राइंग में इसे चित्रित किया है (देखें चित्र 2.2 बी)। समकोणीय क्रैंक हत्थे (हैंडिल) का प्रयोग सर्वप्रथम चीन में ही हुआ। चीन को इसका निर्माता कहा जा सकता है। चीन में भी इसका निर्माण तेरहवीं सदी से पूर्व नहीं हुआ और यूरोप में इसका प्रयोग एक सदी बाद ही प्रारम्भ हुआ। इस प्रकार भारतीय कपास की ओटनी में क्रैंक हत्थे के प्रयोग का कोई भी साक्ष्य सत्रहवीं सदी से पूर्व नहीं मिलता और इस प्रकार इसके प्रयोग का आरम्भिक काल प्रारम्भिक मुग़लकाल या सल्तनत का आखिरी काल कहा जा सकता है।

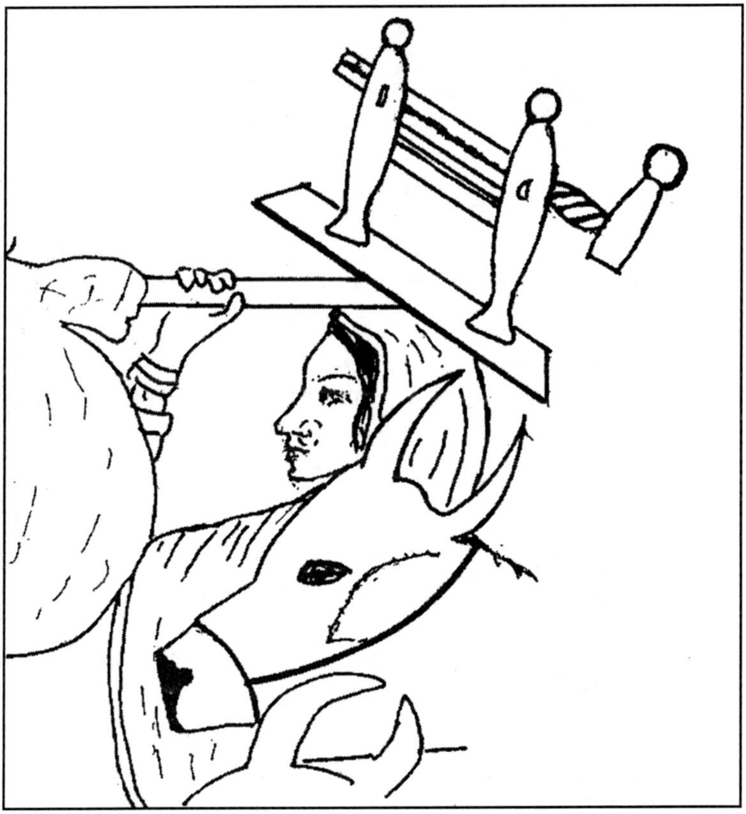

चित्र 2.2ए : कपास की ओटनी में क्रैंक हत्थे का प्रयोग : काँगड़ा पेंटिंग, सन् 1750

चित्र 2.2बी : दक्षिण भारत में प्रयुक्त कपास की ओटनी, बुखानन, 1800-01

एक बार कपास से उसके बीज अलग कर दिए जाते हैं और कपास की धुनाई हो जाती है तो यह धागा कातने योग्य तैयार हो जाता है। कपास धुननेवाला धुनकी (उपकरण) शायद हिन्दुस्तान की पुरानी खोज है। ग्यारहवीं और बारहवीं सदी के संस्कृत के शब्दकोषों और *जातक* कथाओं में इसका सन्दर्भ मिलता है। अरबी पुस्तकों में चौदहवीं सदी और फारसी पुस्तकों में ग्यारहवीं सदी से पूर्व इसका सन्दर्भ नहीं मिलता है। सल्तनत के काल में इसका प्रयोग होता रहा, हिन्दुस्तान में 1342 में संकलित *क्वावास* के शब्दकोष में 'कपास धुनने वाली धुनकी' उपकरण का सन्दर्भ मिलता है। इसी प्रकार *मिफ़ताहु-ल-फ़ुज़ाला* ने माण्डू में 1469 में लिखा है जिसका एक चित्र (चित्र 2.3) भी यहाँ प्रस्तुत है।

'धुनाई' द्वारा कपास को साफ कर देने के बाद कताई द्वारा धागा तैयार किया जा सकता है।

आइए, मध्यकाल में भारतीय प्रौद्योगिकी में सर्वाधिक फलदायी नए उपकरण के बारे में चर्चा करें, इसे चरखा कहा जाता था।

सामान्य रूप से अति प्राचीनकाल से प्रचलित इस उपकरण (चरखा) को निर्णायक रूप से प्रारम्भिक मशीन कहना सर्वथा उचित होगा क्योंकि इसके अन्दर स्वयं ही फ्लाई व्हील को घुमाने से और रस्सी (बेल्ट) के द्वारा बल को संचालित करने के महत्त्वपूर्ण तरीकों का प्रयोग होता है। यह दोनों तरीके किसी मशीन के

महत्त्वपूर्ण सिद्धान्त पर आधारित हैं। इसमें उत्पादन में तेजी से वृद्धि करने का भी मशीनी गुण मौजूद है। चरखे का निर्माण होने से पूर्व हाथ द्वारा तकली से सूत कातने की तुलना में इस उपकरण से काफी अधिक सूत काता जाने लगा। यह अनुमान है कि केवल एक तकुएवाले साधारण चरखे से भी पहले की तुलना में कम-से-कम छह गुना सूत काता जा सकता था।

चित्र 2.3 : धनुषाकार धुनकी : *मिफ़ताहु-ल-फ़ुज़ाला*, 1469

इसके अतिरिक्त तकली को घुमाते समय सूत कातनेवाले/वाली के अँगूठे और उँगलियों पर जो दबाव और तनाव होता था, इस उपकरण ने उससे भी छुटकारा दिला दिया।

पूर्व के विद्वत्तापूर्ण विश्वास के प्रतिकूल भारत को यह उपकरण देर से प्राप्त हुआ। पेंटिंग और भित्तचित्रों की नक्कासी से यह साक्ष्य मिलते हैं कि क्रिश्चियन युग के प्रारम्भ में ही चीन में एक तकुएवाला साधारण चरखा मौजूद था। इसके बाद के काल में (सन् 1270) नीधम ने एक चीनी पेंटिंग पुनः प्रस्तुत की, इस चरखे में भी क्रैंक हैंडिल नहीं लगा है। इस प्रकार इसी रूप में यह उपकरण चीन से पश्चिमी जगत में पहुँचा। बारहवीं सदी के फारसी कवियों की रचनाओं में चरखे का सन्दर्भ मिलता है। इस प्रकार यह उपकरण (चरखा) भारत के दरवाजे पर खड़ा था परन्तु 1301 में भी, दिल्ली में अमीर ख़ुसरो ने महिलाओं को सूई और तकुए (डूक) से ही सम्बद्ध किए था और यही महिलाओं के लिए 'तीर और भाला' थे। इससे यह बिलकुल स्पष्ट हो जाता है कि कताई करनेवाला व्यक्ति हाथ से चलाने वाली तकली से ही काम करता था और वह चरखे की तरह का परिष्कृत यंत्र का प्रयोग नहीं करता था। हालाँकि लगभग 50 वर्ष बाद (1350) में इसामिक नामक कवि ने दक्कन में लिखा कि रज़िया सुलतान को सिंहासन पर बैठने के बजाय चरखा सम्भालना चाहिए था। वह लिखता है—

> अधिकांश समय चरखे पर काम करने वाली औरत बेहतर है।
> सम्मान की गद्दी पर बैठना, उसकी संवेदनाओं को कमजोर करेगा।
> कपास को उसका साथी बनने दो
> कपास को उसकी वेदना सोखने दो
> तकुए *(डूक)* के शोर को उसका संगीत बनने दो।

इस प्रकार हम लोग चौदहवीं सदी के पूर्वार्ध में हिन्दुस्तान में चरखे के विस्तार को व्यावहारिक रूप में समझ सकते हैं। *मिफ़ताहु-ल-फ़ुज़ाला* ने 1469 में मालवा में लिखा और चरखे का सन्दर्भ प्रस्तुत करते हुए चित्र 2.4 प्रस्तुत किया।

इस प्रकार हिन्दुस्तान में चरखे के विस्तार को चौदहवीं सदी के पूर्वार्ध तक समेटा जा सकता है। 1469 में मालवा में लिखे गए *मिफ़ताहु-ल-फ़ुज़ाला* में कताई वाले चरखे का उल्लेख मिलता है और इसको चित्रित किया गया है (चित्र 2.4)।

मिफ़ताहु-ल-फ़ुज़ाला के चित्रों से यह स्पष्ट होता है कि इस समय तक भी चरखे के मुख्य पहिए में क्रैंक हैंडिल का प्रयोग नहीं शुरू हुआ था और ऐसी ही चित्रकारी सत्रहवीं सदी के प्रारम्भ तक मुग़ल काल की सुसज्जित चित्रों की पुस्तकों में भी मिलती है। सर्वप्रथम यह चित्र प्रसिद्ध सूफी गायक विचित्र

चित्र 2.4 : चरखा : *मिफ़ताहु-ल-फुज़ाला,* **1469**

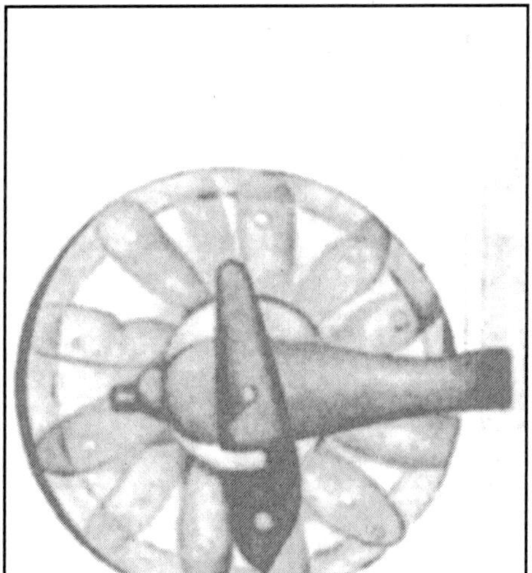

चित्र 2.5 : सन् 1630 की बिचित्र की पेंटिंग में चरखा। यह चरखा गाँव की झोपड़ी में एक दीवार से लटका है। क्रैंक हैंडिल लगाने के लिए इसके धुरे के छेद में एक खूँटी घुसानी होगी।

की पेंटिंग में (सन् 1630) देखने को मिलता है (चित्र 2.5) और फिर औरंगजेब के शासनकाल (1659-1707) के दौरान ग्रामीण महिला द्वारा चरखा कातते हुए चित्र देखने को मिलते हैं।

धागे की कताई हो जाने पर कपड़ा बुनाई का चरण प्रारम्भ होता है। हिन्दुस्तान में कपड़े की बुनाई परम्परागत रूप से क्षैतिज लूम पर ही होती थी परन्तु इसका कोई प्राचीन विवरण प्राप्त नहीं है। इस यंत्र में एक महत्त्वपूर्ण परिवर्धन, ईसवी सन् के प्रारम्भ काल में हुआ जबकि कपड़े की सिकुड़न को मिटाने

व बनाने के लिए पैर से चलाने वाला यंत्र (ट्रिडिल) चीन में प्रयुक्त होने लगा। परन्तु लूम में इस महत्त्वपूर्ण यंत्र को जोड़ने का काम चीन से बाहर बहुत बाद में प्रचलित हुआ। यूरोप में इसके प्रयोग का काल बारहवीं सदी के अन्त और तेरहवीं सदी के प्रारम्भ में निर्धारित किया गया है। स्पेन के अरबी भाषा के कवि अल-रूसाफ़ी का निधन सन् 1177 में हुआ। उनकी रचनाओं में टिड्रिल का सन्दर्भ मिलता है।

पूर्व की ओर, ईरानी क्षेत्र में भी इसी काल में लूम के प्रयोग के साक्ष्य मिलते हैं। फारसी भाषा के कवि खाक्वानी (निधन 1199) की रचनाओं में पैर से चालित लूम *(लौह-पाए)* का प्रयोग मिलता है। हिन्दुस्तान में इस यंत्र (लूम) के प्रयोग का सर्वप्रथम साक्ष्य पन्द्रहवीं सदी में मिलता है। *मिफ़ताहु-ल-फ़ुज़ाला* (1469) ने लौह-पाए को बुनकरों द्वारा पैर के नीचे रखने वाले बोर्ड के रूप में परिभाषित किया है। इसकी मदद से बुनकर लूम चलाते थे। इस कार्य के बारे में एक अद्वितीय पांडुलिपि में एक पेंटिंग उपलब्ध है जिसमें बुनकर द्वारा पेडल के जरिए लूम को चलाते हुए चितित्र किया गया है (देखें चित्र 2.6)। इससे हम यह अनुमान लगा सकते हैं कि एक या दो सदी पूर्व यह यंत्र ईरान से प्राप्त हुआ होगा। इस यंत्र के ईजाद होने से शटल को नियंत्रित करने के लिए बुनकरों के हाथ खाली हो गए थे जबकि बारी-बारी से बाएँ और दाएँ पैर को चलाने से ताना-बाना बनता था। इसके प्रयोग से स्वाभाविक रूप से

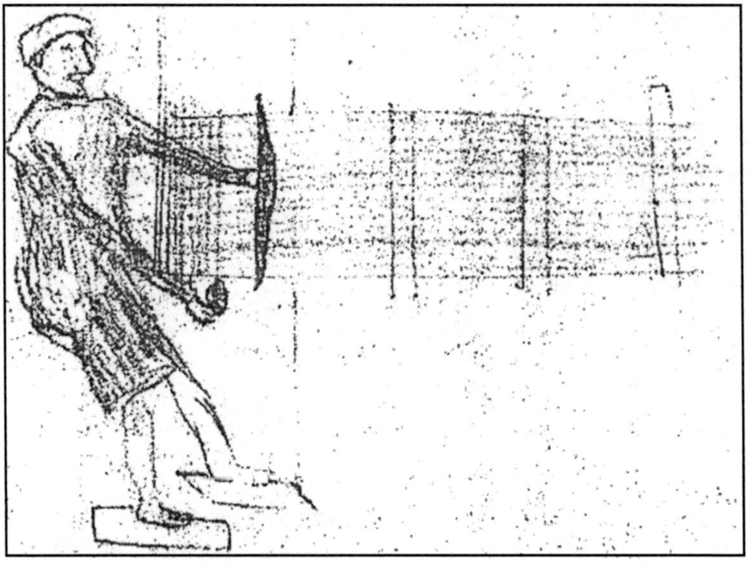

चित्र 2.6 : पैर से चालित लूम : *मिफ़ताहु-ल-फ़ुज़ाला*, **1469 मूल चित्र को देखकर बनाया गया।**

कपड़ा तेजी से बुना जाने लगा। यहाँ तक कि बुनाई की रफ्तार दस गुना बढ़ गई। यदि चरखे की क्षमता बढ़ने से सूत कातने वालों की क्षमता बढ़ गई थी तो इस यंत्र के ईजाद होने से बुनकरों की क्षमता भी उसी रूप में बढ़ गई थी।

हिन्दुस्तानी लूम सामान्य रूप से क्षैतिज होते थे, अत: यहाँ के लोगों द्वारा चीन, यूरोप और इस्लामी जगत में विकसित ड्रालूम को अपनाना आसान नहीं था। ड्रालूम को चलाने में ड्राब्वाय ताने वाले सिरे को ऊपर उठाते थे ताकि बुनकर बानेवाले शटल का धागा उसमें से पार कर सके, इस प्रकार रंगीन कपड़ा और कालीनों की बुनाई होती थी। सम्भवत: चौदहवीं या पन्द्रहवीं सदी में कश्मीर में ऐसे ऊर्ध्वाकार लूमों का प्रयोग शॉल की बुनाई के लिए होता था। बर्नियर (1568) ने 'लूम के द्वारा एक प्रकार की कढ़ाई करने' का उल्लेख किया है। बहुत बाद में 1822 में मूरक्राफ्ट और ट्रिबेक ने इस बात पर ध्यान दिया कि कश्मीर में शॉल निर्मित करने में 'गाँठ से होकर ताने-बाने को उठाने का कार्य ठीक उसी प्रकार होता था जिस पद्धति से यूरोप में होता था। अंग्रेज फैक्टरी मालिकों ने 1679 में वर्णन किया कि कालीन बुनने के लिए ठीक उसी प्रकार के ऊर्ध्वाकार लूमों का प्रयोग आन्ध्रप्रदेश के समुद्र तटीय इलाके इलूरू में होता था जो इरानी प्रवासियों का उपनिवेश था परन्तु 1538 में तिरुपति (आन्ध्र प्रदेश) में ड्रालूम के बारे में शिलालेख का दावा निराधार प्रतीत होता है।

क्षैतिज लूम पर दो बुनकरों या एक बुनकर और उसके सहायक द्वारा 'फूल बनाने' की पद्धति विकसित की गई। वे बाना के धागों को विभिन्न रंगवाले ताने के बीच से निकालते और हर बार यह काम कल्पित नमूना बनाने के लिए किया जाता। इस प्रकार बुनाई द्वारा बहुत ही पेचीदा और सुन्दर नमूनों को तैयार किया जाता। इस प्रकार की बुनाई के कार्यों के साक्ष्य मुख्य रूप से मुग़लकाल में मिलते हैं, यद्यपि और भी अधिक खोज करने पर मुग़लकाल से पहले के भी विवरण प्राप्त हो सकते हैं और इसके वास्तविक अवशेषों का पता लग सकता है।

लूम में ताना-बाना तैयार होने के बहुत पहले ही धागों को रँगने की क्रिया निश्चित रूप से प्रारम्भ हो गई थी और इससे भी पहले लूम द्वारा विभिन्न प्रकार के नमूने बनाए जाते थे। धागों को रँगने के लिए बहुत ही उच्च स्तर की दक्षता और बुनाई में अत्यधिक कुशलता की आवश्यकता होती है। अत: यह पद्धति रेशमी धागे ऐसे कीमती धागे में ही आर्थिक रूप से व्यवहार्य थी। इस प्रकार तैयार उत्पाद को *पटोला* कहा जाता है। ठाकुर फेरू (सन् 1310) ने पटोला को उच्च किस्म के रेशम के रूप में वर्गीकृत किया है और बरानी (1357) ने अलाउद्दीन ख़िलजी द्वारा देवागिरी सैनिक अभियान (1295-96) के दौरान लूट से प्राप्त मूल्यवान वस्तुओं में *पटोला* को रेशम के सदृश बताया है।

एक बार कपड़े की बुनाई पूरी हो जाने पर पटोला और सफेद कपड़े (कैलिको) के अतिरिक्त रँगाई का काम शुरू होता है। अजन्ता और अन्य पेंटिंग के रंगीन चित्रों,

साहित्यिक ग्रन्थों के सन्दर्भों और यत्र-तत्र प्राप्त हिन्दुस्तानी कपड़ों के रंगीन टुकड़ों से रँगाई की पद्धति के बारे में साक्ष्य मिलते हैं। किसी खास रंग में डुबोते समय रंग पक्का करनेवाले द्रव्य का इस्तेमाल काफी प्राचीन पद्धति प्रतीत होती है। बगैर किसी अभिलेखागारीय साक्ष्य के मिस्र में संरक्षित हिन्दुस्तानी कपड़ों के टुकड़े इसी पद्धति से बनाए जाने की पुष्टि करते हैं और इनका समय ग्यारहवीं सदी निर्धारित किया गया है। आरेल स्टेन द्वारा पश्चिमी चीन के जिन जियांग से प्राप्त किया गया 'नीले पक्के रंग में रँगा' सूती कपड़े का टुकड़ा जो स्पष्टत: हिन्दुस्तान से ही गया होगा, आठवीं सदी से भी पुराना हो सकता है।

रँगाई का कार्य भी अनेक पद्धतियों से होता था। रँगाई का एक तरीका टाई-एंड-डाई (*बँधना* पद्धति, अंग्रेजी में इसे 'बनदाना') पद्धति कहलाती थी। आरेल स्टेन ने जिंग जियांग से जो कपड़े का थैला प्राप्त किया था वह वास्तव में इसी टाइ-एंड-डाई (गाँठ बाँधकर रँगने की) पद्धति से रँगा गया नीले कपड़े का टुकड़ा था जिस पर इसी पद्धति से सफेद फूल बनाए गए थे। बी.एस. अग्रवाल ने बाना लिखित *हर्षचरित्र* में बनदाना उपकरण *(बनध्यमाना)* का सन्दर्भ खोजा है, इसका अर्थ यह है कि इस पद्धति का प्रयोग सातवीं सदी के प्रारम्भ से ही हो रहा था।

यह सम्भव है कि स्टैसलिंग द्वारा कपड़ा छपाई की पद्धति का व्यापक प्रयोग होता हो और इसलिए ठप्पे द्वारा की जानेवाली छपाई **(ब्लाक प्रिंटिंग)** से स्टैसलिंग पद्धति के बीच फर्क करना काफी कठिन है। इसलिए यह सम्भव है कि यत्र-तत्र प्राप्त प्राचीनकाल के कपड़े के टुकड़ों पर ठप्पे वाली छपाई के बजाय स्टैन्सिल प्रिन्टिंग ही हुई हो। अति प्राचीन स्थलों से प्राप्त मिट्टी के ठप्पों से भी ऐसी ही समस्या सामने आती है जब उनको निरन्तर छपाई वाले ठप्पों के रूप में चिह्नित किया जाता है। यह निश्चित है कि इस प्रकार के 'ठप्पों' का प्रयोग गीली मिट्टी के बर्तन और मिट्टी की दीवारों ऐसे सुनम्य पदार्थों पर ही होता था और इसका प्रयोग मुश्किल से ही कपड़ों पर छपाई के लिए हो सकता था, इस काम में केवल लकड़ी या पत्थर के ही ठप्पों का प्रयोग हो सकता था। जॉन इरविन ने तर्क पेश किया है कि सत्रहवीं सदी से पहले हिन्दुस्तान में कपड़े की छपाई (प्रिन्टिंग) के लिए लकड़ी के ठप्पों के प्रयोग का कोई प्रमाण नहीं मिलता और यह विचार व्यक्त किया है कि कपड़ा छपाई का शिल्प ईरान से भारत आया। परन्तु अकरमैन को सत्रहवीं सदी से पहले ईरान में कपड़ा छपाई के कोई भी तथ्य नहीं मिले और भाषायी साक्ष्यों के अनुसार यह शिल्प हिन्दुस्तान से ईरान की ओर विस्तारित होने के प्रमाण मिलते हैं।

सत्रहवीं सदी के ताहिर वाहिद और तुधारा ऐसे ईरानी कवियों द्वारा लकड़ी के ठप्पे (कालिब) से कपड़े की छपाई के लिए जिस शब्द *छीट* का प्रयोग किया है, वास्तव में यह हिन्दुस्तानी मूल का शब्द है, इसका अशुद्ध शब्द छींट है, जिसे यूरोप के लोग 'चिंटज' कहते थे। टेकचन्द बहार (1740) द्वारा तैयार किए गए शब्दकोष

में इन कवियों का सन्दर्भ दिया गया है। इस शब्दकोश में कालिब को छपाई वाले ठप्पे के समानार्थी बताया गया है और हिन्दी में इसे छापा कहा गया है। छींट की व्युत्पत्ति को स्थापित करना कठिन है और ग्यारहवीं सदी में एक ग्रन्थ में प्रयुक्त शब्द *चित्रपाटा* का अर्थ केवल एक रंगीन आकृति का कपड़ा हो सकता है। हालाँकि मोतीचन्द *छापा* की कुछ घटनाओं का उल्लेख करता है। वह चौदहवीं सदी के एक ग्रन्थ में आशापल्ली (अहमदाबाद) में *छिंपिका* (सफेद कपड़े पर छापने वाला?) राजीमाती और 1455 का समय निर्धारित कर *छिप्पा* (सफेद कपड़े पर छपाई करने वाले) का उद्धरण पेश करता है। इसके बाद सोलहवीं सदी के मध्य से पूर्व जायसी की *पद्मावत* में *छिप्पा का साड़ी* का सन्दर्भ आता है। यहाँ पर कुछ भी निर्णयात्मक नहीं हो सकता परन्तु इसकी पूरी सम्भावना है कि चौदहवीं सदी तक हिन्दुस्तान में कपड़ा छपाई का शिल्प एक स्थापित शिल्प हो चुका था। छापा के द्वारा कपड़ा छपाई हो या मुग़लों द्वारा कागज पर स्याही से मोहर लगाना हो (जिसे चीन से सीखा गया था) दोनों को तेरहवीं सदी में स्पष्ट रूप से खोजा जा सकता है।

कपड़ा छपाई के बारे में मुग़लकाल के अनेक प्रमाण मौजूद हैं। जब 1590 में अकबर का कुलीन मन्त्री अब्दुर रहीम ख़ानख़ाना मध्य भारत के सिरोज में तैनात था तब उसने उन विशेषज्ञों को संरक्षण प्रदान किया, जिन्होंने छींट की छपाई (तराहि-ए-छींट) में नई पद्धति का निर्माण किया और 1667 में टेवरनियर ने इस बात का उल्लेख किया कि 'विदेशी व्यापारियों द्वारा बताई गई पद्धति के अनुसार ही मजदूर उनके सफेद कपड़ों को रँगते थे।' इसी प्रकार दिवीनाट (1666) भी रजाई और दुलाई पर ठप्पे से रंगदार छपाई का जिक्र करता है। उसके कहने का निश्चित अर्थ ठप्पे (ब्लाक) से छपाई करना है। इसमें तनिक भी शंका नहीं है कि हिन्दुस्तानी कपड़ा छपाई उद्योग ने अठारहवीं सदी के प्रारम्भ में अंग्रेज शिल्पकारों को कपड़ा छपाई के लिए प्रेरित किया।

सूती कपड़ा उत्पादन के अन्तिम चरण में कढ़ाई और सिलाई दोनों के लिए सूई का कार्य आया। अलतेकर द्वारा प्रस्तुत प्रमाणों से यह प्रदर्शित होता है कि प्राचीन हिन्दुस्तान में बटन लगे हुए कपड़ों का प्रचलन था। यह बटन लगे कपड़ों के होने का प्रश्न नहीं है बल्कि इसके प्रयोग का प्रश्न है। मार्को पोलो ने 1290 के दशक में लिखा कि 'मालावार के इस सम्पूर्ण प्रान्त में एक भी दर्जी नहीं है जो कोट काट सके और उसे सिल सके।' इसके करीब पाँच सौ वर्ष बाद बंगाल के एक इलाके में बुखानन ने कुछ बटनदार कपड़ों के प्रयोग को देखा और सोचा कि सूई के बारे में 'हिन्दुओं को कोई जानकारी नहीं थी।' दिल्ली सल्तनत से पूर्व पाँच शताब्दियों के अपने अध्ययन में कपड़ों के स्रोत के बारे में मोतीचन्द सार संकलन करते हुए लिखता है कि 'अरबों और पारसियों के अधिक सम्पर्क में आने से जैकेट, कुर्ता और पैजामा बारहवीं सदी में सामान्य पहनावा हो गया था।'

हालाँकि हर्षचरित्र जैसे ग्रन्थों में रँगाई का सन्दर्भ मिलता है परन्तु सूई से कढ़ाई या सिलाई का कोई उल्लेख नहीं मिलता। दूसरी तरफ 1301 में अमीर ख़ुसरो तकुआ और सूई को महिलाओं के भाले और तीर के रूप में चित्रित करता है और यह सलाह देता है कि यह आशा की जाती है कि महिलाएँ निरन्तर सूई और तकुए से व्यस्त रहेंगी।

यहाँ पर यह उल्लेख किया जा सकता है कि दर्जी का काम मुख्य रूप से **कैंची** से जुड़ा था। मार्शल द्वारा तक्षशिला के उत्खनन में कैंचियों के जो अवशेष प्राप्त हुए उनका काल प्रथम ईसवी सदी निर्धारित किया गया। तत्कालीन संस्कृत के ग्रन्थों में कैंची का *कर्तारी* के नाम से उल्लेख मिलता है। मध्यकालीन पारसी सन्दर्भों में इसे *मिकराज* कहा गया है और अकबर की चित्रशाला (स्टूडियो) में *खमसा* के नाम से कैंची को चित्रित किया गया है।

बुनाई के एक और अन्य स्वरूप के बारे में मध्यकालीन हिन्दुस्तान में सन्दर्भ मिलता है। इसे *जरवाफ्त* (सोने की कढ़ाई) या सोने की जरदारी कहा जाता था। जरवाफ्त की व्याख्या करते हुए *मिफ़ताहु-ल-फ़ुज़ाला* बताता है कि 'यह रेशमी धागे और सोने के बारीक तार को मिलाकर कपड़े पर की गई कढ़ाई होती थी, इसे जरवाफ्त भी कहते थे।' बर्नी (1357) ने जरवाफ्त कपड़े की अनेक किस्मों का जिक्र किया है, विशेष रूप से अपनी सूची में उसने उन कपड़ों का उल्लेख किया है जिनका आम जनता से कुछ लेना-देना नहीं था। इसमें कोई शक नहीं है कि इस प्रकार के कपड़े देखने में अति सुन्दर, आकर्षक और उच्च गुणवत्ता वाले थे। *मिफ़ताहु-ल-फ़ुज़ाला* द्वारा चित्रित और वर्णित कर्षण प्लेट (ड्रा प्लेट) या शाफशाहंग के जरिए सोने और चाँदी के बहुत बारीक और एक-सी मोटाई के तार तैयार किए जाते थे। इसे तैयार करने के लिए सोने या चाँदी को गर्म किया जाता और उसे ऑपरेटर द्वारा बारीक छेदवाली लोहे की प्लेट के छेदों से धीरे-धीरे खींचा जाता (देखें चित्र 2.7)। हिन्दुस्तान में इससे पहले इसका उल्लेख नहीं मिलता जबकि ग्यारहवीं सदी में यूरोप में और बारहवीं सदी में ईरान में इसका उल्लेख मिलता है।

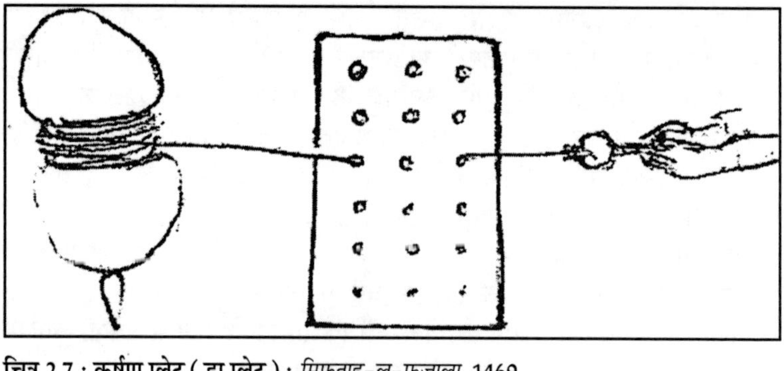

चित्र 2.7 : कर्षण प्लेट (ड्रा प्लेट) : *मिफ़ताहु-ल-फ़ुज़ाला,* 1469

2.2 खनन उद्योग और धातु विज्ञान

खनन उद्योग

पत्थरों के खनन का इतिहास बहुत प्राचीन है। इसके बाद ताँबा और लोहे के खनन का इतिहास है। जावार, अगूचा और दरीबा (सभी स्थान राजस्थान के उदयपुर जिले में हैं) में अरावली खदानों में किया गया पुरातात्त्विक कार्य, गैलरियों के लिए लकड़ी के स्तम्भों पर शहतीर के कार्यों को उद्‌घाटित करता है, मौर्य काल के दौरान (तीसरी सदी ईसा पूर्व) यह सौ मीटर की गहराई तक था। ब्रिटिश संग्रहालय की रिपोर्ट में इसे 'प्राचीनता के लिए सर्वाधिक उन्नत और व्यापक' कहा गया है।

मुग़लकाल की खनन पद्धतियाँ स्पष्ट रूप से अठारह सौ साल पूर्व विकसित पद्धतियों से आगे विकसित नहीं हो सकीं। सुजान राय भंडारी ने 1695 में नमक के खदानों का वर्णन किया है। ये खदानें 200 से 300 गज 'गहरी' थीं परन्तु यह गहराई मुख्य रूप से क्षैतिज थी। ये खदानें पहाड़ियों के किनारे काटकर तैयार करने से गुफानुमा बन गई थीं। गोलकुंडा की हीरे की खदान के बारे में हमें कुछ जानकारी यूरोपीप स्रोतों से प्राप्त है। गोलकुंडा में लगभग 60,000 मजदूर कोल्लूर में और 30 से 40 हजार गोलापल्ली में कार्य करते थे। यहाँ के बारे में सर्वाधिक जानकारी 1677 में प्रकाशित एक इंगलिश रिपोर्ट से प्राप्त होती है। कोल्लूर की खदान 12 से 14 बालिस्त से अधिक गहरी नहीं थी और गोलापल्ली की खदानें लगभग 3.5 मीटर गहरी थीं। यहाँ पर जमीन के अन्दर के जलस्तर के कारण कोई खम्भा न खड़ा कर पाने की मुख्य कठिनाई प्रतीत होती है। वहाँ किसी भी प्रकार पानी निकालने का कोई भी पम्प उपकरण नहीं था। यहाँ तक कि यहाँ पर पुली का भी प्रयोग नहीं होता था। मिट्टी के पात्रों में भरकर हाथो-हाथ पानी निकाला जाता था। जहाँ पर जलस्तर नीचा था वहाँ पर हीरे की खानों को कुएँ की तरह खोदा जाता था। इसे 40 से 50 पुरसा (6 फीट) के बराबर या लगभग 75 मीटर गहरा खोदा जाता था परन्तु इस तरह की खदान अपवाद ही थी।

लोहा

मध्यकाल में नमक के अतिरिक्त आर्थिक रूप से दूसरा महत्त्वपूर्ण खनिज लोहा था। हिन्दुस्तान के विभिन्न भागों की पहाड़ियों में प्रचुर मात्रा में लौह अयस्क है। कुछ इलाकों में 60 प्रतिशत तक लौह अयस्क मौजूद है। इधर-उधर लोहे के टुकड़े बहुत पहले से ही मिलते थे परन्तु उत्तरी हिन्दुस्तान में लोहे का औद्योगिक प्रयोग 800 वर्ष ईसा पूर्व प्रारम्भ हुआ। धार पर पानी चढ़ाने के लिए कार्बन से

उसका कार्बनीकरण करने की पद्धति का ज्ञान बाद में हुआ। यह सम्भव है कि स्वयं स्टील का उत्पादन ईसा पूर्व दूसरी सदी तक होने लगा हो। साँची के समीप विशनगढ़ में हेलिओडोरस स्तम्भ के आधार के नीचे रखे लोहे के टुकड़ों का समय 140 वर्ष ईसा पूर्व निर्धारित किया गया है। ये टुकड़े वास्तव में विश्व के अन्य तमाम भागों की ही तरह हिन्दुस्तान में भी किसी टूटी हुई तलवार के टुकड़े हैं। इन टुकड़ों का परीक्षण करने पर इसमें 0.7 प्रतिशत कार्बन पाया गया, 'इसका अर्थ है कि यह पदार्थ स्टील ही है।'

लोहे के प्राचीन हिन्दुस्तानी विशेषज्ञों की एक उपलब्धि महरौली का स्तम्भ है। यह स्तम्भ आज भी दिल्ली में कुतुब मीनार के पास खड़ा है। इसका समय ईसवी सन् 400 वर्ष निर्धारित किया गया है। यह 40 सेंटीमीटर व्यास और 12 मीटर ऊँचाई वाला राट आइरन (ढलुआ लोहे) का स्तम्भ है। यद्यपि स्तम्भ के कुछ हिस्सों में की गई वेल्डिंग त्रुटिपूर्ण है परन्तु इसकी जंग प्रतिरोधी क्षमता उल्लेखनीय है।

यह आश्चर्यजनक नहीं है कि तेरहवीं सदी तक हिन्दुस्तान ने लोहे के कार्य में विशेष रूप से **दमिश्क स्टील** के निर्माण में महत्त्वपूर्ण स्थान प्राप्त कर लिया था। अलतमिश के शासनकाल (1210-36) के आरम्भिक वर्षों में सैन्य विज्ञान पर लिखे एक ग्रन्थ में फ़ाख़्र-ए-मुदाब्बीर हिन्दुस्तान में बनी तलवारों की बड़ी प्रशंसा करता है। यह दमिश्क स्टील उत्पादन की तकनीक के बारे में सबसे पहला प्राप्त विवरण है। वह कच्छ के कोरीज (कोटेसर) स्थान पर लोहारों द्वारा इसे तैयार करने की पद्धति का वर्णन करते हुए लिखता है कि लोहार सर्वप्रथम कठोर लोहे की दो सलाखों को गर्म करते, फिर उसे एक धरिया (क्रसिबिल) में चारकोल के साथ गर्म करते हैं। धौंकनी द्वारा निरन्तर आग को जलाए रखते और सरिया के दोनों टुकड़ों के गलने तक गर्म करते। इस मिश्रित धातु को तलवार की शक्ल में तैयार किया जाता और सम्भवतः तलवार की धार बनाने के लिए इसे पहिए के नीचे दबाया जाता। अन्त में इसकी सतह पर सिरका लगाया जाता, इसके बाद यह चमकदार, सुन्दर दमिश्क लोहा दिखाई देने लगता (देखें उद्धरण 2.2)। **वूज स्टील** निर्मित करने के बारे में ताजा रिपोर्टें भी इस पद्धति की पुष्टि करती हैं।

पन्द्रहवीं सदी के अन्त तक हिन्दुस्तान के लोहा उद्योग ने हैंडगन और मसकट निर्मित करना शुरू कर दिया था और बाद में यह लोहे की बन्दूकें भी निर्मित करने लगा। इस विषय में हम 3.2 अध्याय में चर्चा करेंगे परन्तु लोहे के बड़े-बड़े टुकड़ों को तैयार करने के लिए बड़े पैमाने पर ढलाई की भी आवश्यकता थी जो इन छोटी-छोटी धरिया से सम्भव नहीं थी और इसलिए यह प्रश्न उठता है कि क्या हिन्दुस्तान मुग़ल काल में भी पिटवाँ लोहे के अतिरिक्त ढलवाँ लोहे

के बड़े-बड़े टुकड़े निर्मित करने में समर्थ था। यहाँ इस विषय पर चर्चा करने की आवश्यकता है।

ताँबे की तुलना में लोहे का गलनांक बहुत अधिक (1535^0 सेंटीग्रेड) है। यह अपने सबसे साधारण रूप (फेराइट) में भी 770^0 सेंटीग्रेड पर वैसा ही बना रहता है, इसलिए लोहे के बड़े-बड़े टुकड़ों को तैयार करने के लिए अत्यधिक उच्च ताप पर बड़ी-बड़ी भट्ठियों में लोहा गलाना और फिर उसे तुरन्त ढालने के लिए ले जाने की व्यवस्था आवश्यक थी। हिन्दुस्तान में भैंसे की खाल से बनी मानव चालित धौंकनियों से बड़ी-बड़ी भट्ठियों को निरन्तर उच्च ताप तक दहकाना सम्भव नहीं था। यह कार्य चीन में और बाद में यूरोप में ही पशुचालित या पानी की शक्ति से चालित धौंकनियों के द्वारा ही सम्भव हो सका और वहाँ बड़े-बड़े लोहे के टुकड़े ढाले जा सके। यहाँ तक कि मुग़ल काल के अन्तिम समय तक भी हिन्दुस्तान में इस प्रकार की विशाल भट्ठियों का प्रमाण नहीं मिलता।

वास्तव में मुग़लकाल में ऐसा कोई भी अविवादित लोहे का बड़ा उत्पाद नहीं प्राप्त हुआ। हालाँकि यह महसूस होता है कि यूरोप की बन्दूकों और जहाजों के लंगरों के प्रभाव से ढलवाँ लोहा बनाने के प्रयास हुए थे। 1708 में जब अलेक्जेंडर हेमिलटन उड़ीसा आया तो उसने देखा कि वहाँ इतना अधिक लोहा है और वे जहाजों के लिए लंगर ढालते हैं परन्तु यह लंगर यूरोप के लंगरों की तुलना में अच्छे नहीं थे परन्तु यह स्पष्ट नहीं है कि उड़ीसा में लोहा किस प्रकार ढाला जाता था और लोहा गलाने की भट्ठियाँ वहाँ किस प्रकार निर्मित हुई थीं। ऐसा बिलकुल सम्भव है कि उच्च क्षमता की भट्ठियाँ न होने से लंगरों का सन्तोषजनक उत्पादन न हुआ हो।

इसी बीच हिन्दुस्तान में लोहा काटने के आवश्यक उपकरण विकसित नहीं किए जा सके और इस कारण यहाँ यूरोप की तुलना में लोहे का काम पिछड़ने लगा। ड्रिल अर्थात वर्मे के हैंडिल में रस्सी लपेटकर कमान की मदद से उसकी धुरी पर घुमाया जाता था। इस प्रकार के *वर्मे* का प्रयोग बढ़ई और रत्न तराश दोनों द्वारा किया जाता था। धार रखनेवाला पत्थर (साइकल) एक ऐसा कठोर पत्थर का चक्का था जिसको तेजी से घुमाकर लोहे की तलवार, चाकू, धुरी आदि की धार तेज की जाती थी, साफ की जाती थी या उस पर पालिश की जाती थी। वर्मे को घुमाने वाली कमानी और रस्सी का चित्रण *मिफ़ताहु-ल-फ़ुज़ाला* ने पन्द्रहवीं सदी के अपने चित्र नं. 2.8 में किया है और हस्त चालित धार रखने वाले पत्थर (कटलर्स व्हील) का सन्दर्भ मुग़लकालीन शब्दकोश में मिलता है। केवल सत्रहवीं सदी में ही पट्टे द्वारा चालित (बेल्ट ड्राइव) हीरे-जवाहरात को काटने वाले वर्मे (ड्रिल) के विकसित होने के साक्ष्य मिलते हैं। एक बड़ा लकड़ी का पहिया, चार लोगों द्वारा

(ए) 

(बी) 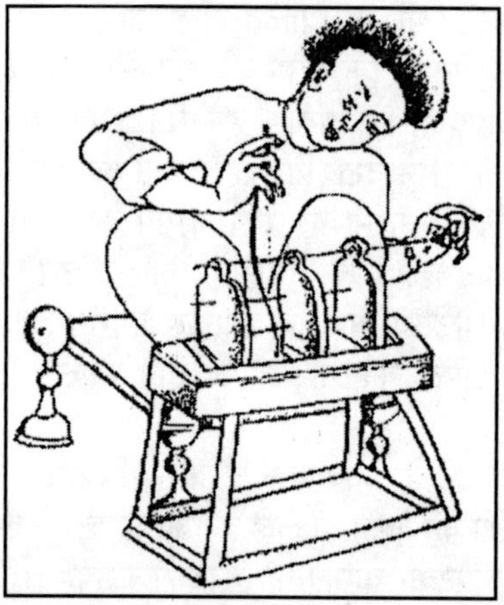

चित्र 2.8 (ए) : कमान और डोरी द्वारा चालित बर्मा (ड्रिल), जवाहरात में छेद करते हुए : *मिफ़ताहु-ल-फुज़ाला,* **1469**

(बी) : हीरे को तराशते हुए : ईसवी 1610, मुग़ल पेंटिंग

घुमाया जाता था और पट्टे (बेल्ट) द्वारा इससे जुड़ा हुआ छोटा पहिया वर्मे को घुमाता था। हिन्दुस्तान में हमें सबसे पहले वर्मा (ड्रिल) के बारे में जानकारी देनेवाले टेवरनियर (1667) और फ्रेयर (1674) हैं। चरखे में प्रयोग होनेवाली पट्टे द्वारा चालित (बेल्ट ड्राइव) पद्धति का भारतीय प्रौद्योगिकी में यह एक महत्त्वपूर्ण विकास ही है। हालाँकि यहाँ पर पुर्तगालियों द्वारा यूरोप से लाए हुए वर्मे (ड्रिल) के अन्यत्र प्रयोग को नकारा नहीं जा सकता।

यूरोप में व्यापक रूप से जलशक्ति या अश्वशक्ति से चालित खराद मशीन (लेथ) और वर्मे (ड्रिल) के विकास के बगैर भारत में भी लोहे का काम उन्नत और सुदृढ़ नहीं हो सकता था और पेंच (स्क्रू) और छल्लेदार स्प्रिंग ऐसे नए यंत्रों का विकास नहीं हो सकता था।

सोलहवीं सदी के मध्य तक यूरोप में टाँके लगाने (सोलडरिंग) के स्थान पर पेंच लगाने, रिपिट करने और एक-दूसरे में खाँचे बनाकर फिटिंग करने की

पद्धति से धातु को धातु से जोड़ना शुरू हो गया था। 'नर'-'मादा' के रूप में छेद और उसमें डाला जाने वाला दूसरा हिस्सा जिसे अबुल फ़ज़ल ने *(नरमादागी)* कहा है, वह किसी वस्तु में प्रयोग होने वाला कीला और छेद है या एक खोखले ट्यूब में घुसाया जानेवाला किसी पाटी (बीम) का अगला भाग है परन्तु गलती से इसे पेंच (बोल्ट) और उसके साथ प्रयोग होनेवाला नट नहीं समझना चाहिए क्योंकि नरमादागी में चूड़ियाँ नहीं होती थीं। इस प्रकार के घुमावदार खाँचे कटे हुए पेंचों के बारे में सर्वप्रथम जानकारी 1666 में दिवीनाट ने दी। इस प्रकार के पेंच दिल्ली के ताला बनानेवालों ने 'किसी अन्य तरीके के बगैर तार के टुकड़ों को आपस में टाँके लगाकर ही बनाया था'। यहाँ पर पेंच में खाँचे काटे नहीं गए थे बल्कि एक स्क्रू के चारों ओर तार लपेटकर इसे बनाया गया था और एक छेद में इसे फिट कर दिया गया था। यह एक कमजोर विकल्प था और इस प्रकार निर्मित पेंचों से सीमित फायदा ही मिल सकता था। दिवीनाट द्वारा पेश किया गया यह तर्क कि हिन्दुस्तानी लोग पेंच पर बाईं तरफ से दाईं तरफ तार लपेटते थे जबकि यूरोपियन दाहिनी तरफ से बाईं तरफ लपेटते थे। वास्तव में मात्र सुविधा का मामला है, यह कोई प्रौद्योगिकी महत्त्व की बात नहीं है। यह सम्भव है कि हिन्दुस्तानी पेंच (स्क्रू) यूरोपीय पेंच का अनुकरण कर विकसित किए गए हों और यह एक 'उत्साहवर्द्धक' विस्तार रहा हो परन्तु इसकी और जाँच-पड़ताल करने की आवश्यकता है।

हिन्दुस्तानी प्रौद्योगिकी में स्प्रिंग का प्रयोग बहुत कम होता था। तीर और कमान में प्रयोग होने वाली कमान लचीली होती थी और उसके इसी लचीलेपन के कारण तीर फेंका जाता था। यह एक प्रकार का स्प्रिंग ही है और निश्चय ही यह अति प्राचीन स्प्रिंग है। रूई को धुननेवाली धुनकी जिसकी कमानी में लगी डोरी को बार-बार खींचकर कम्पन पैदा किया जाता है और रूई के रेशे अलग-अलग हो जाते हैं। एक स्प्रिंग के रूप में इसका प्रयोग शायद ईसा पूर्व से होता रहा है (इससे पूर्व 2.1 अध्याय देखें)। सभी प्रकार के स्प्रिंग के लिए यहाँ तक कि सर्पाकार स्प्रिंग के लिए भी हिन्दुस्तान में कमानी शब्द का प्रयोग होता है जो (कमान, धनुष) से बना है परन्तु सर्पाकार या छल्लेदार स्प्रिंग जिनको लगभग सन् 1400 में यूरोप में विकसित किया गया था, हिन्दुस्तानी कारीगरों द्वारा इसकी नकल नहीं की गई इसलिए धातु की दीवार घड़ियों और अन्य घड़ियों में प्रयुक्त अति महत्त्वपूर्ण स्प्रिंग हिन्दुस्तानी प्रौद्योगिकी के बहुत से क्षेत्रों में आश्चर्य की वस्तु बनी रही। बन्दूक में ट्रिगर के साथ प्रयोग होने वाला एक तारवाला छल्लेदार स्प्रिंग वास्तव में साधारण कमान की तरह का स्प्रिंग है।

इसी प्रकार सिरिन्ज के मामले में भी यांत्रिक सिद्धान्त को विकसित करने की कमी नजर आती है। प्राचीन ग्रीक सभ्यता और मध्यकालीन ईरान में सिरिन्ज का

प्रयोग एक पिस्टन द्वारा खाली स्थान बनाने के लिए होता था। प्राचीन हिन्दुस्तान में सिरिन्ज के बारे में कुछ भी निश्चित नहीं है, यहाँ तक कि संस्कृत का शब्द *शृंगा* का अर्थ सींग है और इस प्रकार की खोखली सींग का प्रयोग पानी भरने के लिए होता था और किसी दूसरे सन्दर्भ में इसका प्रयोग मेल खा सकता है। होली के अवसर पर एक खोखली नली (पिचकारी) द्वारा लाल रंग की फुहार मारने का मनसरेट द्वारा 1580 में किया गया वर्णन सर्वप्रथम अविवादित सन्दर्भ प्रतीत होता है। जहाँगीर के शासनकाल (1605–27) की पेंटिंग है जहाँ धातु की (लोहे और पीतल) पिस्टन के साथ नुकीली लम्बी नोक वाली सिरिन्ज स्पष्ट रूप से चित्रित है (देखें चित्र 2.9) और इस समय तक चीन और यूरोप की तत्कालीन प्रौद्योगिकी की तरह हिन्दुस्तान में सिरिन्ज के अतिरिक्त और किसी भी यंत्र या उपकरण में इसका प्रयोग देखने को नहीं मिलता।

चित्र 2.9 : सम्राट मोहम्मद शाह (1720–48) होली खेलते हुए : भोपाल सिंह द्वारा तत्कालीन पेंटिंग।

जस्ता, ताँबा और टिन

जस्ते का इतिहास राजस्थान के जावार खदानों से जुड़ा हुआ है। ईसा पूर्व प्रथम सहस्राब्दी के अन्तिम वर्षों में इन खदानों से मुख्यतः चाँदी और शीशा निकाला जाता था और इनको अलग करने के बाद जस्ता निकाला जाता था और फिर सीमेन्टिंग द्वारा इसका प्रयोग पीतल बनाने में होता था। जब जस्ते को अलग से निकाला गया तो यह अन्य धातुओं के साथ एक महत्त्वपूर्ण योगदान था। एक हजार साल से भी अधिक (मिलेनियम) तक यह खदानें बन्द पड़ी रहीं और

तेरहवीं सदी में इन खदानों से पुनः खनन प्रारम्भ हुआ। इस समय मुख्य रूप से जस्ते का अयस्क निकाला गया और आसवन (ड्रिस्टीलेशन) क्रिया के द्वारा जस्ता प्राप्त किया गया। इससे पूर्व जस्ता निकाले जाने के बारे में तर्क केवल पीतल में जस्ते की अत्यधिक मात्रा प्राप्त होने पर आधारित है परन्तु न तो हिन्दुस्तान के बारे में और न ही चीन के बारे में यह तर्क सही लगता है परन्तु तेरहवीं और चौदहवीं सदी से जावार में जस्ते के आसवन के लिए आसवन पात्र और भट्ठियों के अवशेषों के स्पष्ट साक्ष्य मिलते हैं। कोई इस बात पर आश्चर्यचकित हो सकता है कि वहाँ पर कार्य का अन्य कोई तरीका नहीं था तो भूमध्य सागरीय देशों से तेरहवीं सदी में आनेवाले आसवन के नए उपकरणों (जो सत, एल्कोहल और गुलाबजल निकालने के लिए प्रयोग होते थे, देखें अध्याय 1.3) का प्रयोग जस्ते के आसवन के लिए नहीं होता था। इसलिए इसको अयस्क से अलग करने की प्रक्रिया सोलहवीं सदी में ही शुरू हुई, जैसा कि अबुल फ़ज़ल (1595) की ताजा टिप्पणी से प्रतीत होता है। 'जिंक (जस्ता) किसी को भी देखने पर, शीशा प्रतीत हो सकता है, दूसरों को यह पारा लग सकता है। वैज्ञानिक ग्रन्थों में इसके बारे में कुछ भी नहीं लिखा है। अजमेर सूबे में जावार (जवार) के पास इसका खनन होता है।' इस बात पर थोड़ा शक होता है कि आसवन क्रिया के द्वारा निकाले गए जस्ते से बड़े पैमाने पर पीतल उत्पादन में (मैनूफैक्चरिंग) मदद मिली होगी। यदि कोई अस्तित्वमान पूरावशेषों को खोजें तो हिन्दुस्तान में ईसा पूर्व सहस्राब्दी में इसका कोई साक्ष्य नहीं मिलता। हिन्दुस्तान में जस्ते की मिश्र धातु पर कार्य का विवरण बीदरी उत्पाद के समय से स्पष्ट रूप से जाना जाता है। हिन्दुस्तान में इसका उत्पादन प्रारम्भ होने की तिथि (समय) के बारे में निश्चित नहीं है। यह समय अठारहवीं सदी हो सकता है क्योंकि इसका सर्वप्रथम विवरण 1817 में हेन ने लिखा है।

हिन्दुस्तानी धातु विज्ञान में एक और खोज ताँबे के बर्तनों पर कलई चढ़ाना था। कलई करने से इसका प्रयोग खाना पकाने में हो सकता था। ऐसा प्रतीत होता है कि यह तकनीक मुसलमानों के आगमन के साथ ही आई क्योंकि कलईयुक्त सबसे प्राचीन पात्र ब्रह्मपुरी (महाराष्ट्र के कोलापुर जिले में) मिला है, जिसके साथ चौदहवीं और पन्द्रहवीं सदी के ब्राम्हनी सिक्के भी प्राप्त हुए हैं।

सोना और चाँदी

हिन्दुस्तान में साधारण औजारों के द्वारा ही सोने और चाँदी पर बहुत बारीक और उत्तम किस्म का काम किया जाता था। बर्नियर ने 1663 में दिल्ली से लिखे अपने एक पत्र में लिखा—'हिन्दुस्तानी कारीगरों द्वारा 'खूबसूरत सोने के गहनों' पर किए गए 'अति उत्कृष्ट काम' से भी उत्तम काम शायद ही कोई यूरोपीय स्वर्णकार

कर सके।' सोने में अत्यधिक महीन परत तैयार करने के गुण से हिन्दुस्तानी स्वर्णकारों ने दूसरी धातुओं के पात्रों पर अति कुशलता से सोने की पत्ती चढ़ाना शुरू किया। वे सोने में टाँका लगाकर जोड़ने और उसमें चित्रों को गढ़ने में भी माहिर थे। दिवीनाट (1666) ने इन स्वर्णकारों की तकनीक का विस्तृत विवरण (सन्दर्भ 2.3) पेश करते हुए स्वीकार किया है कि ईरान की ही तरह हिन्दुस्तान में भी सोने की *मीनाकारी* होती थी, उसके समकालीन कार्डिन ने भी ऐसा ही लिखा है। यह आश्चर्यजनक है कि मीनाकारी या किसी धातु पर कठोर पदार्थ को गलाकर उस पर चमक पैदा करना या रँगना या उसे अपारदर्शी बनाने का कार्य प्राचीनकाल में मिस्र में भी होता था। शब्दकोश को तैयार करने वाले टेकचन्द बहार (1739) ने लिखा कि *मीनाकार* (शीशे पर पालिश करनेवाले), यूरोप से आयातित शीशे के पाउडरनुमा रंगीन पदार्थ को आग के ऊपर गलाते और इसे सोने, चाँदी और ताँबे के पात्रों व आभूषणों पर पहले से ही बनाई गई मूर्तियों और चित्रों पर लगाते थे।

यदि काफी पहले से नहीं तो पन्द्रहवीं सदी से ही सोने और चाँदी के समान गोलाई वाले संभाग और चिकने तारों को निर्मित करने के लिए लोहे की कर्षण प्लेट का प्रयोग होता था। हमने पहले ही 2.1 अध्याय में सोने के बेल-बूटेदार वस्त्र निर्मित करने के सम्बन्ध में इस उपकरण का वर्णन किया है। यहाँ पर यह बताना और आवश्यक है कि *मिफ़ताहु-ल-फुज़ाला* (1469) द्वारा चित्र नं. 2.7 में बहुत खूबसूरती से दर्शाया गया है कि सोने का तार तैयार करनेवाले लोग तार के एक किनारे को किस प्रकार चिमटी (प्लायर) से पकड़ते थे।

मुग़ल सम्राटों ने सोने, चाँदी और ताँबे के सिक्के चलाए परन्तु अकबर के शासनकाल में और उसके बाद चाँदी का सिक्का ही मानक रूप में प्रचलित हुआ। मुग़ल साम्राज्य में विभिन्न टकसालों में शुद्ध चाँदी के समान भार (प्रत्येक 11.5 ग्राम) और रूप वाले सिक्के ढाले जाते थे। सन् 1647 में अकेले सूरत की टकसाल से ही कम-से-कम 30,000 रुपए के सिक्के प्रतिदिन निर्मित होने का रिकॉर्ड है। टकसालों के बारे में *आइन-ए-अकबरी* और अन्य स्रोतों से प्राप्त जानकारी से यह स्पष्ट है कि सिक्कों को काटने और उस पर मोहर लगाने का काम मनुष्यों द्वारा हाथों से ही किया जाता था, अतः इसके लिए अधिक कुशल मानव श्रम की आवश्यकता थी। समकालीन यूरोप में रोल या स्टैप मिल की तरह का कोई भी उपकरण हिन्दुस्तान में प्रयोग नहीं होता था। उस समय हर वर्ष बड़ी संख्या में स्पेन से चाँदी के डालरों के आगमन के बावजूद हिन्दुस्तान में चाँदी के सिक्कों की ढलाई होती थी। स्पेन के डालरों को गलाकर हिन्दुस्तानी रुपए ढाले जाते थे। इन डालरों पर काटने और मोहर लगाने के बिलकुल साफ निशान होते थे।

2.3 भवन निर्माण उद्योग

जब इतिहासकारों द्वारा यह स्थापित किया गया कि 2500–1900 वर्ष ईसा पूर्व सिन्धु घाटी की सभ्यता में, सिन्ध के मोहनजोदड़ो में पाई गई पक्की ईंटें जो कि आधुनिक काल में अंग्रेजों द्वारा दीवारों में लगाई ईंटों की ही तरह चुनी गई थीं, तो यह एक आश्चर्यजनक खोज थी। इसके बाद इसका कोई खंडन नहीं हुआ और मौर्यकाल में ही अशोक स्तम्भ के रूप में शिल्पकारी और दक्षिणी बिहार की गुफाओं में की गई शानदार शिल्पकारी के साक्ष्य मिलते हैं।

सत्रहवीं सदी के बाद पत्थर की शिलाओं पर मूर्तियाँ गढ़ने और विशाल मूर्तियों का निर्माण एलोरा और एलीफेन्टा में देखने को मिलता है परन्तु इस समय की मुख्य परम्परा पत्थरों के ब्लाकों से निर्माण करने की थी। यह तकनीक सर्वश्रेष्ठ रूप में सीधे क्षैतिज बीम पर निर्माण करने की थी (Trabeate) अर्थात खम्भों और बीम द्वारा भवन निर्माण की पद्धति का प्रयोग होता था। चाहे टोड़ादार ईंटों से निर्मित ऊपर की ओर नुकीली होती छत का निर्माण करना हो या मोटे-मोटे स्तम्भों को एक-दूसरे के पास निर्मित कर उन पर बीम डालना हो या बड़ी-बड़ी छतें निर्मित करना हो, अकसर ही सुरक्षा की दृष्टि से पत्थरों के विशाल ब्लाकों (टुकड़ों) को लोहे के पहिया से आपस में जोड़ा जाता था क्योंकि उस समय इनको मजबूती से जोड़नेवाला गारा उपलब्ध नहीं था।

तेरहवीं सदी के वास्तुशिल्प के रिकार्ड में उत्तरी भारत में भवन निर्माण पद्धति में एक गुणात्मक विकास नजर आता है। इस समय भवन निर्माण में प्रयोग होने वाली सामग्री और गुम्बद, मेहराब और मेहराबदार छत निर्माण की तकनीक में परिवर्तन हुआ।

अब खुरदरे पत्थरों और पक्की ईंट का प्रयोग अतीत की तुलना में अधिक होने लगा और चूने तथा जिपसम द्वारा बने मसाले के प्रयोग के जटिल संरचना के निर्माणों को सम्भव बना दिया। ये दोनों पदार्थ ईंट जोड़ने में भिन्न तरीके से क्रिया करते हैं। चूने का मसाला धीरे-धीरे मजबूत होता है और ईंटों पर रासायनिक प्रभाव के द्वारा उनको मजबूती से जोड़ता है, जिपसम तेजी से जमता है और अपने साथ ईंट या पत्थर को मजबूती से जोड़ता है। चूना (संस्कृत में *चूर्णा*) का प्रयोग पान की पत्ती के साथ होता है और पी.के. गोडे के अनुसार इसका सन्दर्भ वाराहमिहिर *वृहत संहिता* (इसवी सदी 500) में मिलता है। हालाँकि प्राचीन हिन्दुस्तानी भवनों के निर्माण में प्रयोग मसाले (गारे) में चूने का प्रयोग अनुपलब्ध है। दो सौ वर्ष ईसा पूर्व विशनगढ़ की दीवारों में प्रयोग मसाले में मात्र 14 प्रतिशत चूना मिला है और इसीलिए मजबूती की नजर से यह बहुत कमजोर था। प्रथम शताब्दी या इसी के आसपास का निर्मित एक *स्तूप* बिहार के नूनगढ़ में है। इस पर 'सुर्खी और चूने की एक मोटी परत चढ़ाई गई थी'। बारीक पिसे हुए ईंटों में चूना और पानी मिलाकर

'सुर्खी' बनाई जाती है। बिहार के मुँगेर जिले में पत्थर से निर्मित मूर्तियों में 'सुर्खी सीमेंट से बने सिर' मिले हैं जिनका समय तीसरी शताब्दी निर्धारित किया गया है परन्तु इसके बाद इस प्रकार के चूना मिश्रित मसाले का असाधारण प्रयोग हिन्दुस्तान से गायब हो गया। जहाँ तक जिपसम की बात है तो भवन निर्माण के मसाले के रूप में इसका प्रयोग ईसा पूर्व तीसरी सहस्राब्दी में सिन्धु घाटी के शहरों में भी मिलता है परन्तु इसके बाद लगता है इसे एकदम भुला दिया गया था।

हिन्दुस्तान से बाहर प्लास्टर और मसाले के रूप में चूने का प्रयोग रोमन साम्राज्य, विजनटियम में होता था जबकि ईरान के ससानियन साम्राज्य में केवल जिपसम का प्रयोग होता था। अरबों द्वारा विजनटियम और सम्पूर्ण ईरान पर सत्रहवीं सदी में विजय हासिल करने के बाद अपनी इमारतों के निर्माण में इन दोनों मसालों का प्रयोग किया। सिन्ध के मानसूरा स्थान पर उत्खनकों को जमीन के अन्दर ईंट और सफेद चूने के मसाले से निर्मित तहखाना मिला है और चूने के साथ जिपसम पाउडर का प्रयोग भी इस इमारत के ऊपरी स्तर पर पाया गया। अरबों द्वारा विजय के बाद इसे लगभग 1030 में ध्वस्त किया गया था। सन् 1206 में जब दिल्ली सल्तनत की स्थापना हुई उस समय तक हिन्दू और मुसलमान दोनों के संरक्षण में इमारतों के निर्माण में चूने और जिपसम के प्रयोग में कोई भेद नहीं रह गया था। हालाँकि जहाँ पहले से भवन निर्माण का भिन्न व्यवहार प्रचलित था वहाँ पर इसका प्रयोग अपनी जड़ नहीं जमा सका। जैसे कि 1530 के दशक के अन्त में फरनाओ नूनिज ने पाया कि विजयानगर में मसाले के रूप में चूने का प्रयोग एकदम नहीं होता था।

मुग़लों द्वारा निर्मित इमारतों में इन मसालों का प्रयोग प्रचुर मात्रा में होता था। अबुल फ़ज़ल ने 1595 में भवन निर्माण में प्रयोग होने वाले जिपसम तथा अन्य प्रकार के मसालों का निम्नलिखित विवरण पेश किया। तुलनात्मक रूप से इनकी कीमतों का विवरण भी रुचिकर है। यह जानने योग्य है कि 25 *जिताल* = एक *दाम* (एक ताँबे का सिक्का) और चालीस दाम = एक रुपया

- जिपसम *(गच-ए-शिरीन),* पंजाब में बेहरा स्थान पर इसका खनन होता है। इसे यदि व्यापारियों से खरीदा जाए तो एक रुपए में तीन मन मिलता है। यदि खरीदार इसे ढोने की खुद व्यवस्था करे और खदान पर ही खरीदे तो इसकी कीमत एक *दाम* प्रति मन है। चूने का पत्थर *(कल-ई-संगीन),* 5 *दाम* और 5 *जिताल* प्रति मन मिलता है। शंख का चूना *(सदाफी)* 5 *दाम* प्रति मन। *चूना* या पका हुआ चूना 2 *दाम* प्रति मन। इसे एक प्रकार के कंक्कड़ को पकाकर बनाया जाता है जो देखने में मिट्टी की तरह होता है परन्तु पत्थर की तरह कठोर होता है।

  नोट—16 छटांक = 1 सेर, 40 सेर = 1 मन, यह तौल की माप थी जिसका जिक्र ऊपर किया गया है। —अनुवादक

सत्रहवीं सदी में पेलसेट (1626) ने 'हिन्दुस्तान की दीवारों पर सफेद प्लास्टर' के बारे में बड़े उत्साह से लिखा 'बगैर बुझा चूना, दूध, गोंद और चीनी मिलाकर तैयार किए गए पतले घोल से जो प्लास्टर किया जाता है, वह हमारे देश (हॉलैंड) के किसी भी पदार्थ से किए गए प्लास्टर से बहुत उत्तम है।'

मेहराबी निर्माण के लिए मजबूती प्रदान करनेवाला यह नया पदार्थ एक अति आवश्यक सहयोगी था। मुग़ल सल्तनत से पहले या प्राचीन हिन्दुस्तान में इमारतों का निर्माण विशेष रूप से स्तम्भों और बीम पर आधारित था, जिसके बारे में हम पहले ही चर्चा कर चुके हैं। भीतर गाँव के मन्दिर (पाँचवीं सदी) के बारे में कनिंघम ने अपनी रिपोर्ट में उल्लेख किया है कि वहाँ पर एक वास्तविक मेहराब के अवशेष थे, परन्तु इसमें डाट पत्थर (Voussiors) को अभिन्न रूप से एक-दूसरे के छोर से मिलाया गया था न कि आमने-सामने से और इस प्रकार इससे एक अलग प्रकार का कमजोर मेहराब बनता था न कि मजबूत मोटा मेहराब। इसी खराबी और मिट्टी के अतिरिक्त अन्य कोई मजबूत मसाले का अभाव के कारण प्राचीन भारत में मेहराब वाली पद्धति का प्रयोग नहीं हो सका।

हिन्दुस्तान ने तेरहवीं सदी में जिस मेहराबदार भवन निर्माण की पद्धति को पाया यह केवल दो तरह के भवन निर्माण मसालों का ही मिश्रण नहीं था बल्कि विजन्टाइन और ससानिद दो प्रकार की भिन्न पद्धतियों का भी मिलन है। प्राचीन कालीन विजन्टाइन नुकीली चोटीवाले मेहराब और गोलाकार संरचना पर गुम्बद को प्राथमिकता देते थे। इसे ससानिद पद्धति की मेहराबी छत के साथ समन्वित किया गया। तेरहवीं सदी तक यह सब 'ससानिद' भवन निर्माण पद्धति का ही हिस्सा बन गया और यह पद्धति हिन्दुस्तान में आयात हुई।

यह आश्चर्यजनक नहीं है कि वास्तविक निर्माण की प्रक्रिया में मेहराब निर्माण की नई पद्धति को व्यवहार में आने में समय लगा। भारतीय शिल्पकारों को जब गोल और नुकीले मेहराब और गुम्बद बनाना पड़ा तो उन्होंने प्रारम्भ में कारबेलिंग पद्धति को लागू किया, जिससे वह भली प्रकार परिचित थे, जैसा कि दिल्ली की कुतुब मीनार में देखा जा सकता है और यह 'गम्भीरता के साथ तैयार' की हुई संरचना साबित हुई। यद्यपि मेहराब की पद्धति को सीखने में शताब्दी का समय लग गया, परन्तु हिन्दुस्तानी कारीगरों ने मेहराबें, गुम्बद और मीनारें बनाना शुरू कर दिया और सफलतापूर्वक इसके संरचनात्मक महत्त्व को समझा और अतीत के स्तम्भ और बीम वाली संरचना के भारी-भरकम संरचना के रास्ते को पुनः नहीं अपनाया, परिणामस्वरूप बड़े पत्थरों के स्थान पर ईंटें, खुरदुरे और छोटे पत्थरों का प्रयोग हुआ और किसी भी स्तर की सुरक्षा के लिए इसे उपयुक्त पाया गया। इस प्रकार निर्माण पर होने वाला खर्च स्वाभाविक रूप से घट गया और चौदहवीं सदी प्रारम्भ होते-होते दिल्ली और सल्तनत के अन्य शहरों में बड़े पैमाने पर इमारतों के निर्माण के साक्ष्य मिलते हैं।

यत्र-तत्र मिलनेवाली भित्त मूर्तियों, पुरातन इमारतों पर संस्कृत और नागरी में मिलनेवाले शिलालेखों से पता चलता है कि बड़ी संख्या में काम करने वाले राजगीर स्थानीय लोग थे जिन्होंने कम समय में ही नई तकनीक सीख ली। *अफ़ीफ़* ने सन्दर्भ पेश किया कि फ़िरोज तुग़लक के शासनकाल में चूने को जलाने जैसे कुछ नए कामों को विशेष रूप से उद्धृत किया जा सकता है। आगरा और फ़तेहपुर सीकरी में इमारतों के निर्माण के बारे में *'अकबरनामा'* में चित्रित पेंटिंग के द्वारा यह जानकारी भी अति रुचिकर है कि चूने को छानने, भिगोने और उसमें जिपसम मिलाकर मसाला तैयार करने में लगे मजदूर (स्त्री-पुरुष) मुसलमान थे।

भारी वजन उठाने वाले यंत्र कैपस्टन का सर्वप्रथम उल्लेख *'शीरत-ए-फ़िरोजशाही'* में है और अफ़ीफ़ ने यातायात के बारे में वर्णन करते हुए लिखा है कि अशोक के शिवालिक स्तम्भ को उसके मूल स्थान से लाकर 1367 में दिल्ली के फ़िरोजशाह कोटला में स्थापित किया गया। अफ़ीफ़ ने इसे चित्र 2.10 में दर्शाया है। चित्र से यह स्पष्ट होता है कि प्रत्येक कैपस्टन की चार भुजाएँ होती थीं जिसको घुमाकर स्तम्भ के चारों तरफ लिपटी हुई रस्सी से स्तम्भ को ऊपर उठाया जाता था। मुग़लकाल की इमारत निर्माण सम्बन्धी पेंटिंग में यहाँ तक कि फ़तेहपुर सीकरी और आगरा में निर्माण सम्बन्धी *'अकबरनामा'* की पेंटिंग में भी इस प्रकार के किसी कैपस्टन को चित्रित नहीं किया गया है। इन पेंटिंग में वास्तव में लकड़ी के मोटे पटरों से निर्मित ढलुआ रास्ते के द्वारा अति कठोर मानव श्रम द्वारा गारा-मसाला और पत्थर ढोने को दर्शाया गया है (चित्र 2.11)। परन्तु बोरे (1679) ने एक ड्राइंग के द्वारा (चित्र 2.12) कुतुबशाही के जहाज को समुद्री किनारे पर मरम्मत के लिए झुकाकर खड़ा किए हुए दर्शाया है। यह जहाज आन्ध्र के समुद तटीय क्षेत्र नरसापुर में खड़ा किया गया और एक 'क्रैब' (एक प्रकार का कैपस्टन) की मदद से मरम्मत के दौरान निरन्तर खड़ा रहा। इस प्रकार जहाज की मरम्मत करने की अति परिष्कृत व्यवस्था मुग़लकालीन चित्रों में अन्यत्र कहीं नहीं मिलती। हालाँकि बोरे की रिपोर्ट से यह भी स्पष्ट है कि नरसापुर में बने जहाज मरम्मत करने वाले बन्दरगाह में उसे किसी प्रकार का यूरोपीय प्रभाव भी नहीं दिखाई देता।

भवन निर्माण के कार्यों में मानव श्रम में बचत करनेवाला एक महत्त्वपूर्ण उपकरण हिन्दुस्तान के इतिहास में नहीं मिलता। यह एक प्रकार की एक पहिएवाली गाड़ी थी जिसके अगले भाग में भार ढोनेवाले मनुष्य के स्थान पर पहिया लगा था और पीछे की ओर से इसे मनुष्य ढकेलता था। तीसरी सदी में चीन में और बारहवीं सदी के अन्त में या तेरहवीं सदी में यूरोप में इसका इतिहास मिलता है परन्तु औपनिवेशिक काल से पूर्व हिन्दुस्तान में इसका कोई इतिहास नहीं मिलता।

कमोबेश (मोटे तौर पर) मुग़ल वास्तुशिल्प के बड़े पैमाने पर उल्लेखनीय कुशलता से प्रयोग होने के अतिरिक्त *'पितरादुआ'* भवन निर्माण प्रौद्योगिकी में

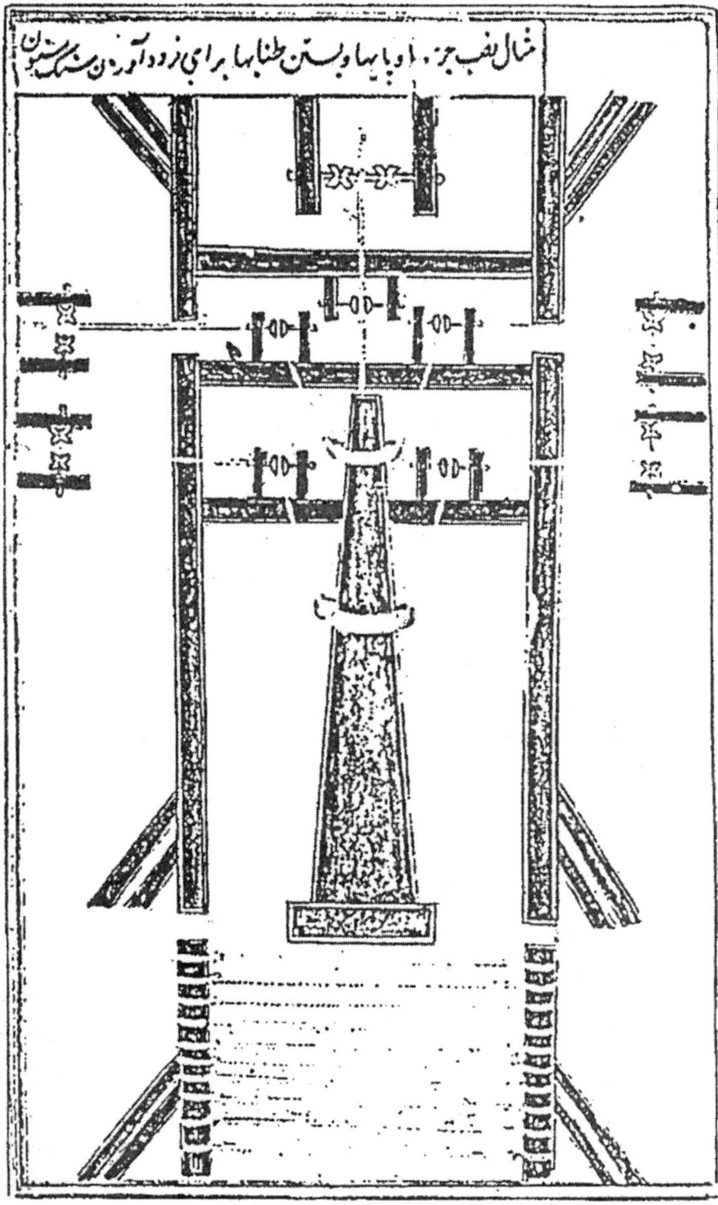

चित्र 2.10 : 1367 में अशोक स्तम्भ को ले जाते हुए *'शीरत-ए-फ़िरोजशाही'* का चित्र : इसमें कैपस्टन की मदद से धीरे-धीरे अशोक स्तम्भ को नीचे उतारते हुए दर्शाया गया है।

चित्र 2.11 : फ़तेहपुर सीकरी में लकड़ी के तख्तों से बने रास्ते से भवन निर्माण सामग्री को ऊपर ले जाते हुए मजदूर : '*अकबरनामा*' की पेंटिंग

मुग़लकाल में कोई बुनियादी परिवर्तन नहीं नजर आता। मुग़लों ने नदियों के ऊपर से पार होने के लिए राजमार्गों पर अनेक पुलों का निर्माण किया। ईंट-गारा द्वारा निर्मित पुलों की इन सर्वोत्तम मिसालों में भी एक प्रकार की संकीर्णता व्याप्त थी। 1567-68 में निर्मित जौनपुर का पुल निश्चित रूप से पूर्व आधुनिक काल का सबसे बड़ा पुल है जो आज भी प्रयोग हो रहा है (देखें चित्र 2.13), परन्तु प्रत्येक पुल पर कोई-न-कोई अतार्किक मुहर लगी है। उदाहरण स्वरूप पुल के स्तम्भों

के बीच और शुरुआती मेहराब के बीच की इस मुख्यत: सुरक्षा की दृष्टि से रखी गई थी। इसे मुग़लकालीन पुलों के बारे में दिए गए निम्नलिखित माप से समझा जा सकता है।

चित्र 2.12 : नरसापुर में कैपस्टन और घिर्री के प्रयोग से *कुतुबशाही* जहाज को खींचते हुए 1679 (बोरे)। वर्णाक्षरों द्वारा दर्शाए गए विभिन्न भागों के बारे में देखें : उद्धरण 3.2

चित्र 2.13 : मुग़लकालीन पुल, जौनपुर, 1567-68

पुल	दिनांक/निर्माण की अवधि	खम्भों की चौड़ाई (मीटर में)	मेहराब की चौड़ाई (मीटर में)
जौनपुर	1567–68	3.35	5.18
हादाफ, निकट राजमहल	ई. 1650	5.18	3.35
नूराबाद, ग्वालियर और आगरा के बीच	17वीं शताब्दी का उत्तरार्ध	5.11	5.74
पट्टी घाटी, नारवार के निकट	वही	6.10	5.97
नारवार	वही	6.10	5.92

कनिंघम ने मुग़लकालीन पुलों का वर्णन करते हुए बार–बार इस बात की ओर ध्यान आकर्षित किया है कि पुलों के काफी भारी खम्भों और उनके बीच संकरे मार्ग के कारण नदी या नहर के पानी के बहाव का मार्ग बदल जाता और यह पुल को नष्ट करता, इससे पुल को आगे बढ़ाकर बनाना पड़ता। इस प्रकार बाध्य होकर पुल का विस्तार करना पड़ता (जैसे जौनपुर में) या पूर्णतः परित्याग करना पड़ता। इस त्रुटिपूर्ण डिजाइन का कारण यह विचार हो सकता है कि तुलनात्मक रूप से खम्भों के बीच की दूरी बढ़ाने से ऊँचे मेहराब बनाना ही सुरक्षित होगा। इस प्रकार का भय वास्तव में आधारहीन था। पेरोनेट (1708–94) के अनुसार यूरोप में खम्भों की मोटाई और पुल के मेहराब के बीच अनुपात सत्रहवीं सदी तक 1 : 4 या 1 : 6 तक घटाया गया था और अठारहवीं सदी तक इसे घटाकर 1 : 10 तक कर दिया गया।

पूर्व निर्मित इमारतों का एक ऐसा क्षेत्र है जहाँ पर सफलतापूर्वक नवीनीकरण के प्रयास हुए हैं। आरिफ कांधारी ने 1579 में अकबर द्वारा लकड़ी और बोर्ड द्वारा ऐसे अठारह उठाने लायक मकानों को निर्मित करवाने के लिए तारीफ की 'जिसमें एक ऊपरी मंजिल और छज्जा (बालकनी) बनाई गई थी'। इन मकानों के निर्माण की विधि के बारे में अबुल फ़ज़ल ने *'आइन-ए-अकबरी'* में लिखा, इनको लकड़ी के खम्भों और शहतीरों पर खड़ा किया गया 'जिनके सिरे चूल और छेद (नरमादा फिटिंग) की फिटिंग द्वारा एक–दूसरे में फिट हो जाते थे' जिनके किनारों पर लोहे के कवर लगे होते थे। इनको आसानी से अलग किया जा सकता था। इनकी दीवारें और छत बाँस की बनी हुई चादरों (शीट) से बनाई जाती थीं। अकबर जब विभिन्न स्थानों पर जाता तो ऐसा ही बहुत जटिल मकान निर्मित किया जाता था। सत्रहवीं सदी में इस प्रकार की लकड़ी के उठाने लायक मकान को बँगला कहा जाता था, इसी से साहबों के मकान के लिए प्रयोग होने वाला शब्द एंग्लो इंडियन बंगलो बना।

2.4 अन्य शिल्प और तकनीकें

कागज का उत्पादन

मध्यकालीन इतिहास में एक अति महत्त्वपूर्ण शिल्प, कागज निर्माण की खोज हुई। इसने सामाजिक और आर्थिक जीवन की विभिन्न शाखाओं पर प्रभाव डाला। चीन में ईसा पूर्व ही पटसन की लुगदी से कागज बनाने की विधि विकसित हो गई थी। चौथी शताब्दी तक चीन में लेखन सामग्री के रूप में रेशम, बाँस और लकड़ी का स्थान कागज ने ले लिया था। दसवीं शताब्दी से पूर्व कागज निर्माण के लिए आवश्यक बाँस की उठाने लायक स्क्रीन, ढलाई और निश्चित आकार में कटाई करने के बुनियादी साधनों को सफलतापूर्वक तैयार कर लिया गया था; और रेशम, बाँस, शहतूत के पेड़ की छाल तथा गेहूँ और जौ के डंठलों का प्रयोग कागज बनाने के लिए होता था। पश्चिमी चीन के जिंग जियांग इलाके में काफी पहले से, चौथी शताब्दी से कागज का प्रयोग होने के बावजूद कागज निर्माण की तकनीक को चीन से बाहर आने में काफी समय लगा।

अरबी ऐतिहासिक कथाओं के विवरण में इस्लामी जगत में कागज के प्रयोग का प्रारम्भ समरकन्द (उज्बेकिस्तान) का युद्ध समाप्त होने पर तलाश नदी के किनारे (759) हुए युद्ध में चीनियों के बन्दी बनाने के समय से मिलता है। इसका पुनः वर्णन करने के बाद सन् 1035 में लाहौर में लिखते हुए अलबेरूनी कहता है कि उसके समय में पश्चिमी और मध्य हिन्दुस्तान में, लोग पेड़ की छाल का प्रयोग लिखने के लिए करते थे जबकि दक्षिणी हिन्दुस्तान में ताड़ के पत्तों पर लिखा जाता था। कागज की प्रौद्योगिकी का सार संग्रह करते हुए अशर (Usher) लिखता है कि बगदाद में कागज उत्पादन की तकनीक 793 में मिस्र में 900 में पहुँची। कोई भी यह अनुमान लगा सकता है कि तब कागज का उत्पादन अरब से पहले सिन्ध में ग्यारहवीं शताब्दी से बहुत पहले हुआ और वास्तव में सिन्ध का मंसूरा स्थान जिसका विध्वंस 1030 से पहले किया गया था, वहाँ से अरबी पांडुलिपियों के जले हुए सात सैट प्राप्त हुए हैं। इसीलिए किसी को भी 1089 में काश्मीर में *सतपथ ब्राम्हणा* की पांडुलिपि को कागज पर नकल उतारे जाने पर आश्चर्य नहीं करना चाहिए। इसलिए 1223–24 या 1180 के समय तक गुजरात में कागज पर संस्कृत में लिखी गई पांडुलिपि की शुरुआत की आशा की जा सकती है क्योंकि यह इलाका सिन्ध के समीप है और बन्दरगाहों पर मुसलमान व्यापारी जमात के लोग भी थे। इससे पूर्व भी हिन्दुस्तान में कागज के प्रयोग के सम्बन्ध में दिए गए सुझाव, जो कि संस्कृत के चीनी शब्दकोश पर आधारित हैं, मान्य नहीं हैं। जैसे आठवीं शताब्दी में यी जिंग (आई–टीसिंग) जो कागज के लिए काकाली या श्याम का उल्लेख करता है, यह मान्य नहीं है क्योंकि संस्कृत के चीनी विद्वान

कागज के लिए स्वाभाविक रूप से संस्कृत शब्दों का प्रयोग करेंगे यद्यपि इस प्रकार का शब्द खुद संस्कृत ग्रन्थों में उपलब्ध नहीं है।

सल्तनत की स्थापना के साथ ही दिल्ली में कागज का उत्पादन शुरू हो गया। अमीर ख़ुसरो ने 1289 में कागज उत्पादन का उल्लेख एक शिल्प के रूप में किया है और अपने लिखे पद्य में उसने रबड़ या मुहरा से कागज को चमकाने का वर्णन किया है। सन् 1452 में माहुआन ने बंगाल के उत्पादों का वर्णन करते हुए 'पेड़ की छाल से बनाए जानेवाले सफेद पेपर' का जिक्र किया है। उसने इस कागज की प्रशंसा करते हुए लिखा 'यह हिरन की खाल की तरह चमकदार और चिकना था।' यदि माहुआन का यह कहना सही है कि यह कागज पेड़ की छाल से बनाया जाता था तो इस बात की पूरी सम्भावना है कि यह तकनीक सीधे चीन से ही सीखी गई हो न कि पश्चिम या मध्य एशिया से जहाँ रेशेदार चीथड़े ही कागज बनाने के लिए कच्चे माल के रूप में प्रयोग होते थे।

खैरूल मजलिस (1354) द्वारा शेख़ निज़ामुद्दीन (निधन 1325) के समय की एक घटना के वर्णन से ऐसा प्रतीत होता है कि चौदहवीं शताब्दी तक दिल्ली में कागज प्रचुर मात्रा में मिलने लगा था। इसने एक घटना का वर्णन किया है जिसमें एक विद्वान हलवाई की दुकान से अपनी जमीन सम्बन्धी कागजातों को प्राप्त करता है। हलवाई उन कागजों को मिठाई रखने के लिए फाड़ने ही वाला था कि वह विद्वान वहाँ पहुँच गया। इस घटना से यह स्पष्ट है कि कागज काफी सस्ता हो गया था क्योंकि इसका प्रयोग चीजों की पैकिंग में होने लगा था।

इसके बावजूद हिन्दुस्तान के कुछ भागों में कागज का प्रचलन होने में समय लगा। पन्द्रहवीं सदी के प्रथम उत्तरार्ध में विजयानगर साम्राज्य में कागज का प्रयोग नहीं होता था। यहाँ तक कि सोलहवीं शताब्दी के अन्त तक उड़ीसा और केरल में ताड़ के पत्ते और लोहे की सूई ही सामान्य रूप से लेखन सामग्री और लेखनी थी।

कागज उत्पादन की तकनीक में मुग़लकाल में भी कोई खास विकास नहीं हुआ। कागज उत्पादन की प्रक्रिया के लिए अनेक साक्ष्य उपलब्ध हैं। कागज उत्पादन का कच्चा माल, सूती कपड़े के चीथड़े, पुरानी खराब रस्सी, कूड़े के थैले या रद्दी किस्म की रेशे वाली वस्तुएँ और यहाँ तक कि कुछ झाड़ियों और पेड़ों की छाल का भी प्रयोग होता था। इस सामग्री को टैंकों *(तानूर)* में पानी भरकर भिगो दिया जाता और बाद में इसे पीटकर लुगदी बनाई जाती। पानी के साथ चूना या सोडा के साथ कुछ और तत्त्वों को मिलाया जाता और फिर इस लुगदी को उसमें डुबो दिया जाता। इसके बाद बाँस की खपाचियों के 'बंडलों' को टैंक में डाल दिया जाता और इसमें चिपके हुए पदार्थ को अलग कर लिया जाता। इसके टुकड़े कर, इसे धूप में सुखाया जाता। इसे पत्थर या शीशे *(मुहरा)* से रगड़ने से

चमकदार और चिकना कागज तैयार होता (कागज उत्पादन के तीन चरणों के लिए चित्र 2.14 देखें)। सत्रहवीं शताब्दी के अन्त में उच्च गुणवत्ता वाला कागज बनाने के लिए उस पर सुनहरा मुलम्मा चढ़ाया जाने लगा।

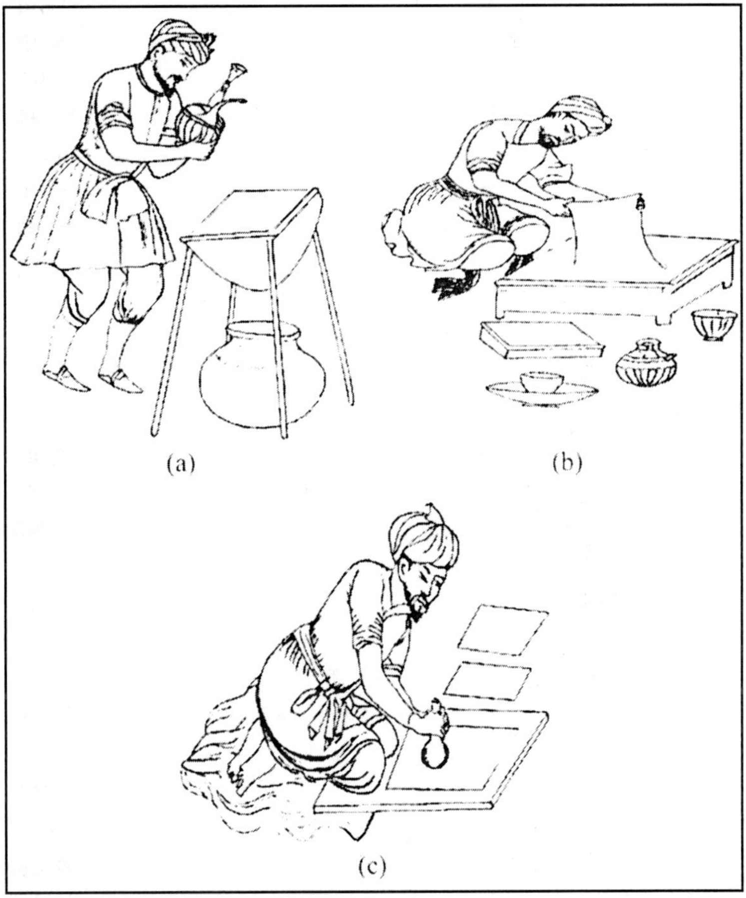

चित्र 2.14 : कागज उत्पादन के विभिन्न चरण : जहाँगीर एलबम में हाशिए पर बनी पेंटिंग

कागज के उत्पादन से लेखन सामग्री सस्ती हो गई, परिणामस्वरूप पुस्तकों की बिक्री और वितरण तेजी से होने लगा। इस प्रकार ज्ञान व जानकारी का विस्तार तीव्रता से होने लगा। दस्तावेजों और हिसाब रखना भी आसान हो गया और व्यवसाय में आदान-प्रदान के लिए बिल *(हुंडी)* का प्रयोग भी बढ़ गया। जिस सभ्यता ने भी

कागज का प्रयोग शुरू किया उसको इससे गति मिली और हिन्दुस्तान भी इसका अपवाद नहीं रहा।

इस प्रकार कागज के द्वारा जो महत्त्वपूर्ण लाभ मिल सकता था, अन्य पूर्वी देशों की ही तरह हिन्दुस्तान भी उससे वंचित रह गया। चीन में छपाई का इतिहास नवीं शताब्दी से और यूरोप में चौदहवीं शताब्दी के अन्त से मिलता है। हालाँकि ईसाइयों और अन्य यूरोपियों द्वारा मुग़ल दरबार में लकड़ी की मोहरों और अन्य मुद्रित सामग्री लाने से उनकी जागरूकता विकसित हुई और हिन्दुस्तान में कला के प्रति एक आश्चर्यजनक आकर्षण दिखाई दिया। फारसी अक्षरों के बदलते हुए टाइप के कारण भी इसे समुचित ढंग से प्रस्तुत करने की कठिनाई ने भी इसे आत्मसात करने में आंशिक कठिनाई पैदा की और यह 1796 के आसपास जर्मनी में लीथोग्राथी का आविष्कार होने तक जारी रही। इसके अतिरिक्त जैसा कि ओविंगटन ने लिखा कि पुस्तकों की नकल तैयार करने के लिए बड़े पैमाने पर सुन्दर लिखनेवालों की मौजूदगी ने भी शायद छपाई के कार्य में आंशिक रूप से बाधा उत्पन्न की।

शीशे से निर्मित वस्तुएँ

पुरातत्त्व विज्ञानियों ने 500 वर्ष ईसा पूर्व या इससे भी पहले उत्तरी हिन्दुस्तान में गाढ़े रंग के अर्धपारदर्शी शीशे के कंगन और माला को प्राप्त किया है। उस समय धूसर या गाढ़े रंग का प्रयोग होता था जबकि इसके बाद की संस्कृति शिल्प कृति में छोटे पात्र धारकों के लिए गाढ़े रंग के शीशे का प्रयोग मिलता है। गोड़े ने ग्यारहवीं सदी और इसके बाद के संस्कृत के ग्रन्थों में इस प्रकार के पात्रधारकों के सन्दर्भ का उल्लेख किया है।

बारहवीं सदी में हिन्दुस्तान और ईरान दोनों जगहों पर शीशे के बर्तनों पर मीनाकारी करने की नई पद्धति का विकास हुआ। बारहवीं और चौदहवीं सदी में सीरिया में उच्च गुणवत्ता वाली मीनाकारी से युक्त शीशे के पात्रों का उत्पादन होता था जबकि इससे पूर्व दसवीं शताब्दी में शीशे के 'चमकदार' प्याले मिस्र में उपलब्ध थे। सिन्ध के मनसूरा में (जिसे 1030 में विध्वंस कर दिया गया था) 'नीले शीशे का खूबसूरत' प्याला जिस पर सफेद या क्रीम रंग की मीनाकारी थी', यदि यह आयतित नहीं था तो यह हिन्दुस्तान में शिल्पकारी का सबसे पहला प्राप्त नमूना है। टेकचन्द बहार (1739) के अनुसार मदिरा के गिलास के अतिरिक्त *मीना* का प्रयोग स्नानागार की खिड़कियों के शीशों पर होता था जो कि लाल या पन्ना मणि के रंगों का होता था और इस कला में माहिर व्यक्ति को *मीनाकार* कहते थे।

इसके अतिरिक्त साधारण शीशे के उद्योग के बारे में हमको एक सन्दर्भ शेख़ निज़ामुद्दीन (1319) के संवादों में मिलता है, जहाँ कि एक सूफी कसराक (वर्तमान में रूहेलखंड में) का वर्णन है जो सस्ता आभूषण विक्रेता *(फुरोज*

फरोश) था, वह 'महिलाओं द्वारा पहनने वाली' चूड़ियाँ *(बांगरी)* बेचा करता था। 'बाँगरी' (जिसे कन्नड़ भाषा में *'बैले'* कहते हैं) इसे 'देशी महिलाएँ अपनी कलाई में पहनती थीं।' इसके उत्पादन के बारे में बुखानन ने 1801 में खोज की और विस्तृत विवरण पेश किया। 'चूड़ियों' के निर्माण में प्रयोग हुआ शीशा 'बहुत ही धूसर और अपारदर्शी' होता था।

इससे प्रतीत होता है कि उच्च गुणवत्ता वाले पारदर्शी शीशे का भी उत्पादन होने लगा था। *मिफ़ताहु-ल-फ़ुज़ाला* (1469) ने *ताबखाना* का वर्णन 'एक ऐसे घर के रूप में किया है जिसकी दीवार में शीशे *(शीशा-बंदी)* इस प्रकार फिट किए जाते थे कि अन्दर से बाहर की वस्तु देखी जा सकती थी और घर को गर्म करने के लिए धूप अन्दर आ सके।' पारदर्शी शीशे के बगैर यह सम्भव नहीं था। इस सफलता से अन्ततोगत्वा रेत घड़ी (Sand glass) और ऐनक दोनों का निर्माण सम्भव हो सका।

सन् 1469 के मध्य में मीर ख्वाबन्द की *रैजातूज सफा* में अफ़ग़ानिस्तान में रेत घड़ी *(शीशा-ए-साइत)* 'आवर ग्लास' (रेत घड़ी) का सन्दर्भ मिलता है, हालाँकि इससे बहुत पहले 1345 में यूरोप में इसका सन्दर्भ मिलता है। बाबर के संस्मरणों में इसे *जाम-ए-साइत* (घंटाघर) (Hour goblit) का सन्दर्भ मिलता है और शब्द *शीशा-ए-साइत* को सोलहवीं सदी के अन्त में फ़ैज़ी सरहिन्दी द्वारा लिखे शब्दकोश में स्पष्ट रूप से परिभाषित किया गया है। अकबर के शासनकाल से ही रेत घड़ी को लघुचित्रों में चित्रित किया गया है (चित्र 2.15)। यूकिओ ओहाशी ने रेत घड़ी के

चित्र 2.15 : खगोल शास्त्री के बाएँ हाथ में धूप घड़ी और सबसे दाहिने रेत घड़ी और स्टैंड पर खगोल यंत्र (जिसके सामने रखी प्लेट को गलत दर्शाया गया है), जहाँगीर के एलबम से।

बारे में इससे पूर्व के दो सन्दर्भ रामचन्द्र लिखित *यंत्र-प्रकाशा* (1428) और जनानराजा के *सुन्दरा-सिद्धान्ता* (1503) से खोजे हैं और जैसा कि एस.आर. शर्मा ने दर्शाया है कि वे शीशे के पात्र धारक थे जिसके छेद से बहुत ही बारीक बालू गिरती थी। हिन्दुस्तान में प्रयोग होने वाली रेत घड़ी का निर्माण इस प्रकार से हुआ था कि वह विशेष रूप से हिन्दुस्तानी समय की माप करती थी। जैसा कि सुजान राय (1695) और मार्शल ने 1671 में लिखा यह *घरी* 24 मिनट वाली थी (हिन्दुस्तानी समय की माप) और यह केवल देशज उत्पादन थी। यह अति महत्त्वपूर्ण है कि रेत घड़ियों को निर्मित करने की कला में शीशे को गलाने और एक नली द्वारा फूँककर बुलबुला बनाने की कला विकसित हुई और इस पर महारथ हासिल की गई।

ऐनक का आविष्कार भी यूरोप में हुआ। यूरोप में तेरहवीं शताब्दी में उत्तल लैंस का और सोलहवीं शताब्दी में अवतल लैंस का निर्माण यूरोप में हुआ। सोलहवीं शताब्दी के पूर्वार्ध में विजयानगर में गोडे ने एक मंत्री द्वारा अवतल लैंसों का चश्मा पहनने के सन्दर्भ का उल्लेख किया है। अकबर के शासन में इसे लघुचित्रों में चित्रित किया है (देखें चित्र 2.16) और अकबर का दरबारी कवि फ़ैज़ी 1593-95 के दौरान खुद शीशे की ऐनक *(ऐनक-ए-शीशा)* पर अपनी निर्भरता का वर्णन करता है। इस समय भी इन लैंसों का आयात होता था, क्योंकि जब भी मुग़ल

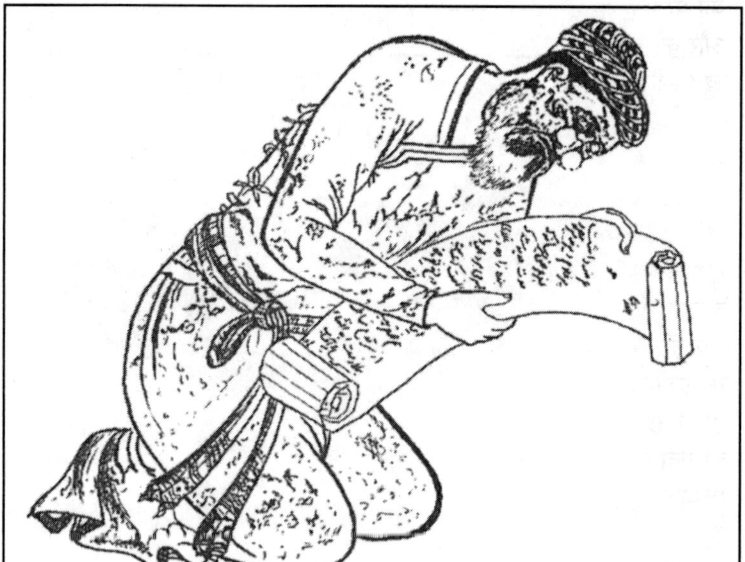

चित्र 2.16 : मीर सैय्यद द्वारा बनाया गया, ऐनक लगाए हुए चित्रकार मोर मुसाव्विर का व्यक्ति चित्र, अकबर की चित्रशाला से प्राप्त।

बादशाहों को जरूरत पड़ती यूरोपीय ऐनक उनको भेंट स्वरूप प्राप्त हो जाते। 1715 में एक मुग़ल अधिकारी की आँखों पर ऐनक फिट न होने पर खीझते हुए उसने कहा कि क्या (दिल्ली) शहर में इसका अकाल पड़ गया है। किसी भी लैंस से सन्तुष्ट न होकर उसने कहा कि इनको देश के अन्दर ही निर्मित किया जाना चाहिए और उसने उस यूरोपीय ऐनक को मँगाने को कहा जिसे वह अपने घर विलग्राम में छोड़ आया था।

सत्रहवीं शताब्दी के प्रारम्भ में यूरोप में दूरदर्शी (दूरबीन) का आविष्कार हुआ और हिन्दुस्तान में बराबर इसका आयात होता रहा है। जयसिंह की दिल्ली स्थित वेधशाला में जिस दूरबीन को 1730 में स्थापित किया गया वह विशेष रूप से यूरोप से आयात की गई थी। टेकचन्द 'बहार' ने लिखा है कि कोई भी वेधशाला के इस उपकरण की सहायता से शुक्र ग्रह की चन्द्रकलाओं (लूनर फेज) को देख सकता है।

समुचित ढंग से मिश्रण न तैयार कर पाने के कारण हिन्दुस्तान में शीशा उत्पादन प्रगति नहीं कर सका और इसका सीमित विकास ही हो सका। पारदर्शी शीशे के बड़े-बड़े पात्रों का उत्पादन नहीं हो सका; और जहाँगीर *बिल्लौर* के दो यूरोपीय पूर्णतः पारदर्शी बक्सों पर आश्चर्य व्यक्त करता है हालाँकि उसने स्फटिक (राक क्रिसटल) शब्द का प्रयोग किया है परन्तु उसका आशय शीशे से ही है। शीशे का आईना (चाँदी की परत वाला) भी यहाँ निर्मित नहीं हो सका और इसलिए आईना दुर्लभ वस्तु था और कीमती सामान के रूप में निरन्तर यूरोप से इसका आयात होता था। हिन्दुस्तानी खुद स्टील की पालिश वाला आईना अठारहवीं शताब्दी तक प्रयोग करते थे।

टेकचन्द बहार के शब्दकोश (1739) में शीशा और मीनाकारी के बारे में उपलब्ध जानकारी को उद्धरण 2.4 में एक साथ प्रस्तुत किया गया है।

चमकदार बर्तन

कुम्भकारी (मिट्टी के बर्तन बनाने के उद्योग) के उद्योग में इतने अधिक लोग कार्यरत थे कि इसकी तुलना सूती कपड़ा उद्योग से की जा सकती है। यहाँ तक कि इस उद्योग में सूती उद्योग से सम्भवतः अधिक लोग कार्यरत थे। धातु से बने बर्तनों का प्रयोग शुरू होने के साथ ही तुलनात्मक रूप से मिट्टी के बर्तनों का महत्त्व कम होने लगा परन्तु यह कहना कठिन है कि ऐसी स्थिति सल्तनत या मुग़ल साम्राज्य में ही पैदा हो गई थी। सल्तनत के समय में ही मिट्टी के बर्तनों को चमकदार और चिकना बनाने की विशेष तकनीक विकसित हुई। इस तकनीक का विकास पूर्वी भूमध्यसागरीय प्रदेशों से इस्लाम के विस्तार के साथ ही हुआ। इस प्रकार के बर्तनों पर 'एक स्पष्ट पतली चमकदार परत होती है, कभी-कभी इसके लिए टिन मिश्रित एक पतले घोल की परत चढ़ाई जाती है और कभी-कभी अपारदर्शी पदार्थ का लेप किया जाता है, इससे दूध की तरह सफेद चमकदार बर्तन तैयार होता है।' इसके

बाद अन्तिम चरण में इसे जमीन में रखकर आग से जलाया जाता है, इस प्रकार यह बिलकुल पोर्सलीन की तरह चमकदार हो जाता है और 'नकली पोर्सलीन' ही लगता है। कोसेन ने लिखा कि मंसूरा में नीले, हरे और सफेद बर्तन प्राप्त हुए थे जिनका समय दसवीं शताब्दी से पूर्व ही निर्धारित किया गया। उसी उत्खनन स्थल मंसूरा में ऐसे ही मिट्टी के बर्तनों के बारे में भी एक रिपोर्ट प्राप्त हुई है। इसके बाद देश के विभिन्न उत्खनन स्थलों से प्राप्त चमकदार पालिशवाले बर्तनों का काल निर्धारण बारहवीं शताब्दी के बाद का ही है। दिल्ली के लालकोट उत्खनन स्थल, जहाँ से पूर्व सल्तनत काल के बाद सल्तनत काल का प्रारम्भ होने के साक्ष्य हैं, वहाँ पर चमकदार बर्तनों की मौजूदगी और फिर उनकी बहुतायत दोनों के प्रमाण मिलते हैं। यहाँ पर प्राप्त चमकदार खपरैल (टाइलस) का समय केवल सल्तनत काल ही निर्धारित किया गया है।

साबुन का उत्पादन

पी.के. गोडे साबुन निर्माण का इतिहास लिखते हुए प्राचीन हिन्दुस्तानी ग्रन्थों के सन्दर्भ से बताते हैं कि उस समय सफाई या धोने का कार्य पेड़ों से प्राप्त रीठा जैसे फेनीय पदार्थों तक ही सीमित था। लवणीय मिट्टी और पशुओं की चर्बी से *साबुन* बनाने की प्रक्रिया मुसलमानों के आगमन के साथ ही आई। लैटिन शब्द *सोप* से अरबी शब्द *साबुन* बना। फ़िरोज तुग़लक के शासनकाल में साबुन का उत्पादन *(साबुन-गरी)* एक महत्त्वपूर्ण पेशा था और इस उत्पादन पर कर वसूला जाता था परन्तु बाद में (1372 से पूर्व) यह कर समाप्त कर दिया गया था। इस समय तक शीघ्र और कम लागत से कपड़ा धोने की कला स्थापित हो गई थी।

शीतलन उपकरण

हिन्दुस्तान गर्म देश है इसलिए यहाँ आवश्यकता के रूप में न भी सही तो सुविधा के लिए शीतलन उपकरणों की आवश्यकता है। धूप से बचने के लिए छाता, सिन्धु घाटी की सभ्यता में भी उपलब्ध था। एक छड़ी पर छोटे चक्र के साथ लगी कई तीलियों के साथ ऊपर लगी छत के रूप में इसकी व्याख्या की जा सकती है। प्राचीन हिन्दुस्तान में यह प्राधिकार के रूप में प्रयोग होता था : 'छत्र के मालिक' को *छत्रपति* कहते थे और यह राजपरिवार के सदस्य की उपाधि (टाइटिल) के रूप में प्रयोग होने लगा। खोलने और बन्द करनेवाला छाता मध्यकाल का महत्त्वपूर्ण विकास है। इसका सर्वप्रथम विवरण जॉन डे मैरिग नोली की एशिया यात्रा के पुनर्संग्रह (1338 53) से प्राप्त होता है। उसने 1350 में दक्षिणी हिन्दुस्तान की यात्रा के दौरान लिखा कि 'हिन्दुस्तानी लोग टैंट की तरह की एक छोटी चीज लेकर चलते हैं, धूप या वर्षा से बचाव के लिए वह इसे इच्छानुसार खोलते और बन्द करते हैं।' उसने आगे लिखा कि वे इसे 'छत्यर' *(छत्र)* कहते हैं। सन् 1516 में बारबोसा

ने इस प्रकार के छाता का प्रयोग विजयानगर में और कान्नूर (केरल) की एक घटना का वर्णन करते हुए 1526 में किया है। पुर्तगाली लेखक जोआ डी बारोस ने लिखा है कि ऐसे छाते में 'प्रयोग छड़ी पर ऊपर-नीचे करने से छाता खुलता और बन्द होता है' जब वे इसे खोलना चाहते हैं तो छड़ी पर लगे साकेट को ऊपर की ओर ढकेलते हैं और एक स्थान पर इसे नीचे आने से रोक देते हैं। इसके लिए वे छड़ी के आर-पार घेर में एक लकड़ी का टुकड़ा लगाते हैं। यह बिलकुल वैसा ही था जैसा आधुनिक छातों में होता है।

हाथ से झलने वाले पंखे की पुरातनता के बारे में तो जानकारी नहीं है, परन्तु छत से लटके हुए पंखे के बारे में प्रथम साक्ष्य *'मिफ़ताहु-ल-फ़ुज़ाला'* (1469) से मिलता है। वह इसे *बादफार* कहता है और इसका वर्णन 'एक ऐसे पंखे (हिन्दुस्तानी पंखे) के रूप में करता है जिसमें छत से बँधी रस्सियों से इसे लटका दिया जाता है और बीच में बँधी एक रस्सी से इसे आगे-पीछे खींचा जाता है और इस प्रकार इससे हवा मिलती है।'

हिन्दुस्तान में सम्पन्न लोगों के घरों में शीतलन के लिए एयर-कंडीशनर और कूलरों का प्रयोग प्रारम्भ होने से पूर्व, व्यापक रूप से घरों की खिड़कियों पर फ्रेम में फिट की हुई खस घास *(एंड्रो पोगान मुरी कटस)* को भिगोकर लगाया जाता था ताकि घर के अन्दर शीतल हवा पहुँचे। अबुल फ़ज़्ल लिखता है कि 'शीतल जल के अभाव और अत्यधिक गर्मी' के लिए हिन्दुस्तान की निन्दा की जाती थी और इसलिए अकबर ने इस शिकायत को दूर करने के लिए *खस के फ्रेमों* (खस घास से भरे फ्रेम) को लोकप्रिय बनाया। 'यह एक प्रकार की शीतल, सुगन्धित जड़ है जिसे *खस* कहते हैं। महाराजा के निर्देश से बाँस की खपाचियों के फ्रेम में इसे भरकर झोपड़ी बनाना सामान्य बात हो गई। जब इस पर पानी डाला जाता है तो लगता है गर्मी में जाड़े का मौसम आ गया हो।'

अकबर के समय से पूर्व *खस* के प्रयोग से घरों और कमरों को शीतल करने की पद्धति के प्रचलन को वास्तव में सुनिश्चित नहीं किया जा सकता। बहार ने हिन्दुस्तान का वर्णन करते हुए इसका उल्लेख नहीं किया है। टेकचन्द बहार (1739) खसखाना (खस का घर) को हिन्दुस्तान की विशिष्ट चीज के रूप में परिभाषित करता है और इसके लिए वह अनेक कविताओं की व्याख्या प्रस्तुत करता है परन्तु उसके द्वारा उद्धृत किए गए दो-तीन कवि सत्रहवीं और अठारहवीं सदी के हैं, इसलिए अबुल फ़ज़्ल का कथन कि इसकी खोज अकबर ने की थी सम्भवतः काफी हद तक सही है।

प्रशीतलन (रिफरीजरेशन) के लिए अकबर द्वारा शोरे की खोज भी काफी महत्त्वपूर्ण है। अकबर द्वारा इस पद्धति को ईजाद करने का दावा पेश करने के बारे में अबुल फ़ज़्ल विस्तार से इसका विवरण पेश करता है (उद्धरण 2.3 देखें)।

यद्यपि अबुल फ़ज़्ल ने इस खोज का ठीक-ठाक समय तो नहीं लिखा है परन्तु ठीक इसके बाद वह वर्णन करता है कि अकबर द्वारा 1585 में अपना मुख्यालय

लाहौर स्थानान्तरित करने पर वह पानी को शीतल करने के लिए बर्फ प्राप्त करने में समक्ष था। इससे पता लगता है कि 1585 से बहुत पहले जब अकबर फ़तेहपुर सीकरी और आगरा में था उसी समय शोरे की मदद से पानी को शीतल करने की खोज हो चुकी थी। इसके बाद यूरोपीय यात्रियों द्वारा किए गए अनेक वर्णनों में इसका विवरण प्राप्त होता है। इन यूरोपियों ने इस बात पर जोर देकर लिखा है कि यह प्रचलन विशेष रूप से केवल हिन्दुस्तान में ही था। यदि अकबर ने इसे 1585 से पूर्व खोजा होता तो यूरोप में प्रशीतलन (रिफरीजरेशन) के लिए प्रयुक्त रासायनिक उपकरण, जिसमें शीतलन प्रक्रिया को प्रारम्भ करने के लिए बर्फ की आवश्यकता थी, तो यह खोज निश्चय ही इससे पूर्ववर्ती है।

माप-तौल के उपकरण

हम सबसे पहले लम्बाई-चौड़ाई की साधारण माप से शुरू करेंगे। सामान्य रूप से जमीन की माप सन की रस्सी से की जाती थी, परन्तु जब यह रस्सी गीली जमीन से लगकर भीग जाती थी तो छोटी हो जाती और सूखने पर बढ़ जाती थी। सन् 1574 में अकबर ने रस्सी के स्थान पर लोहे के छल्लों से जोड़े गए बाँस के लट्ठे का प्रयोग करने का आदेश दिया ताकि इस पर नमी और धूप का प्रभाव न पड़े। भार मापने के लिए सामान्य तराजू में स्टील की डंडी का प्रयोग होता था। इसमें एक छोटी भुजा सामान तौलने के लिए और लम्बी भुजा की तरफ मानक वजन रखने के लिए होती थी (इस पर लोहे का छल्ला या हुक लगा होता था)। दूसरी भुजा पर रखी हुई वस्तु का भार, उस भुजा पर रखे छल्ले या हुक को खिसकाने पर जब मापक पट्टी सीधी रुक जाए तो भार का पता लगता था। इसे फारसी में *कप्पान* कहते थे, इसका विवरण चौदहवीं शताब्दी के क्वावास शब्दकोष में है और इसका वर्णन तथा चित्र *'मिफताहु-ल-फ़ुज़ाला'* (1433) में है। इसका वर्णन चीनी नौ निर्देशक मा हुयान (सन् 1433) ने किया है जब वह कालीकट में था और अठारहवीं शताब्दी में गुजरात के विभिन्न भागों में इसके प्रयोग की सूचना है।

हिन्दुस्तान में समय मापने की पद्धति का वर्णन करते हुए चीनी यात्री आई टिसिंग (635-713) ने बताया कि दिन के मध्यकाल को एक लकड़ी की छाया से निर्धारित किया जाता था। दिन और रात मिलाकर 16 भागों में बाँटा जाता था। इस प्रकार 16 घंटे का दिन-रात होता था। हर घंटे को चार उपभाग *घटिका* या *घरी* में विभाजित किया जाता था। इस प्रकार घरी का समय 22½ मिनट होता था परन्तु दिन-रात की बदलती स्थिति के साथ यह भी परिवर्तित होता था। जल घरी जिसे बाद में घरियाल कहा गया एक ऐसा पानी से भरा हुआ ताँबे का प्याला था जिसमें एक बहुत छोटा प्याला रखा जाता था, इस छोटे प्याले में बहुत बारीक छेद होता था जिससे बड़े प्याले का पानी काफी धीरे-धीरे छोटे प्याले में भरता था। यह छेद इस हिसाब से बना होता था कि ठीक एक *घरी* में इसमें पानी भर जाता था। चूँकि घरी

का समय सूर्योदय और सूर्यास्त के समय परिवर्तन के साथ घटता–बढ़ता था इसलिए इसी परिवर्तन के अनुसार प्याले का छेद छोटा और बड़ा किया जाता था। 'इसके लिए एक अच्छा रचनातंत्र' आवश्यक था। यह पूर्णतया अव्यावहारिक प्रतीत होता है और *अलबेरूनी* (1035) ने एक निश्चित अवधि 24 मिनट की *घरी* को मान्यता दी है।

बाबर ने बड़ी सावधानीपूर्वक घरी का समय 24 मिनट निर्धारित किया, 60 *पल* से इसकी तुलना की, जबकि 3600 पल का एक पूरा दिन और रात होता है। वह बताता है कि जल घरी के प्याले ब्रोन्ज (काँसे) *(विरंज)* के थे और हर *घरी* के अन्तराल की घोषणा काँसे का घंटा बजाकर की जाती थी। सुलतान फ़िरोज तुग़लक ने चौदहवीं शताब्दी में पूरे शहर को समय सूचित करने के लिए दिल्ली में काँसे का घंटा या *ताश घरियाल* टँगवाया। दिन के समय के अनुसार ही *घरी* की संख्या समायोजित की जाती थी। शाहजहाँ ने आगरा में दिन–रात के समयानुसार समय को 36 *घरियों* में समायोजित किया न कि 60 में, जबकि अन्य शहरों में दिन–रात के सम्पूर्ण समय के लिए भिन्न *घरियाँ* निर्धारित थीं। इनका निर्धारण मोटे तौर पर उनके द्वारा अनुमानित समय था। सभी उच्च दरबारी, अधिकारी या कुलीन सम्पन्न लोग *घरियाली* या वे लोग जो जल घरी से समय का हिसाब रखते थे उनको नौकर रखते थे। उनके घंटों या नगाड़ों की आवाज भी वही घंटा बजाने का काम करती थी जो औपनिवेशिक काल के घंटाघर करते थे।

हिन्दुस्तान में समय मापने के लिए पानी की शक्ति से या भार से चलने वाले यंत्रों की परीक्षा करने का काम शायद नहीं हुआ। जब यूरोप से दीवार घरियाँ और अन्य घरियाँ (बाद में स्प्रिंग से चालित) यहाँ आना शुरू हुईं तो यहाँ पर घरी के बारे में रुचि उत्पन्न होने लगी और लोगों को जानकारी होने लगी और फारसी में इनको *कालिद-ए-वक्त ओ सात* (समय और घंटे की कुन्जी) या केवल *वक्त ओ सात* या *घरियाल–ए–फिरंगी* (यूरोपी घरी) कहा गया। औरंगजेब के आखिरी वर्षों में (सन् 1700) उत्तरी बंगाल में तैनात एक मुग़ल अधिकारी ने इस प्रकार की *वक्त ओ सात* को सौ रुपए तक कीमत चुकाकर प्राप्त करने के लिए हुगली से पत्र व्यवहार किया। ये घरियाँ इतनी अधिक कीमती होने के बावजूद हिन्दुस्तान में इन यांत्रिक घरियों को बनाने का कोई प्रयास नहीं हुआ। यह ऐसा व्यवहार था जिसके बारे में 1690–93 में ओविंगटन ने चीन से परस्पर तुलना की। कार्डिन ने 1666–67 में इसी प्रकार घरी उत्पादन के प्रति उदासीनता ईरान में देखी।

रेत घरी के द्वारा समय मापने के सम्बन्ध में इससे पूर्व शीशे के बर्तन वाले अध्याय के उपशीर्षक को पढ़ें। संयोग से मैं यहाँ पर सही समय के लिए *घरी* का ही जिक्र कर सका हूँ।

मध्यकालीन भारत में खगोल शास्त्रियों ने सूरज और अन्य आकाशीय पिंडों की ऊँचाई जानने के लिए साधारण धूप घरी से लेकर अनेक उपकरणों यहाँ तक कि

जटिल मेघशाला तक (देखें चित्र 2.15) का प्रयोग किया। मेघशाला में एक बड़ी प्लेट (मदर) के ऊपर छोटी प्लेट होती थी जिसमें ऊपर उठा हुआ एक पहिया (रिम) होता था। उसके पीछे बीचोबीच में धातु की एक पत्ती लगी होती थी, इसे 'एलाइडाडे' कहते थे, इसका डिजाइन दो दृश्यों वाली प्लेटों में एक-एक छिद्र से देखने के लिए किया गया था। इस मेघशाला का निर्माण विभिन्न ऊँचाइयों पर इसे प्रयोग करने वालों के लिए किया गया था। अकसर इनमें से एक प्लेट पर उनके संयोजनों के साथ विभिन्न स्थानों की सूची होती थी। मदर डिस्क प्लेट पर ऊपर उठे हुए रिम पर पूरे गोले को 360 डिग्री को एकदम सही-सही विभाजित कर ऊँचाई नापने के लिए निशान लगाए गए थे। इस मेघशाला के निर्माताओं को इस रिम के विभिन्न छाया चक्रों को भी बनाना था, जहाँ पर फिर ज्यामितीय शुद्धता को सुनिश्चित करना था। ईरान ने बहुत ही शानदार मेघशाला निर्मित की, परन्तु हिन्दुस्तान में भी बहुत परिष्कृत मेघशाला का निर्माण, विशेष रूप से मुग़लकाल में लाहौर में हुआ। इसी अवधि में यूरोप ने पर्यवेक्षण के नए उपकरण विकसित कर लिए और उनकी सर्वव्यापकता ने मेघशाला निर्माण और प्रयोग के लिए आवश्यक कुशलता को तथा इसके इतिहास को विराम दे दिया।

मध्यकालीन हिन्दुस्तान में खगोल शास्त्रियों द्वारा जिस एक उपकरण का प्रयोग किया जा सकता था परन्तु सम्भवतः उसका प्रयोग नहीं हो सका वह कुतुबनुमा (मैगनेटिक कम्पास) था। मध्यकालीन हिन्दुस्तान में इसकी मौजूदगी के बारे में अध्याय 3.3 में नौकायन के बारे में चर्चा करते हुए हम इसके बारे में भी वर्णन करेंगे।

टीकाकरण और शल्यक्रिया (सर्जरी)

दवाओं के इतिहास की दृष्टि से दो प्रकार के महत्त्वपूर्ण प्रयोग मुग़लकाल में देखने को मिलते हैं। चेचक की बीमारी की रोकथाम के लिए टीकाकरण की सबसे पहली सूचना 1731 में बंगाल से प्राप्त हुई जबकि स्थानीय रूप से परम्परागत उपचार की शुरुआत करीब 150 वर्ष इससे पूर्व हुई थी। उपचार की इस प्रक्रिया में चेचक के फफोलों से एक सिरिन्ज द्वारा पस निकालकर एक मोटी सूई से खून की नसों में प्रवेश कराया गया था। इसी प्रकार की पद्धति 1717 में टर्की में प्रयुक्त हो रही थी और ऐसी ही सूचना 1839 में बलूचिस्तान और काबुल के बारे में मिलती है। इस प्रकार इस पद्धति की खोज के स्रोत हिन्दुस्तान से बाहर पाए जाते हैं परन्तु इसका इतिहास गुमनामी में दफन हो गया। इस विधि के अधिकांश प्रयोगकर्ता अशिक्षित थे। अशिक्षित होने के बावजूद वे लोग आधुनिक बायोकेमेस्ट्री, आधुनिक दवाओं की उपलब्धियों और सभी प्रकार की प्रतिरक्षण तकनीकों के अग्रदूत थे।

इसी प्रकार शल्यक्रिया (सर्जरी) करने वालों को **प्लास्टिक सर्जरी** के अग्रदूत होने का दावा किया जा सकता है। निकोलस मानुसी ने 1686 में दमिश्क (Deccan)

से लिखा कि बदला लेने या दोषी को सजा देने के लिए हिन्दुस्तान में प्रचलित नाक काटने की कुप्रथा ने हिन्दुस्तान में 'सर्जनों' की एक प्रजाति को ही पैदा कर दिया। वे लोग कम से कम आंशिक रूप से ही सही परन्तु कटी नाक को जोड़ देते थे और इसके लिए निम्न प्रक्रिया इस्तेमाल करते थे।

- वे पीड़ित व्यक्ति की पलकों के ऊपर माथे से कुछ खाल काटकर निकालते और इसे नाक के घाव के ऊपर इस प्रकार मोड़कर डालते कि ताजा घाव की परत इस ताजा खाल के साथ मिल जाए। इसके बाद घाव भरने की प्रक्रिया के द्वारा घाव भरते और इस प्रकार पीड़ित की त्रुटिपूर्ण नाक तैयार हो जाती। भौंहों के ऊपर माथे में खाल को मोड़ने के कारण एक छेद हो जाता...।

उन्नीसवीं शताब्दी में हिमाचल प्रदेश का कांगड़ा स्थान इस प्रकार की सर्जरी के लिए प्रसिद्ध केन्द्र बन गया था और स्थानीय स्तर पर इस तरह की सर्जरी की परम्परा के साक्ष्य अकबर के शासनकाल में ही मिलते हैं।

प्रकाश / रोशनी

सामान्य रूप से मशाल और लैम्प जलाने के लिए आग जलाने का तरीका चकमक पत्थरों को आपस में रगड़कर आग तैयार करने (या चट्टान के पथरीले टुकड़ों को धूप में रखने) और उसी के पास आधी जली झाड़ी या घास या आधा जला हुआ कपड़े का टुकड़ा ऐसे ज्वलनशील पदार्थ को रखा जाता था ताकि पत्थर से उत्पन्न होने वाली चिंगारी या गर्मी से आग पकड़ ले (*मिफ़ताहु-ल-फ़ुज़ाला,* 1469) टेकचन्द बहार (1739) भी एक लकड़ी की नोक पर गलाया हुआ गन्धक लगाकार निर्मित माचिस की तीली का वर्णन करते हैं, जिसे हिन्दुस्तानी भाषा में दियासलाई कहा जाता था, आज माचिस की तीली को इसी नाम से जाना जाता है। इस प्रकार की गंधक युक्त माचिस सम्भवतः यूरोप से प्राप्त हुई, जहाँ बहुत पहले से (सोलहवीं सदी में इंगलैंड में) इसका प्रयोग होता था।

सामान्य रूप से *मशालों* से रोशनी की जाती थी। एक धातु की छड़ में एक तरफ पुराने फटे कपड़ों को लपेटकर बत्ती बनाकर जलाया जाता था और दूसरी तरफ पकड़ने के लिए लकड़ी का हत्था लगा रहता था, इसे ही मशाल कहते थे। मशाल को ले जानेवाले को मशालची कहा जाता था। मशालची जलती हुई मशाल लेकर चलते थे। उनके साथ एक आदमी पतली गर्दन वाली तेल से भरी बोतल लेकर चलता था। वह समय-समय पर मशाल पर तेल डालता रहता था। रोशनी के लिए हिन्दुस्तान में प्रयोग होने वाले इस प्रचलित तरीके को बाबर ने एक गन्दा तरीका कहा। उसने लिखा कि 'बड़े सम्पन्न लोग' इस प्रकार के अनेक मशालचियों (टार्च बियरर) नौकर रखते थे और जब कभी भी रात को उन्हें काम होता था तो मशालों के साथ मशालची खड़े रहते थे परन्तु रोशनी के लिए मोमबत्तियों *(शमा)* का भी प्रयोग होता

था; धातु के भारी-भारी स्टैंडों पर पिघलाए हुए मोम की खम्भेनुमा मोमबत्तियाँ बनवाने के लिए अबुल फ़ज़ल, अकबर को श्रेय देता है। शाहजहाँ के पुस्तकालय के लिए तैयार की गई *'बादशाहनामा'* की पांडुलिपि (जो आज इंगलैंड में विंडसर कैसेल में है) की पेंटिंग में मोमबत्तियाँ को हवा से बचाने के लिए शीशे की बोतलों में रखा चित्रित किया गया है। उस समय सार्वजनिक स्थानों पर रोशनी उपलब्ध कराने की कोई आवश्यकता या विचार नहीं था। बर्नियर (1663) ने दिल्ली में सड़क पर जलनेवाले लैम्पों के न जलने पर टिप्पणी की है जबकि पेरिस में हर मौसम में सड़क पर इन लैम्पों को जलाया जाता था।

तालिका 2.7 कालानुक्रम

मंसूरा (सिन्ध) में प्राप्त कागज	ई. 1000
दमिश्क स्टील की उत्पादन क्रिया का प्रथम वर्णन (फरवर-ए-मुदाब्बिर)	ई. 1220
जवार में आसवन विधि से जस्ते का विलगन	ई. 1250
चरखा: भारत में सर्वप्रथम उद्धृत (इसामी)	ई. 1350
खुलने-बन्द होने वाला छाता, दक्षिण भारत से प्राप्त प्रथम सूचना	ई. 1350
दिल्ली में साबुन उत्पादन की सूचना *(सीरते फ़िरोजशाही)*	ई. 1372
रेत घरी, प्रथम भारतीय सन्दर्भ (रामचन्द्र, *यंत्र प्रकाशम*)	ई. 1429
लूम में पैन्डल का प्रयोग, लोहे की कर्षण प्लेट *(मिफ़ताहु-ल-फ़ुज़ाला)*	ई. 1469
सिलिंडर और पिस्टन वाला सिरिन्ज : सर्वप्रथम उद्धृत (मानसीरते)	ई. 1580
शोरे द्वारा प्रशीतलन (रेफरीजरेशन) अकबर से पूर्व	ई. 1585
धातु को जोड़ने में ग्रूवड स्क्रू का प्रयोग (थिवेनाट)	ई. 1616
टेकचन्द बहार का *'बहार-ए-आजम'*, तकनीकी शब्दों का विवरण प्रस्तुत करने के लिए कवियों के दृष्टान्तों का स्रोत	ई. 1739

उद्धरण 2.1

रुई तैयार करने के मुख्य चरण : परशियन (फारसी) शीशा, अठारहवीं शताब्दी के अन्त में

जब कपास की फसल पक जाती है, किसान प्रातः और सायंकाल अपने खेतों में जाकर कपास (रुई) को एकत्र करते हैं। रुई के सूख जाने पर रोलर जिन *(चरखी)* द्वारा इसके बीजों को अलग किया जाता है *(हलाजी)*। इसके बाद इसे धुनिया *(नदाफ)* को दे दिया जाता है परन्तु कुछ कपास महिलाएँ स्वयं साफ करती हैं। इसके बाद वे इसे चरखे पर कातती हैं और धागा तैयार करती हैं। अपनी युक्ति के अनुसार वे इस धागे को बुनकर को दे देती हैं और बदले में धागे

के वजन के अनुसार निर्धारित कपड़ा उनको मिल जाता है। इस प्रकार कपड़े की बुनाई होती है।

नोट—यह लेखांश (पैसेज) ब्रिटिश लाइब्रेरी एम एस : एडिशनल 19,503, एफ, 52 बी के अनेक रिपोर्टों से लिया गया है। अनुवाद हमारा है।

उद्धरण 2.2

तेरहवीं शताब्दी के प्रारम्भ में कच्छ में दमिश्क स्टील की तलवार का उत्पादन :

हिन्दुस्तान के अतिरिक्त किसी भी देश में तलवारों को *परालक, ताराउता, रोहिना* (स्टील) और *मौज-दरया* (दमिश्की) के नाम से नहीं जाना जाता और शुद्ध धातु से निर्मित होने के कारण ये तलवारें अन्य तलवारों की तुलना में अधिक धारदार होती थीं। हिन्दुस्तान में एक प्रकार की और तलवार होती थी जिसे *बाना* कहते थे। इसे अति कुशल लोहारों द्वारा *नरम आहन* (नरम लोहे) (ढलवाँ लोहे-राट आइरन), ताँबा और चाँदी से तैयार किया जाता था। इसमें चाँदी होने के कारण दमिश्क की मुहर (फराख गौहर) मिलती है। यदि किसी को इस तलवार से घाव लग जाए तो शायद ही कभी वह घाव ठीक हो... । हिन्दुस्तान में सिन्ध नदी के किनारे कादूर (?) में एक किला है जिसे कोरिज (Korij) कहते हैं। वहाँ पर रहने वाले लोहार इस कला में माहिर हैं। एक लोहार जो ऐसी तलवार निर्मित करना चाहता है वह स्टील्ड लोहे की दो सलाखों *(आहने-फौलाद)* को लेता है। इसके बाद वह दोनों सलाखों को एक को अपने दाएँ तरफ और दूसरे को बाएँ तरफ रखकर उच्च ताप पर गर्म करता है, तब वह इन दोनों सलाखों को जलते हुए चारकोल (गुल) में रखता है, इन दोनों सलाखों को एक-दूसरे पर रखकर दिन-रात धौंकनी से आग जलाकर पिघलाया जाता है, दोनों बिलकुल एक-दूसरे में मिल जाती हैं। तब इस कठोर पदार्थ को चारकोल से बाहर निकाला जाता है। इसे तलवार के रूप में तैयार किया जाता है। जब इस पर धार रखी जाती है और इसे विनगर (दारु) से पानी चढ़ाया जाता है, दमिश्क की मुहर (गौहर) लगाई जाती है। यह मुहर खजूर की पत्तियों की तरह होती है। इस प्रकार निर्मित तलवार पूर्णतः देशी तरीके से तैयार की जाती है और अप्राप्त है। सभी राना (या रांकाज) और ठाकुर (स्थानीय राजा) और आदिवासी इसे रखना चाहते हैं। यह हमला करने और काटने में भली प्रकार प्रयोग होती है।

(फखरा-ए-मुदाब्बिर के *अदाबुल हरब वासु सूजात,* अहमद सुहेली रव्वानसारी द्वारा सम्पादित, तेहरान, सोलार 1346/1967 पृ-259-60)

उद्धरण 2.3

आगरा में स्वर्णकारी 1666

आगरा में स्वर्णकार गोमेद (अकीक) तथा अन्य मणियों तथा नगों पर इस प्रकार से काम करते हैं कि हमारे यहाँ के (यूरोपीयन) जौहरी नहीं कर सकते। जब भारतीय

स्वर्णकार अपने पात्रों—कप, प्याले आदि को सजाते हैं तो वे इन पर विभिन्न तरह के फूल-पत्तियों की नक्काशी बनाते हैं और इनमें सोना और विभिन्न प्रकार के पत्थरों को जड़ते हैं। वे बीच की दूरी को भरने के लिए एक-दूसरे के ऊपर पत्तियाँ बनाते हैं और इस प्रकार वे बड़ी कुशलता से बारीक गढ़ाई करने वाले एक लोहे के यंत्र के द्वारा खाली स्थानों को भरते हैं। इस प्रकार यह खाली स्थान भर जाने के बाद ठोस सोना की तरह प्रतीत होते हैं। इसी प्रकार का बारीक कार्य वे मणियों और नगों पर भी करते हैं। वे इन पर इस प्रकार की सोने की महीन पत्तियाँ बनाकर जड़ देते हैं कि वह नग मजबूती से लगा रहता है।

वे लम्बी गर्दनवाले सुराही जैसे मुँहदार बर्तनों के मुँह के पास या उनके मध्य भाग में बहुत बारीक सोने के तार लपेटते हैं। इन्हें तैयार करने के लिए वे निहायी पर सोने को पीट-पीटकर बिलकुल बारीक पत्ती के रूप में तैयार करते हैं। इसके बाद जिस बर्तन पर उन्हें यह पत्ती लगानी है उसकी एकदम सही नाप लेते हैं। दोनों तरफ से मोड़कर फिर एक जगह पर दोनों सिरों को टाँका लगाकर जोड़ देते हैं। इस प्रकार यह मजबूती से उस पर जम जाता है। यदि इस बर्तन में हैंडिल लगाना आवश्यक हुआ तो वे गोमेद या अन्य मणियों को इस हैंडिल पर जड़ देते हैं और इस हैंडिल को बड़ी कुशलता के साथ उस पर टाँका लगाकर जोड़ देते हैं। वे इस काम को यूरोपीय स्वर्णकारों की तुलना में भिन्न प्रकार से करते हैं। इस काम के लिए वे एक छोटे लाल और काले मुँहवाले मणि का प्रयोग करते हैं। इसे भारतीय भाषा में धुंधची कहते हैं और तेलंगी भाषा में *धुरधुंडे* (*अबरुआ प्रीकेटोरियस*—सम्पादक)। वे सूखी और कठोर छाल को निकालते हैं और इस मणि के अन्दर का पीला पदार्थ लोहे की प्लेट पर थोड़े से पानी के साथ घिसते हैं और इस प्रकार से एक तरल मिश्रण तैयार हो जाता है। इसके बाद थोड़ा सा सुहागा मिलाते हैं और फिर जोड़नेवाले सिरों को इसमें डुबाते हैं और जलते हुए कोयले से गर्म कर इसे जोड़ देते हैं। इस प्रकार यह मजबूती से जुड़ जाता है।

यह कार्य बहुत ही गरीब लोगों और कभी-कभी छोटे लड़कों द्वारा बड़ी कुशलता के साथ तेजी से किया जाता है। एक तोला सोने के तारों को जोड़ने के लिए दो क्राउन (ब्रिटिश सिक्का) दिए जाते हैं और साथ ही साथ इस सोने की सलाख को पीटने के लिए उपकरण भी दिया जाता है। यद्यपि इन लोगों को सोने पर मीनाकारी करने का हुनर नहीं आता। (जीन डे दिवीनाट के 'रिलेशन डि हिन्दुस्तान, सोलह सौ छियासठ-सरसठ' से ए. लावेल का अंग्रेजी अनुवाद 1687, एस.एन. सेन सम्पादित *दि इंडियन ट्रेवेल्स ऑफ डिवीनाट एंड कैरेरी,* नई दिल्ली 1949, पृष्ठ 55-56 में पुनः मुद्रित

नोट—पुराने अनुवाद के स्पेलिंग में कुछ जगह पर सुधार किया गया है और 'कोल' के स्थान पर 'चारकोल' का अर्थ समझें।

उद्धरण 2.4

शीशे के बारे में : टेकचन्द बहार के शब्दकोश 1739 की प्रविष्टियों के अनुसार

संग-ए-शीशा (ग्लास स्टोन) : एक प्रकार का पत्थर जिसे पीसकर और गलाकर शीशा बनाया जाता है...।

शीशा (ग्लास) : इससे निर्मित बहु प्रचलित वस्तुएँ—शराब की बोतलें, गुलाबजल की बोतलें आदि हैं।

रेखता-गर (धातु गलाने वाला—स्मेलटर) : वह व्यक्ति जो पीतल, शीशा या इसी प्रकार की वस्तु को गलाता है और फिर ढालकर बर्तन निर्मित करता है।

संग-ए-बरकान (बरकान पत्थर) : एक बहुत ही मुलायम और गलने वाला पत्थर, जिसकी मदद से शीशा बनाने वाले शीशे को साफ करते हैं। इसे बरकान का रंग कहते हैं। बरकान शिराज में एक गाँव का नाम है जहाँ पर इस पत्थर की खान पाई जाती है।

जाम (गोबलेट) : रंगीन शीशा जिसे स्नानघर की खिड़कियों में लगाया जाता है। इसे 'मिरर गोबलेट' *(आइना-ए-जाम)* और 'फ्लावर गोबलेट' *(गुल-जाम)* कहा जाता है।

आईना, आऐना (मिरर) : सम्भवतः यह शब्द आहन या आइरन (लोहा) से बना है जो गिलान की भाषा है क्योंकि उन्होंने बुनियादी रूप से लोहे से ही आईना (मिरर) बनाया था। आईने का पहला रूप *आईन* से अर्थ रखता है जिसका अर्थ सजाना या आभूषित करना आदि है।

सिमाब-ए-कुशता (शोधित पारा) : यह पारा है जिसे राख बना दिया गया है, पारे का मिश्रण बनाकर शीशे के ऊपर परत चढ़ाई जाती है, ठीक उसी प्रकार जैसे भारत में बर्तन पर कलई चढ़ाई जाती है।

मीना (रंग चढ़ाना) : जिन बोतलों में शराब, गुलाबजल या गुलदस्ते आदि रखे जाते हैं (वह शीशा) यह पन्ना, गोमेद, मूँगा आदि के रंग से मिलते-जुलते हैं। यह शीशा स्नानघर आदि की खिड़कियों पर भी लगाया जाता है। इसे वे फ्लावर गोबलेट *(गुलजाम)* कहते हैं। यह एक रंग भी है जो रंगीन शीशे में इस्तेमाल होता है जिसे यूरोप *(फिरंगिस्तान)* से लाया गया था। इसे गलाकर सोने-चाँदी और ताँबे के बर्तनों पर लगाया जाता है जिनके ऊपर पहले से ही बारीक कशीदाकारी की गई होती है। इस प्रकार यह रंग उन खाँचों में भर जाता है।

ऐनक (स्पेक्टिकिल) : एक वस्तु जो कि शीशे के टुकड़ों से बनी होती है, जो आँख के सामने नाक पर लगाई जाती है।

दूरबीन (टेलिस्कोप) दूरदर्शी : यह एक प्रकार की ऐनक ही है जिससे दूर की चीज आसानी से देखी जा सकती है। यह एक प्रकार का यंत्र है जिसे समुद्री जहाज का कप्तान दूर की चीजें देखने के लिए प्रयोग करता है और इससे दूर की सैनिक

टुकड़ियों को भी देखा जा सकता है। (टेकचन्द बहार द्वारा *'बहार-ए-अजाम'*, दिल्ली में 1739 संकलित)।

नोट—टेकचन्द बहार के शब्दकोश के अनेक संस्करण प्रकाशित हुए हैं परन्तु सभी शब्द मजबूती से वर्ण क्रमानुसार रखे गए हैं इसलिए ऊपर लिखित शब्दों को उनके किसी भी शब्दकोश में देखा जा सकता है। शब्दकोश में हर शब्द के अन्त में उद्धृत कविताओं को यहाँ पर हटा दिया गया है।

उद्धरण 2.5

अकबर द्वारा शोरे के प्रयोग से शीतलक (रिफ्रिजरेशन) की खोज अबुल फ़ज़ल का वर्णन :

शहंशाह की दूरदर्शितापूर्ण बुद्धिमानी से शोरे जैसी वस्तु जो कि बारूद में प्रयोग कर तूफान मचा देती थी, उसी के प्रयोग से पानी को ठंडा करने की विधि ईजाद हुई। इससे गरीब और अमीर सब खुश हो गए। यह एक प्रकार की लवणीय मिट्टी है, इसे एक छेददार बर्तन में रखकर उस पर पानी छिड़का जाता है। इस बर्तन से जो भी बूँदें मिट्टी से अलग हो जाती हैं उनके दाने बनाए जाते हैं (बारबंदांद)। जस्ता या चाँदी की बनी बोतल में एक *सेर* पानी भरा जाता है। इसका मुँह बन्द कर दिया जाता है। एक बर्तन में ढाई सेर शोरा और पाँच सेर पानी मिलाया जाता है। इस पानी में बन्द बोतल को आधा घड़ी *(बारह मिनट)* तक घुमाया जाता है। बोतल में बन्द पानी अति शीतल हो जाता है। यह पानी एक रुपए में पौने *मन* (¾ मन) से चार *मन* तक मिलता था।

(एच. बलोचमान द्वारा सम्पादित अबुल फजल के *'आईन-ए-अकबरी'* से पृष्ठ51)

नोट—इस अंश का अनुदान हमारा है यद्यपि बलोचमान का अनुवाद भी ठीक है। अकबर के समय में एक मन का भार 25 किलोग्राम से थोड़ा सा अधिक था और एक *मन* में 40 *सेर* होते थे।

नोट—2.1 : प्रौद्योगिकी के इतिहास के लिए स्रोत

पुरातत्त्व विज्ञान

अतीत की प्रौद्योगिकी के स्रोतों के रूप में उस समय के औजारों, मशीनों और उनके उत्पादों के अवशेषों को प्रत्यक्ष साक्ष्य समझा जाना चाहिए। इनको प्रारम्भिक स्रोत के रूप में समझना चाहिए। यद्यपि हमारे पूर्व आधुनिककाल में पाए जाने वाले अवशेष अधिकांशत: पत्थर, मिट्टी, लवण और विशेष रूप से धातु ऐसे अकार्बनिक वस्तुएँ हैं। कार्बनिक तत्त्व वाली वस्तुएँ जैसे कपास, कपड़े और कागज आदि को यदि बहुत सावधानीपूर्वक न रखा जाए तो स्वाभाविक रूप से इनमें क्षरण होता है या बर्बाद हो जाती हैं। विशेष रूप से बहुत ही खुश्क या अति ठंडे इलाके में।

इस बात पर बहुत अधिक जोर देने की आवश्यकता नहीं है कि प्रौद्योगिकी काल के यंत्रों के बारे में जानकारी पाषाण युग से मिलती है यद्यपि प्रगैतिहासिक

मनुष्य ने सींग, हड्डियों, लकड़ी के डंडों और बाँस का प्रयोग किया होगा परन्तु सांस्कृतिक विकास के साथ अनेकानेक उत्पादों का विकास हुआ और हमें धातु के औजार और आभूषण प्राप्त हुए। हमें ज्ञात है कि सिन्धु घाटी सभ्यता में काँसे की कुल्हाड़ी का प्रयोग होता था परन्तु यह कुल्हाड़ी लकड़ी के हत्थे में फिट की जाती थी परन्तु कुल्हाड़ी के बीच छेद कर उसमें लकड़ी का हत्था लगाने की तकनीक बाद में ही ईजाद हुई। इसके सर्वप्रथम अवशेष हिन्दुस्तान में ही मिलते हैं। पुरातात्विक अवशेषों में केवल औजार और आभूषण ही नहीं मिलते। हड़प्पा में प्राप्त बैलगाड़ी की लीक से पता लगता है कि वह कम चौड़ाई (1.07 मीटर) की थी, अतः सिन्धु घाटी में प्रयोग की गई बैलगाड़ी ईसा पूर्व 3000 साल की है। लघुचित्रों में बनाए गए खिलौने और औजार (यंत्र), यातायात के साधन भी समकालीन होते हैं, इसलिए सिन्धु घाटी सभ्यता की बैलगाड़ी और हल के बारे में भी हमारी जानकारी मिट्टी और काँसे के खिलौनों से प्राप्त होती है। इसी प्रकार मध्यकाल में गारे (मसाला) से बनी इमारतें, बाँध, कृत्रिम जल सेतु, पुल, नील के टैंक (तालाब) इत्यादि के अवशेष भी तत्कालीन निर्माण की पद्धति उसकी मजबूती और उसकी कमजोरी या कमी के भी प्रमाण हैं।

ऐतिहासिक साक्ष्यों के सम्बन्ध में निष्कर्ष निकालते हुए आंशिक अवशेषों की भली प्रकार जाँच करनी चाहिए। आइए, पानी निकालने की दो वास्तविक विधियों की जाँच करें। सिन्धु घाटी में एक स्थान पर कुएँ के ऊपर आगे बढ़ा हुआ पत्थर मिला है। इससे यह निष्कर्ष निकालना सही नहीं है कि वहाँ गरारी का इस्तेमाल हुआ होगा। जब एक व्यक्ति रस्सी द्वारा कुएँ से सीधे पानी निकालता है उस समय भी आगे बढ़ा हुआ पत्थर उसके लिए पानी के पात्र (घड़ा) को ऊपर खींचने और उसे पत्थर पर रखने के लिए सुविधाजनक होता है। मार्शल ने तक्षशिला के 'छोटे नाशपाती के आकार के' बर्तनों को पाया, यह वैसे ही हैं जैसे कि आजकल रहट के ऊपर चलने वाले घड़े परन्तु मार्शल इस बात का दावा पेश करने के लिए सावधान था कि उस समय रहट का प्रयोग होता था। यदि उन घड़ों का आकार रस्सी बाँधने लायक था तो उन घड़ों को रहट के पहिए के स्पोकों के साथ या फिर पहिए पर घड़ों की माला बनाकर डाला जा सकता था परन्तु इससे यह सिद्ध नहीं होता कि वह यंत्र गियर से चलने वाले रहट की तरह का था।

मूर्तिकला, चट्टानों के भित्तचित्र और पेंटिंग से हमको विभिन्न प्रकार के औजारों, उपकरणों, शस्त्रों आदि के इतिहास के बारे में काफी सहायता मिलती है। रकाब के इतिहास के बारे में घुड़सवारों की मूर्तियों का मूल्यांकन करते हुए हमें ईसा पूर्व 200 वर्ष का इतिहास मिलता है। अजन्ता की एक पेंटिंग में हमें कपास से बीज निकालने का पहला चित्र (ईसवी 550) मिलता है। सोलहवीं सदी के बाद मुग़ल और अन्य पेंटिंग से महत्त्वपूर्ण जानकारी मिलती है। इन दस्तावेजों को परिश्रमपूर्वक संग्रह करने की आवश्यकता है, हालाँकि इससे पूर्व के *(मिफ़ताहु–*

ल-फ़ुज़ाला) की पांडुलिपि (1469) के विवरणों को भी ध्यान से समझना चाहिए (नीचे देखें)।

मध्यकाल के बारे में यह सही है कि प्रौद्योगिकी के बारे में अधिकांश सूचनाएँ **लिखित सामग्री** से ही प्राप्त हैं। इनमें मध्यकालीन दक्षिण भारत से प्राप्त *शिलालेख* बहुतायत हैं और हमको तालाबों, उनके जल कपाट, नहरों, उनकी मरम्मत और देखरेख के बारे में महत्त्वपूर्ण सूचनाएँ प्रदान करते हैं।

हालाँकि यह कागजों पर सुरक्षित परम्परागत सामग्री है जिसे प्राचीन पांडुलिपियों से नकल कर अनुदित कर सुरक्षित किया गया है। यह हमारे लिए सूचना का विशाल संग्रहालय है जिसके जरिए हम प्रौद्योगिकी के प्रयोग और परिवर्तन के बारे में अपनी समझ को पुनर्निर्मित कर सकते हैं।

इस प्रकार की लिखित सामग्री से प्रौद्योगिकीय प्रयोग, यंत्रों, उपकरणों और औजारों के बारे में हमको विशिष्ट सामग्री प्राप्त होती है, जिसके अध्ययन से प्रौद्योगिकी इतिहास के बारे में कम से कम मुख्य दिशा के तो पुनर्निमित करने की दिशा को तो निर्धारित किया ही जा सकता है। हालाँकि इस बात को महत्त्व दिया जाना चाहिए कि प्राचीन और मध्यकालीन भारत से प्राप्त ऐसी विशेष पुस्तकें व पांडुलिपियाँ बहुत कम संख्या में हैं और जो उपलब्ध भी हैं उनकी वैज्ञानिक गुणवत्ता नहीं है, यह निराशाजनक है कि, प्रथम शताब्दी में हुए, मरकस विट्रूवियस ऐसा कोई भी व्यक्ति हिन्दुस्तान में नहीं है। इसी प्रकार यूरोप के लियोनारडो दविन्सी (निधन 1519) या जोर्जियस एग्रीकोला (निधन 1555), चीन के कृषि के बारे में जैसिकी (533-34) या अरबी में यंत्रों के बारे में इब्नअल-रजाज अल-जजीरा (1206) है। इसकी तुलना में संस्कृत में उपलब्ध भोज का *समरंगना सूत्रधार* (11वीं शताब्दी) उपलब्ध है परन्तु इसमें वर्णित उपकरण काफी सजावटी हैं और उनका प्रयोग रासायनिक सिद्धान्तों पर आधारित था और वह पूर्णत: अस्पष्ट और अन्धकार में है। भारत में किए गए सीमित कार्यों का विवरण अमानुल्ला हुसेनी द्वारा फारसी में किया गया कार्य (ईसवी 1625) उल्लेखनीय है। इसमें बहुत अधिक सामग्री ईरानी ग्रन्थों से ली गई है और यत्र-तत्र भारत की फसलों और भारत के बारे में थोड़ा-बहुत लिखा गया है।

फारसी शब्दकोश की एक ऐसी श्रेणी है जिसमें यांत्रिक उपकरणों पर ध्यान दिया गया है और प्रौद्योगिकी पर किए गए कार्य के अभाव की पूर्ति एक हद तक इससे होती है, इस दृष्टिकोण से (1469) में मालवा में लिखा गया मोहम्मद शादयावादी का *मिफ़ताहु-ल-फ़ुज़ाला* शब्दकोश है। इस ग्रन्थ में प्रतिदिन प्रयोग होने वाली वस्तुओं के बारे में फारसी कवियों की रचनाओं के जरिए व्याख्या की गई है और इस प्रकार अनेक यंत्रों और प्रौद्योगिकी उपकरणों का वर्णन है, अकसर ही हिन्दुस्तानी (हिन्दवी) शब्दों को भी लिखा गया है। इसकी अद्वितीय पांडुलिपि ब्रिटिश लाइब्रेरी लन्दन (3299) में दी गई। इसमें दैनिक प्रयोग वाले उपकरणों यंत्रों और सामानों का वर्णन है। इसमें चरखा, पैर से चलानेवाला लूम का चित्र और वर्णन दोनों उल्लिखित हैं।

अन्य शब्दकोशों में टेकचन्द बहार का *'बहार-ए-आजम'* (1739) भी काफी समृद्ध शब्दकोश है। बहार द्वारा अपने शब्दकोश में यंत्रों के सम्बन्ध में परिभाषाएँ पेश करने के लिए दिए गए उद्धरण (सभी मामलों में कवियों की कविताओं से) हमारे लिए इस शब्दकोश का महत्त्व बढ़ा देते हैं (देखें उदाहरण, उद्धरण 2.4)।

प्रौद्योगिकीय सामग्री के सम्बन्ध में कुछ अन्य लेखकों ने भी लिखा है। इसमें से दो का विशेष रूप से उल्लेख किया जा सकता है। *शीरते फ़िरोजशाही* 1371 का अकेला लेखक फ़िरोज तुग़लक अशोक स्तम्भ को दिल्ली लाने के बारे में इतनी रुचि रखता था कि उसने अपने ग्रन्थ में इस स्तम्भ को लाने का चित्र सहित विस्तृत विवरण पेश किया है। उसने इस पूरी यात्रा के विभिन्न चरणों का वर्णन किया है। इससे भी अधिक रुचि रखने वाला व्यक्ति अबुल फ़ज़ल था जिसने *आइन-ए-अकबरी* में अकबर के दरबार, साम्राज्य और हिन्दुस्तानी संस्कृति का विस्तृत वर्णन किया है (1595)। इस ग्रन्थ में हमें धातु के आसवन (उद्धरण 1.3), सिक्का ढालने, बन्दूक बनाने (उद्धरण 1.3) और प्रौद्योगिकी सम्बन्धी अनेक जानकारियों और अकबर द्वारा शीतलन तथा कार्टमिल (गाड़ी चक्की) की खोज के बारे में विवरण मिलते हैं।

इन स्रोतों के अतिरिक्त अनेक प्रकार का साहित्यिक कार्य, कविता, कहानी, पत्र और अन्य दस्तावेज फारसी तथा विभिन्न भारतीय भाषाओं में मिलते हैं परन्तु इस सामग्री के अम्बार से हम लोगों के दृष्टिकोण से बहुत कम ही चीजें प्राप्त हुई हैं परन्तु फिर भी 1350 तक चरखे के बारे में इस्लाम के अन्धकार और बाबर द्वारा उत्तर पश्चिमी भारत में पानी निकालने (उद्धरण 1.1) की विशिष्ट सूचना अचानक ही मिलती है। बहुत से मामलों में हमको मिलने वाली सूचनाएँ विभिन्न सन्दर्भों में प्रयुक्त शब्दों से मिलती हैं परन्तु इससे भी कुछ अन्तराल (गैप) भर जाता है या नए प्रश्न उठ खड़े होते हैं।

हमेशा की तरह मूल पाठ सम्बन्धी स्रोतों की व्याख्या करते हुए हमें सावधानी बरतनी चाहिए। यदि शब्दों की सार वस्तु बदल जाती है तो वे चीजें भी बदल जाती हैं जिसके लिए वह शब्द इस्तेमाल हुआ है। हमने देखा है कि *अरघट्टा* जिसका शाब्दिक अर्थ स्पोकों के ऊपर घड़ा और इस प्रकार एक रहट होता था, यह समय परिवर्तित होने के साथ घड़े की माला वाले पहिए और उसके बाद गियर युक्त रहट में बदल गया। इसे हम *अरहट या रहट* के रूप में वर्णन करते हैं। इसी प्रकार उन्नीसवीं सदी के एक अनुवादक ने नर-ओ-मादगी (नर और मादा जोड़-मेल एंड फीमेल ज्वाइन्ट) का अनुवाद किया। इसे 'स्क्रू और नट' कहा। वह इसे सही समझ रहा था परन्तु तत्कालीन हिन्दुस्तानी यांत्रिकता के प्रयोग को 16वीं सदी में गलत ढंग से प्रस्तुत कर रहा था जबकि उस समय हिन्दुस्तान में स्क्रू और नट की कोई जानकारी नहीं थी। ऐसे मामलों में पूर्ववर्ती सन्दर्भ और संभावित वैकल्पिक व्याख्या को हमेशा दिमाग में रखना चाहिए।

मध्यकाल के चीनी और अरबी स्रोतों में मध्यकाल के प्रौद्योगिकीय प्रयोग के बारे में हिन्दुस्तान से सम्बन्धित अनेक अनुल्लेखनीय सन्दर्भ मौजूद हैं। 1290 दशक के प्रारम्भ में मार्को पोलो की दक्षिण भारत की समुद्री यात्रा के समय से अनेक यूरोपीय यात्री आए जिनके यात्रा वृत्तान्त उपलब्ध हैं। 1498 में भारत ने पुर्तगालियों के आगमन के बाद भारत में अनेक पुर्तगाली, डच, इंगलिश, फ्रान्सिसी यात्रियों के अतिरिक्त अनेक यूरोपीय देशों के यात्री भारत आए और अपनी डायरियाँ, रिपोर्ट और संस्मरण छोड़ गए। इन स्रोतों से हमें बड़े पैमाने पर उत्पादन प्रक्रिया से सम्बन्धित अनेक जानकारियाँ मिलती हैं। यहाँ पर तत्कालीन डच यात्री पेलसारट (Pelsaert) का नील उत्पादन सम्बन्धी आगरा के पास वायना में उत्पादन का विवरण जो कि उसके संस्मरणों में लिखा है, सामने आता है या फिर फ्रांसीसी यात्री दिवेनाट द्वारा हिन्दुस्तानी लोहारों द्वारा 1666 में स्क्रू सम्बन्धी विवरण सामने आता है।

अन्त में हमारे सामने 18वीं सदी से ब्रिटिश रिपोर्टें (सरकारी) हैं जिनमें देशी तकनीक के बारे में विस्तृत विवरण हैं। इनमें से श्रेष्ठ रिपोर्ट फ्रांसीस बुखानन की है जो उन्होंने 1800–01 के बीच दक्षिण भारत की यात्रा के दौरान तैयार की। इस रिपोर्ट में आर्थिक और प्रौद्योगिकीय सर्वेक्षण विस्तार से प्रस्तुत किया गया है और इसी लेखक द्वारा 1801–12 के दौरान पूर्वी भारत के जिलों का व्यक्तिगत सर्वेक्षण भी महत्त्वपूर्ण है। लेखक द्वारा किया गया सूक्ष्म सर्वेक्षण और खूबसूरत ड्राइंग द्वारा बनाए गए चित्र उसकी रिपोर्ट की महत्ता और वर्णन को बढ़ा देते हैं। पश्चिमी उत्तरी हिन्दुस्तान के लिए व्यापारिक गतिविधियों का सावधानीपूर्वक किया गया विवरण विलियम मूरकाफ्ट और जॉर्ज टीब्रेक ने 1819–23 के दौरान लिखा है। यह ग्रन्थ भी हमारे लिए बहुत महत्त्वपूर्ण है। इसके अतिरिक्त बहुत अधिक जानकारी तत्कालीन सरकारी रिपोर्टों और जिला मजिस्ट्रेटों के ग्रन्थों से मिली है। इसमें से अधिकांश सामग्री जॉर्ज वाटस द्वारा आलोचनात्मक दृष्टिकोण से एकत्र की गई है और यहाँ *डिक्शनरी ऑफ इकोनॉमिक प्रोडक्ट्स ऑफ इंडिया (1889–93)* के कई खंडों में मौजूद है, इसलिए जॉर्ज वाटस का यह कार्य भारत में पूर्व आधुनिक प्रौद्योगिकी के छात्रों के लिए आश्चर्यजनक उपयोगी सामग्री उपलब्ध कराता है।

नोट 2.2

ग्रन्थ सूची सम्बन्धी टिप्पणी

इस पुस्तक का अध्याय–2, लेखक की निम्नलिखित पुस्तकों और लेखों के अनुक्रम और परिशिष्ट पर आधारित है : '*स्टडीज इन हिस्ट्री,* II (1) 1980 में 'चेन्जेज इन टेक्नोलॉजी इन मिडिवल इंडिया'; 'दि टेक्नोलॉजी एंड इकोनॉमी ऑफ मुग़ल इंडिया', '*इंडियन इकोनॉमिक एंड सोशल हिस्ट्री रिविव,* XVIII (1) 1980; 'परसूइंग दि हिस्ट्री ऑफ इंडियन टेक्नोलॉजी : प्री माडर्न मोड्स ऑफ ट्रांसमीशन ऑफ पावर' *सोशल साइंटिस्ट,* XX (3-4), 1992; इरफ़ान हबीब सम्पादित *अकबर*

एंड हिज इंडिया, दिल्ली, 1997 में 'अकबर एंड टेक्नोलॉजी' और *इंडियन हिस्टारिकल रिविव* V; (1-2) 1978-79 में 'टेक्नोलॉजी एंड बैरियर्स टु टेक्नोलॉजिकल (न कि 'सोशल' जैसा कि छपा है) चेंजेज इन मुग़ल इंडिया'।

प्राचीन भारत में यांत्रिक उपकरणों के बारे में वी. राघवन की पुस्तक *यंत्राज आर मिकैनिकल कान्ट्रीवेन्सेज इन एन्सिएंट इंडिया,* बंगलौर, 1956 देखें। मध्यकाल की समाप्ति के समय भारतीय प्रौद्योगिकी सम्बन्धी कुछ व्यवहार के बारे में कुछ जानकारी धर्मपाल की पुस्तक *इंडियन साइंस एंड टेक्नोलॉजी इन दि एटीन्थ सेन्चुरी : कंटमप्रेरी एकाउंट्स,* दिल्ली, 1971 से प्राप्त हो सकती है।

कपड़े के बारे में, *जनरल ऑफ इंडिन टेक्सटाइल इंडस्ट्री,* खंड-I से VI तक, अहमदाबाद (अब विखंडित) अध्ययन करने योग्य हैं; जॉन इरविन, वी.एस. अग्रवाल और मोतीचन्द्र के लेखों को विशेष रूप से देखें। इसके अतिरिक्त अन्य उपयोगी पेपर्स में इशरत आलम का पेपर उपयोगी है। अनिरुद्ध रे और एस.के. बागची द्वारा सम्पादित *टेक्नोलॉजी इन एन्सिएंट एंड मिडिवल इंडिया,* दिल्ली, 1986 में 'टेक्सटाइल टूल्स ऐज डिपिक्टेड इन अजन्ता एंड मुग़ल पेंटिंग' (जिसमें विशेष रूप से अजन्ता के भित्तचित्र में रुई से बिनौला निकालने वाली मशीन (काटन जिन) को भली प्रकार स्वीकृत है); और इरफ़ान हबीब द्वारा *प्रोसीडिंग्स ऑफ दि इंडियन हिस्ट्री कांग्रेस, 68वाँ (दिल्ली) अधिवेशन, 2007* में प्रस्तुत 'इंडियन टेक्सटाइल टेक्नोलॉजी, थर्टीन्थ-फिफटीन्थ सेन्चुरीज' पेपर।

जस्ते के आसवन के बारे में *इंडियन जनरल ऑफ हिस्ट्री ऑफ साइंस, वॉल्यूम-44 (2009) नं. 2* में पी.टी. क्राडोक का आलेख देखें। भवन निर्माण उद्योग के बारे में ए.जे. कैसर का विनिबन्ध *बिल्डिंग कंस्ट्रक्शन इन मुग़ल इंडिया : दि इवीडेन्स फ्राम पेंटिंग,* दिल्ली 1988। जीन डिलोचे की पुस्तक *दि एन्सिएंट ब्रिजेज ऑफ इंडिया,* नई दिल्ली 1984 में इनके शानदार सर्वेक्षण में मध्यकालीन पुलों का विवरण उपलब्ध है। चमकदार बर्तनों के बारे में *मैन एंड इनवायरमेंट XXXI (2), 2006* में कुलदीप के. भान का आलेख देखें।

श्रीरामुला राजेश्वर शर्मा ने *एस्ट्रोनामिकल इंस्ट्रूमेंट इन दि रामपुर राजा लाइब्रेरी,* रामपुर-2003 की भूमिका में प्रस्तुत पुस्तक सूची में खगोलशाला के बारे में शानदार विवरण दिया है। उनकी पुस्तक *दि आर्केइक एंड दि इक्जाटिक इन दि इंडियन एस्ट्रोनामिकल इन्स्ट्रूमेन्ट्स,* नई दिल्ली 2008 में जल घड़ी और रेत घड़ी के बारे में भी विमर्श किया गया है। ऐनक के बारे में अतुल और रणबीर चक्रवर्ती की पुस्तक *पेन्टेड स्पेकटेकिल्स,* कोलकाता, 2012 देखें और टीका तथा प्लास्टिक सर्जरी के बारे में दीपक कुमार सम्पादित *डिजीज एंड मेडिसिन इन इंडिया : ए हिस्टारिकल ओवर विव,* नई दिल्ली, 2001 पृ-71-84 पर इरफ़ान हबीब का लेख 'इनसाइड एंड आउटसाइड दि सिस्टम' पढ़ें।

सैन्य प्रौद्योगिकी, यातायात और नौकायन

3.1 बारूद से पूर्व युद्ध के साज-सामान

घुड़सवार सैनिकों के साज-सामान

लिन व्हाइट जूनियर और जोसेफ नीधम ने घोड़े के साज-सामान के महत्त्व को रेखांकित करने के लिए बहुत काम किया है। घोड़ों के इस साजो सामान ने ईसवी वर्ष के प्रथम एक हजार वर्षों में चीन, इस्लामी जगत और यूरोप की घुड़सवार सेना की सैन्य शक्ति को गुणात्मक रूप से बढ़ा दिया। घुड़सवार सेना के साजो सामान के इतिहास पर शोध कार्य के अग्रदूत पी.के. गोडे के कार्य से (कम से कम रकाब के बारे में) प्राचीन भारत में भी इसके बारे में स्पष्ट जानकारी प्राप्त होती है।

ईसा पूर्व 1500 से 1000 वर्ष के बीच ऋग्वेद के समय से ही घोड़ों द्वारा खींचा जानेवाला रथ युद्ध का एक उल्लेखनीय उपकरण रहा है परन्तु रथ को खींचने के लिए प्रयोग होने वाले जुए की अनुपयुक्तता से रथ की क्षमता घट जाती थी। हार्स कालर का सर्वप्रथम विकास चीन में हुआ और दसवीं शताब्दी तक यूरोप में पहुँच गया था परन्तु भारत इससे अनभिज्ञ था। ईसा पूर्व 327-25 में सिकन्दर की पैदल सेना और अनुशासित घुड़सवारों के खिलाफ भारत में भारी सेना तैनात करने के बावजूद उसने भारत के रथवाले योद्धाओं को पराजित कर दिया। अन्ततोगत्वा सातवीं शताब्दी में रथों का स्थान सशस्त्र घुड़सवारों ने ले लिया। हालाँकि इस समय भी घुड़सवार और घोड़े के खुर को सुरक्षा प्रदान करने वाली काठी (जीन), रकाब और नाल का प्रयोग प्रारम्भ नहीं हुआ था।

घोड़े की पीठ पर बँधी अवतल काठी घुड़सवार को मजबूती से बैठने में मददगार थी। ईसाई युग के प्रारम्भिक वर्षों में ही यूरोप में काठी का प्रयोग होने लगा था लेकिन भारत में 200 वर्ष ईसा पूर्व में भरुत की मूर्तिकारी से लेकर दसवीं शताब्दी में निर्मित खजुराहो के भित्तचित्र और मूर्तियों में घुड़सवारों के चित्रण में निरन्तर काठी नहीं दिखाई देती। खजुराहो में अगल-थलग पड़ी दसवीं शताब्दी की एक मूर्ति में यह दिखाई पड़ती है और इसलिए इसी समय से इसका सामान्य प्रयोग समझा जा सकता है। उदाहरण के लिए इसे कोणार्क (उड़ीसा) के प्रसिद्ध घोड़े में स्पष्ट रूप से देखा जा सकता है। इसका काल निर्धारण सन् 1250 किया गया है (चित्र 3.1)।

रकाब का इतिहास कुछ अधिक जटिल है। भरुत और साँची में बनी मूर्तियों में घुड़सवारों के तलवों को सहारा देने वाली कोई वस्तु नहीं है परन्तु ईसा के जन्म से एक या दो शताब्दी के आसपास की मूर्तियों में दो प्रकार की 'रकाबें' दिखती हैं, पंजे को सहारा देने के लिए रस्सी का एक लम्बा छल्ला और पैर को सहारा देने के लिए हुक की तरह की वस्तु। शायद व्यवहार में ये चीजें अधिक कारगर नहीं हो सकीं इसलिए गुप्त के सोने के सिक्कों पर या अजन्ता की पेंटिंग में या (नवीं शताब्दी के अन्त में) खजुराहो की मूर्तियों या दसवीं और ग्यारहवीं शताब्दी में भुवनेश्वर में बनी घुड़सवारों की मूर्तियों में रकाब का चित्रण नहीं मिलता। अरबी ग्रन्थों के अनुसार सातवीं शताब्दी तक सिस्तान (पूर्वी ईरान और दक्षिण पश्चिम अफ़ग़ानिस्तान) में पायदान का पुराना रूप प्रयोग में था। यद्यपि लिन व्हाइट जूनियर द्वारा एक अनर्थकारी कहानी पेश की गई है, जिसमें मध्यकाल के प्रारम्भ में भारत में अधात्विक रकाबों की परम्परा की पुष्टि के साक्ष्य की बात कही गई है। खजुराहो के लक्ष्मण मन्दिर (दसवीं शताब्दी) में बनी मूर्ति में धनुषाकार रकाब और उसके नीचे चौड़ा समतल आधार है, इसमें चित्रित रूप और आकार के मुताबिक यह केवल चमड़े और लकड़ी से ही निर्मित हो सकता है। कोणार्क की प्रसिद्ध घोड़े की मूर्ति (1250) पर चित्रित लम्बी रकाब सम्भवत: चमड़े के छल्ले की ही होगी (चित्र 3.1) बारहवीं और तेरहवीं शताब्दी में कर्नाटक के होयशाला

चित्र 3.1 : कोणार्क में घोड़े की मूर्ति सन् 1250 (रुस्तम जे. मेहता)
नोट : काठी और चमड़े की रकाब

में बनी मूर्तियों में चित्रित रकाबें भी लम्बी और बड़े-बड़े छल्लों के रूप में हैं। 'स्पष्टत: इनको चमड़े की लम्बी-लम्बी पट्टियों से या लकड़ी के लट्ठे में काटकर' बनाया गया होगा।

सातवीं शताब्दी के अन्त में अरबी सैनिकों में और इससे कुछ पूर्व मध्य एशिया और ईरान में लोहे की रकाबों के प्रयोग के प्रचुर प्रमाण मिलते हैं। अरबी के शब्द *रिकाब* का प्रयोग इसी प्रकार लोहे की रकाब के लिए फारसी में भी होने लगा। दिल्ली सल्तनत की घुड़सवार सेना में शुरू से ही लोहे की रकाब प्रयोग होती थी, इसलिए यह सम्भव है कि सल्तनत की सेना के आगमन से पूर्व भी भारत के कुछ हिस्सों में इसका प्रयोग हो रहा हो। इतिहासकार गोडे ने कल्यानी के राजा चालुक्य, सोमेश्वर-तृतीय द्वारा सन् 1130 की संरचना में घोड़े के दोनों तरफ सोने की रकाबें या स्वर्ण *पादाधारक* चित्र की ओर ध्यान आकर्षित किया है। डिलोचे ने भी इस बात पर ध्यान दिया है कि होयशाला में निर्मित बारहवीं या तेरहवीं शताब्दी की मूर्तियों में चित्रित कुछ रकाबें सम्भवत: लोहे की हो सकती हैं।

रकाबों की तुलना में घोड़ों के खुर में लगाई जानेवाली लोहे की नाल का इतिहास काफी बाद का है। इस सबसे पहले साइबेरिया के इलाके में **येनिस्सी** स्थान पर मिली घुड़सवार की कब्र में देखा गया। यह नवीं या दसवीं शताब्दी का काल था और लगभग इसी समय यूरोप में भी नाल का प्रयोग मिलता है। स्टील या लोहे के हार्स शू (नाल) का उल्लेख गजनवी काल के कवि मसूद साद सलमान (निधन 1112 या 1131) और फारसी कवि निजामी गंजावी (निधन 1202-03) की कविताओं में मिलता है। अलतमश के शासनकाल में (1210-36) फखर-ए-मुदाब्बिर द्वारा लिखी गई युद्ध सम्बन्धी रचनाओं में एक घोड़े के खुर में किस प्रकार नाल जड़ी जाती थी, इसका चित्रण है और 1283 में अपने लेखन में बड़ी उत्सुकता के साथ अमीर ख़ुसरो यह लिखता है कि जब घोड़े के खुर में कीलों से *(मेख)* नाल जड़ दी जाती है तो वह भली प्रकार दौड़ता है। उसके समकालीन प्रतीत होने वाले विचरणशील फारसी वसाफ द्वारा 1290 के दशक में दक्षिण भारत में घोड़ों की खराब देखभाल का वर्णन किया गया है और मार्को पोलो लिखता है कि वहाँ नालबन्दी की कोई व्यवस्था नहीं थी। कर्नाटक के होयशाल स्थान की मूर्तियों के अध्ययन में डिलोचे लिखता है कि जब सामान्य रूप से घोड़ों के खुर में नाल चित्रित नहीं है तब सोमनाथपुरम की तेरहवीं शताब्दी के उत्तारर्द्ध में निर्मित घोड़ों की मूर्तियों में उनके खुरों में जड़ी हुई नाल स्पष्ट दिखाई देती है।

अस्त्र-शस्त्र

सत्रहवीं सदी के प्रारम्भ का इतिहासकार फ़िरिश्ता, पन्द्रहवीं सदी की एक परम्परा का रिकॉर्ड रखते हुए लिखता है कि विजयानगर के राजा देवराय ने एक बार पूछा

कि मुसलमान सेनाएँ हमेशा अतिक्रमण करने में क्यों सफल होती हैं। उसे उत्तर प्राप्त हुआ कि मुसलमान सैनिकों के पास अच्छे घुड़सवार सैनिक और धनुष-तीर हैं। इसलिए देवराय ने भी धनुर्विद्या से परिचित 10,000 मुसलमान और 60,000 हिन्दू घुड़सवारों की सेना तैयार की और सन् 1443-44 में बाहमनी राज्य में सफलतापूर्वक धावा बोल दिया। क्या उस समय सल्तनत की घुड़सवार सेना में वास्तव में अपने विपक्षियों से श्रेष्ठ ऐसी कोई विशेषता थी। इसका उत्तर शायद आड़ी कमान (क्रास-बो) है। इस आड़ी कमान में धनुष के लम्बवत एक अतिरिक्त नली लगी रहती थी, इस नली में तीर रखकर धनुष की प्रत्यंचा (डोरी) खींचकर छोड़ने से तीर अधिक गति से और सही निशाने पर जाता था। हालाँकि इसकी खोज चीन में ईसा के जन्म से पूर्व हुई थी और यूरोप में रोमन साम्राज्य के साथ लोगों को इसकी जानकारी थी परन्तु व्यापक रूप से इसका प्रयोग बाद में ही हो सका। फारसी भाषा में इसे *नावक* कहते हैं। शब्दकोशों में इसका वर्णन करते हुए लिखा है कि आड़ी कमान की नली सामान्य रूप से लकड़ी की बनी होती थी परन्तु कभी-कभी लोहे की नली का भी प्रयोग होता था। बारहवीं सदी की फारसी कविताओं में इसका वर्णन मिलता है और भारत में अमीर खुसरो इसका सन्दर्भ पेश करता है, 'इसामी (1350), तुग़लक की सेना द्वारा वारंगल की घेराबन्दी करने और सफलता के लिए इसे श्रेय देता है। *नावक* की नली (ट्यूब) को संयोग से ही हैंड गन की नली का ठीक पूर्ववर्ती माना जाता है।

अरब सेनाओं ने 712 में जब सिन्ध पर आक्रमण किया, उस समय उनके साथ दो भयावह हथियार थे। इनमें से एक **नौफथा** या ग्रीक फायर था जिससे अरबों ने केपटाउन पर असफल हमले के दौरान (671-78) मुकाबला किया था। इसे कच्चे पेट्रोलियम के आसवन द्वारा निकाला जाता था और अरबों ने तुरन्त ही इसका प्रयोग सीख लिया। सन् 1216 में पुरानी अनुदित अरब रिपोर्टों के अनुसार, अली कूफी के *चाचनामा* में लिखा है कि अरब सेना में नौफथा फेंकनेवाले 900 सैनिक थे। इनको *नाफत-अन्दाजां* कहते थे। वे मशाल लेकर चलते थे जिससे वह नौफथा से भीगा तीर जलाकर सिन्ध शासकों की सेना पर फेंकते थे।

दूसरा शस्त्र *मंजानिक* या **मैंगनल** या शिलाक्षेपक था। उक्त स्रोत से ही ज्ञात होता है कि जब अरबी सैनिक सिन्ध में डायबाल के मुख्य द्वार पर पहुँचे तो उन्होंने मंजानिक से इसके मन्दिर के शिखर पर पत्थर फेंके। इस *मंजानिक* की रस्सियाँ 500 मनुष्यों द्वारा खींची जाती थीं। यह उपकरण एक लोहे के स्टैंड वाली चूल पर फिट की गई एक लकड़ी की शहतीर थी। इस शहतीर (बीम) की छोटी भुजा पर एक भारी वजन रखा जाता था जबकि लम्बी भुजा के अन्तिम छोर पर एक रस्सी से मिजाइल लटका रहता था, जो कि पत्थर का एक भारी टुकड़ा होता था। बहुत से लोगों द्वारा मिलकर लम्बी भुजा को

नीचे की ओर खींचने से छोटी भुजा ऊपर उठ जाती थी। अब यदि सभी लोग एक साथ बड़ी भुजा की रस्सी को छोड़ते तो छोटी भुजा नीचे गिरती और बड़ी भुजा तेजी से ऊपर उठती और मिसाइल झटके से दूर चला जाता। यह एक प्रकार की मशीन प्रतीत होती है जिसे इतिहासकार नीधम ने अरबों के पास होने का उल्लेख किया है। पहले यह काफी साधारण यंत्र था, उस समय सम्मुख भुजा पर कोई भार नहीं होता था और छोटी वाली भुजा को तेज गति से ऊपर उठाने के लिए पाँच सौ आदमी एक स्वर में एक साथ खींचते थे और इस प्रकार मिसाइल तेजी से दूर फेंका जाता था। डायबाल में आक्रमण के समय ऐसे ही यंत्र का प्रयोग हुआ था। तेरहवीं शताब्दी तक चीन में इसी प्रकार का शिलाक्षेपक या मैगनल का प्रयोग होता था। तेरहवीं शताब्दी में इस यंत्र में नए परिवर्तनों, सम्मुख भुजा पर भार रखने के अतिरिक्त लम्बी भुजा को नीचे खींचने के लिए कैपस्टन या हस्तचर्खी के प्रयोग से यह यंत्र मंगोलों के बीच काफी लोकप्रिय था।

हस्तचर्खी के प्रयोग से ही लोग लम्बी भुजा को नीचे खींच लेते थे और बाकी शिला खंड को दूर फेंकने का कार्य सम्मुख छोटी भुजा पर रखा भार कर देता था। (देखें चित्र 3.2)। चौदहवीं शताब्दी में दिल्ली सल्तनत की सेनाओं के पास इससे भिन्न किस्म के शिलाक्षेपक (मैगनल) थे, इनको *मंजानिक, मघरिबी* और *अराड़ा* कहते थे परन्तु इनके बीच फर्क को स्पष्ट करना आसान नहीं है। इन सभी यंत्रों का प्रयोग घेरा डालते समय घेरनेवालों और घिरे हुए दोनों सैनिकों द्वारा किया जाता था और बारूदवाली तोपों की फौज आने के साथ ही इस शिलाक्षेपक का युग समाप्त हो गया।

3.2 बारूद—आग्नेय अस्त्र

वह परिस्थिति काफी रुचिकर है जब रासायनिक पदार्थ विशेष रूप से शोरे का प्रयोग उत्प्रेरक के रूप में शुरू हुआ। तोपों और बन्दूकों के प्रयोग से ठीक पूर्व

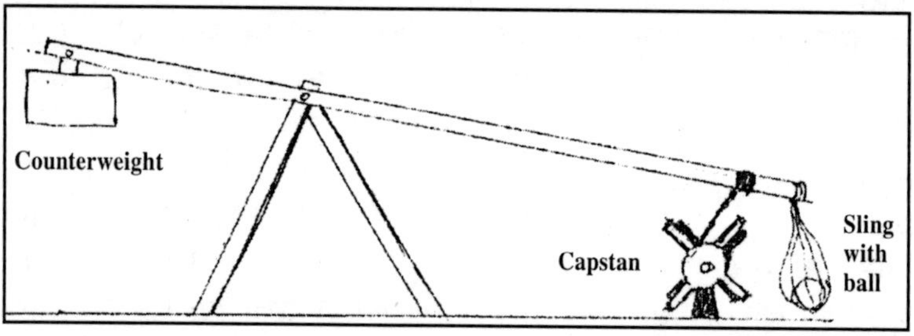

चित्र 3.2 : कैपस्टन (हस्तचर्खी) के साथ मैगनल (शिलाक्षेपक) सरलीकृत रेखांकन।

रॉकेट का प्रयोग आतिशबाजी में होता था। यूरोप और चीन दो ऐसे क्षेत्र हैं जहाँ तेरहवीं शताब्दी में एक साथ रॉकेट के प्रति ध्यान आकर्षित हुआ परन्तु सम्भवत: चीन में पहले से ही रॉकेट का प्रयोग होता था (चीन में दसवीं शताब्दी के वर्णन में रॉकेट का सन्दर्भ आता है)। चीन ने रॉकेट के प्रयोग में व्यावहारिक अग्रगति हासिल की। आतिशबाजी सम्बन्धी सूत्रों (फॉर्मूलों) के अध्ययन के लिए पन्द्रहवीं शताब्दी के संस्कृत ग्रन्थों का संकेत करते हुए वी.के. गोडे लिखता है कि करीब सन् 1400 में बारूद चीन से भारत लाया गया था। या तो साधारण आतिशबाजी के साथ-साथ या अलग से, अति घातक रॉकेट पहले ही भारत लाया गया था। यह रॉकेट *'बान'* बाँस की या लकड़ी की एक छड़ी के साथ एक नली में बारूद भरकर बाँध दिया जाता था और बारूद के जलाने से ही चलता था। यह 'बान' भारत में इस्लामी जगत से नहीं आया बल्कि यह स्पष्ट रूप से समुद्र के द्वारा चीन से सीधे डक्कन (Deccan) आया था। अकबर के शस्त्रागार में हथियारों की सूची बनाते समय अबुल फ़ज़ल ने सावधानीपूर्वक *'बान'* शब्द के उच्चारण को लिखा है क्योंकि यह शब्द अरबी या फारसी में प्रयोग नहीं होता था। गोडे ने बान रॉकेट के बारे में सोलहवीं शताब्दी से पूर्व के किसी भी ग्रन्थ का सन्दर्भ पेश नहीं किया है परन्तु इकतदार आलम चौदहवीं शताब्दी में भारत में बारूदी तोपों की उपस्थिति से इनकार करता है और लिखता है कि बाहमनी राज्य में बारूदी रॉकेट *(हवाई)* का प्रयोग होता था और सम्भवत: चौदहवीं शताब्दी के उत्तरार्ध में उत्तरी भारत में भी यह प्रयुक्त होता था। अगर उसका कथन सही है तो चीन से भारत बारूद आने का समय एक सौ वर्ष से अधिक नहीं है और यह भारत में बारूद आने की तीव्र गति थी।

बान एक साधारण परन्तु कारगर चोट करने वाला शस्त्र था और भारतीय सेना द्वारा व्यापक रूप से सत्रहवीं शताब्दी में प्रयोग किया जाता था और इसके साथ ही साथ पश्चिम को तोप बनाने की प्रेरणा मिली। इस प्रक्रिया में पूर्व और पश्चिम के बीच परस्पर संक्रमण उस समय पूरा हुआ जब उन्नीसवीं शताब्दी के प्रारम्भ में ब्रिटिश सेना ने टीपू सुलतान द्वारा सफलतापूर्वक प्रयुक्त भारतीय रॉकेट से सीधे प्रेरणा लेकर रॉकेट बम का निर्माण किया (चित्र 3.3)।

तोप

चौदहवीं सदी के मध्य के आसपास चीन और यूरोप दोनों स्थानों पर बारूद (शोरे से तैयार की गई) द्वारा चालित और धातु या पत्थर के गोलों को फेंकनेवाली तोपें देखने को मिलती हैं। शायद ये तोपें चीन में ही पहले तैयार हुई थीं परन्तु 1575 में एक पुर्तगाली पर्यवेक्षक (मर्टिन डा राडा) द्वारा चीनी तोपों को सामान्य रूप से यूरोपीय तोपों से घटिया कहा है। यूरोपियों द्वारा एक तरफ पहले काँसे

चित्र 3.3 : टीपू सुलतान का सैनिक एक रॉकेट दागने की तैयारी में, अठारहवीं शताब्दी के अन्त में (इक्तदार ए. खान)।

की और फिर सोलहवीं शताब्दी में लोहे की बन्दूक ढालने का विशाल उद्योग स्थापित करने और दूसरी तरफ बड़े पैमाने पर विशुद्ध मसकट निर्मित करने के लिए उद्योग स्थापित करने में की गई पहल उल्लेखनीय है।

भारत में तोप आने के प्रमाणित साक्ष्यों की तुलना में सिपोला ने इसका समय काफी पहले (चौदहवीं सदी का उत्तरार्ध) निर्धारित किया है। इक़्तिदार ए. खान ने इन साक्ष्यों का विवेचनात्मक सूक्ष्म परीक्षण किया गया है और उसका निष्कर्ष है कि पन्द्रहवीं सदी के उत्तरार्ध में ही भारत में बारूद वाली तोप का प्रयोग होता था। इस प्रकार इस निर्णय पर पहुँचा जा सकता है कि इसे व्यवहार में लागू करने वाला तुर्की साम्राज्य (अटोमन इम्पायर) था, उसने इस तोप को यूरोप से आयात किया और इस प्रकार यह वहाँ से भारत लाई गई। इसमें कोई शंका नहीं है कि पानीपत (1526) के युद्ध में बाबर ने तुर्कियों की रणनीति की नकल कर तोप और मसकट का प्रयोग किया और शानदार तथा सबसे बड़ी सफलता प्राप्त की। बाबर की सफलता के बाद तोप और मसकट दोनों के व्यापक प्रसार के लिए मैदान तैयार था।

मुग़लकाल में तोपों के निर्माण में दो प्रवृत्तियाँ ध्यान देने योग्य हैं। पहली प्रवृति बड़ी-बड़ी तोपें निर्मित करने की आकांक्षा के रूप में दिखती है। काँसे या पीतल की

लम्बी तोपें ढालना सम्भव था (देखें चित्र 3.4)। इस तरह की तोपों को ढालने की पद्धति पन्द्रहवीं शताब्दी के मध्य में तुर्की साम्राज्य के लोगों द्वारा प्रयुक्त पद्धति ही थी और यही पद्धति यूरोप में लगभग 1750 के अन्त तक चलती रही। हालाँकि भारत में काँसे को ढालने की पद्धति और प्रयुक्त मिश्र धातु की गुणवत्ता में काफी विकास हुआ। इसके स्पष्ट साक्ष्य हैं कि सोलहवीं शताब्दी के अन्त तक भारत, विश्व की सबसे भारी तोप ढालने में सफल हुआ। अहमदाबाद में 4.06 मीटर लम्बी, 1.65 मीटर व्यास के नोजल और 0.72 मीटर व्यास के छेद वाली *मालिक मैदान* तोप को ढालकर भारत शिखर पर पहुँच गया।

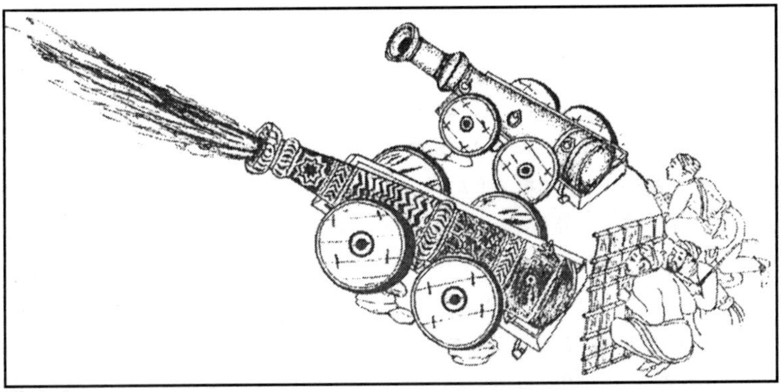

चित्र 3.4 : चार पहियों की गाड़ी पर ले जाते हुए अकबर की तोपें, रणथम्भौर को घेरते समय गोला दागते हुए, दूसरी तोप लोहे और ताँबे की मिश्र धातु से निर्मित है।

—'अकबरनामा' की पेंटिंग से, सन् 1600

परन्तु इस तरह की बड़ी तोपों को ले जाने की कठिनाई और लम्बी नाल होने के कारण सही निशाना लगाने की बाधा के कारण सन् 1600 तक इन तोपों को बड़ी बाधा के रूप में देखा जाने लगा। इसके साथ ही साथ काँसा बहुत कीमती और खर्चीला था। लोहे की तुलना में शीघ्र खराब हो जाता था। इसलिए सत्रहवीं शताब्दी में यूरोप में लोहे से निर्मित तोपों की अधिक माँग होने लगी। यहाँ तक कि भारत में भी यह अनुभूति होने लगी और अकबर के प्रतिनिधियों का दावा है कि उसने हलकी तोपें निर्मित करने पर काफी ध्यान दिया।

वास्तव में अकबर ने लम्बी तोपों के निर्माण की दावेदारी कभी नहीं की परन्तु तोपखाने से सम्बद्ध दो रुचिकर खोजों (अन्वेषणों) को उस पर आरोपित किया जाता है। पहला तोपों को आसानी से ले जाने योग्य बनाने के लिए उसने तोप के विभिन्न भागों को अलग-अलग ले जाने और उनको पुनः जोड़ लेने योग्य बनवाया। इसके लिए अधिक विवरण नहीं है। सत्रह तोपों को एक के बाद एक सामंजस्य में

गोला दागने की व्यवस्था करना दूसरी खोज थी। यहाँ भी विवरणों का अभाव मिलता है। यह सम्भव है कि एक ही माचिस या पलीते से सभी तोपों के बारूद को आग लगाई जाती हो ताकि वह एक के बाद एक लगातार गोले दागती हों।

लोहे के लम्बे-लम्बे टुकड़ों को ढालने में उत्पन्न कठिनाइयों के कारण एक लम्बी बैरल को ढालने में बाधा उत्पन्न हुई। यहाँ तक कि काँसे को ढालने में भी कई भट्ठियों का प्रयोग होता था। इतिहासकार दिवीनाट ने 1666 में इसकी आलोचना भी की थी। लोहे की भारतीय तोपें सामान्य रूप से पिटवाँ लोहे (राट आइरन) की छड़ों की या सिलिंडर की बनी होती थीं। ये कास्ट आइरन की नहीं होती थीं। इन छड़ों को छल्लों से एक साथ बाँधकर बैरल (तोप की नाल) बनाई जाती थी।

सत्रहवीं शताब्दी में इस सन्दर्भ में कोई विकास नहीं दिखाई देता। मुग़ल शासकों द्वारा बड़ी संख्या में यूरोपीय तोपचियों की नियुक्ति और यूरोपीय तोपों के आयात से स्पष्ट होता है कि वे उक्त कमियों-कमजोरियों के बारे में सजग थे। मुग़ल दरबार की आज्ञा से 1666 में इंगलिश और डचों को 'पाँच बन्दूक बनाने वाले', दो इंजीनियर या अग्रणी लोगों को सम्राट की सेना के लिए भर्ती करने का आदेश हुआ, 'उनको अनुभवी और व्यावहारिक' होने की शर्त रखी गई जबकि उनका वेतन काफी 'आकर्षक' था। तथापि मुग़ल साम्राज्य में वास्तव में यूरोपीय पद्धति से तोप ढलाई के किसी भी कारखाने (फाउंडरी) के काम करने का साक्ष्य नहीं मिलता।

चीन और यूरोप दोनों स्थानों पर ग्रिनेड के गोलों का पुराना इतिहास होने के बावजूद भारत में इनका प्रयोग नहीं होता था। सन् 1640 में भारत में ग्रेनेड के बारे में काफी उत्सुकता जागी। 1648 में मोर्टर (ऊँचे कोण पर फायर करने वाली छोटी नली की बन्दूकें) की ओर शाहजहाँ का ध्यान आकर्षित हुआ। हालाँकि शीघ्र ही यह अनुभूति हो गई कि ये मोर्टर उसके काम की नहीं थीं। भारतीयों में ग्रेनेड के गोलों में रुचि न होने का सम्भावित कारण भारतीय सेना के पास रॉकेट या *बान* होना है। हम जानते हैं कि ग्रेनेड की तुलना में रॉकेट या *बान* अधिक कारगर वैकल्पिक शस्त्र था।

मस्कट

तोप और मस्कट के इतिहास को अलग-अलग करना आसान नहीं है। सबसे पहले यह हथियार हैंडगन के रूप में आया, एक पुस्तक के सुसज्जित चित्र में तोप का टुकड़ा चित्रित है, इसमें ट्रिगर नियंत्रण की कोई यांत्रिकता नहीं है। वैकल्पिक रूप में इसे आड़ी कमान (क्रास बो) में बारूद के प्रयोग के साथ देखा जा सकता है। इसने धनुष-तीर का स्थान ले लिया। वास्तव में इन दो तरीकों से ही इसकी उत्पत्ति हुई होगी। भारत में इसके आगमन का समय पन्द्रहवीं शताब्दी से कुछ पूर्व हो सकता है, उसी काल की दो जैनी पुस्तकों में इसके चित्र मिलते हैं।

बाबर ने 1526 में पानीपत के युद्ध में हैंडगन या तोड़ेदार बन्दूक (मैच-लॉक) का प्रयोग किया कि नहीं यह तो स्पष्ट नहीं है परन्तु यूरोप में पन्द्रहवीं शताब्दी में तोड़ेदार बन्दूक के साक्ष्य मिलते हैं और सोलहवीं शताब्दी में इसका विकसित रूप देखने को मिलता है। इसको उस हैंडगन से विकसित किया गया जिसमें चूलदार लीवर (पिविटल लीवर) द्वारा बन्दूक का घोड़ा (मैच) रोकने की व्यवस्था थी, बाद में इसे लीवर की भुजा के रूप में विकसित किया गया और यह एक स्प्रिंग से नियन्त्रित होता था। अकबर के प्रारम्भिक शासनकाल में जब *हमज़ानामा* पेंटिंग तैयार की गई उस समय ट्रीगर लीवर के साथ तोड़ेदार बन्दूकों के चित्र बनाए गए और ये बन्दूकें इसके बाद अकबर के स्टूडियो में प्राप्त पेंटिंगों में निरन्तर मिलती हैं (देखें चित्र 3.5)।

चित्र 3.5 : एक शिकारी मस्कट से गोली चलाते हुए (फायर करते हुए) : जहाँगीर के अलबम में सन् 1617 का चित्र

अबुल फ़ज़ल लिखता है (उद्धरण 3.1) कि अकबर ने मस्कट के औद्योगिक निर्माण पर काफी ध्यान दिया। मस्कट की नाल (बैरेल) निर्मित करने में किए गए एक परिवर्तन को उससे जोड़ा जाता है। लोहे की एक चादर को धातु की एक नली के चारों तरफ लपेटने और अन्त में उसके दोनों सिरों को एक साथ बेल्डिंग करने के बजाय बैरेल को और अधिक मजबूत बनाने के लिए एक नया तरीका प्रयोग में लाया गया। लोहे की एक चादर को कागज की तरह गोल-गोल मरोड़ा गया, इस प्रकार हर ऐंठन के साथ वह रोल लम्बा होता गया। इस काम में एक से अधिक चादरों (शीट) का प्रयोग हुआ। इस ऐंठी हुई चादर को गर्म कर एक रॉड के चारों तरफ रखकर पीटा जाता और इस प्रकार एक चिकनी बैरल *(बारगहू)* तैयार होती। इस प्रकार की मजबूत बैरल में अधिक बारूद भरा जा सकता था। अठारहवीं शताब्दी तक मानक तकनीक के रूप में यूरोप में इसका प्रयोग होता रहा।

मस्कट की बैरेल को अन्दर से चिकना करने के लिए अकबर (या उसके मैकेनिकों) ने एक उत्कृष्ट उपकरण विकसित किया। इस उपकरण में पिनड्रम गियर द्वारा बैरल के अन्दर ड्रिल (वर्मा) चलाकर एक साथ कई मस्कट की बैरेल तैयार की जा सकती थी। इस उपकरण में पिन ड्रम गियर को घुमाने के लिए पशुओं का प्रयोग होता था। बैल गोल चक्कर में घूमते और इससे क्षैतिज लैन्टर्न व्हील (दाँतेदार पहिया) घूमता, इस दाँतेदार पहिए के दाँतों में ऊपर रखे पहिए के दाँते फँस जाते, इसी पहिए के धुरे पर ड्रिल (वर्मे) फिक्स होते। जब इसको घुमाया जाता तो ड्रिल घूमने लगती। ड्रिल के सामने रखी बैरेल को ड्रिल की विपरीत दिशा में दबाया जाता और इस प्रकार बैरल का अन्दरुनी भाग चिकना हो जाता। अबुल फ़ज़ल ने इसका एक चित्र तैयार किया, इसे यहाँ पर (चित्र 3.6 में) पुनः छापा गया है। संयोग से इस मशीन को सही तरीके से समझा नहीं गया और इसकी एक आधुनिक ड्राइंग बलोचमैन के अनुवाद में मुद्रित है, उसने इसे बिलकुल ही गलत तरीके से समझा है।

अकबर की शस्त्रशाला में मस्कट के उत्पादन सम्बन्धी अबुल फ़ज़ल का 1595 का वर्णन यह शंका उत्पन्न करता है कि इन मस्कटों में साधारण चूलवाला (पिविटल लीवर) लीवर प्रयुक्त हुआ था या स्प्रिंग यांत्रिकत्व (मैकेनिज्म) का प्रयोग हुआ था (कम से कम धनुष की तरह के स्प्रिंग का प्रयोग)। परन्तु वह दावे के साथ लिखता है कि ऐसे मस्कट निर्मित किए गए थे कि जिनमें 'माचिस की आग प्रयोग किए बगैर, ट्रिगर को थोड़ा सा हिलाने से ही विस्फोट होता था और गोली चल जाती थी।' बन्दूक के घोड़े (काक) से जलती हुई रस्सी या माचिस को बारूद में लगाए बगैर फायर करने वाला मस्कट या तो तोड़ेदार बन्दूक (फ्लिंट लॉक) हो सकती है (अबुल फ़ज़ल द्वारा वर्णन के समय यूरोप में

इसका निर्माण हुआ था) या फिर यह 1520 में इटली में निर्मित व्हील लॉक (चरखी वाली बन्दूक) होगी। यदि यह इटलीवाला व्हील लॉक होगा तो इसमें निश्चित रूप से स्प्रिंग का प्रयोग होगा, क्योंकि यह स्प्रिंग के माध्यम से पहिए को घुमाता और इसके दाँतेदार किनारे पाइराइट पर चोट करते इस प्रकार बारूद में आग लग जाती थी।

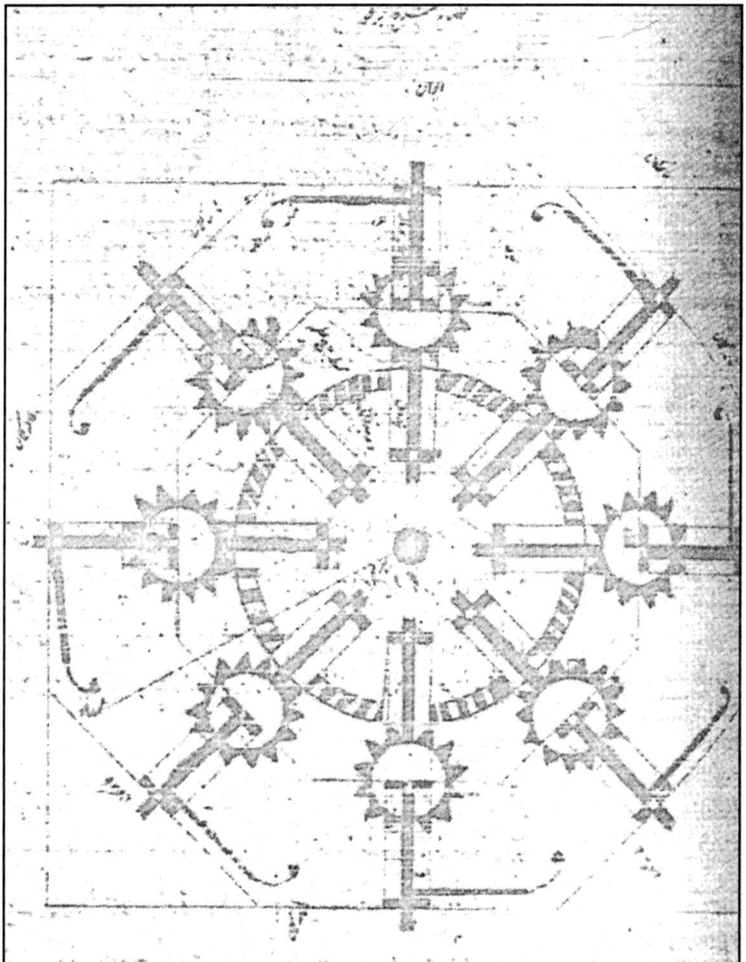

चित्र 3.6 : कई मस्कट की बैरेल को एक साथ चिकना करनेवाली मशीन, अकबर की शस्त्रशाला : यह चित्र 'आइन-ए-अकबरी' एम.एस., उद्धरण 3.1 देखें

सत्रहवीं शताब्दी के प्रथम दशकों में यूरोप में वास्तविक तोड़ेदार बन्दूक (फ्लिंट लॉक) का निर्माण प्रारम्भ हुआ और आधी शताब्दी पार होते-होते इसने मैच लॉक (पलीते से चलने वाली बन्दूक) को प्रचलन से बाहर कर दिया। भारत में ऐसी बन्दूक सबसे पहले कब आई यह बताना मुश्किल है परन्तु 1623 में एक यूरोपीय यात्री के पास ऐसी बन्दूक देखकर कालीकट का जमींदार काफी उत्सुक हो उठा और 'केवल घोड़ेवाली बन्दूक' के लिए वह जिज्ञासु हो उठा। इसके बाद हमारे उपलब्ध स्रोतों में कोई सामग्री न होने से भारत में फ्लिंट लॉक (तोड़ेदार बन्दूक) के विकास के बारे में पता लगाना आसान नहीं है।

यह सम्भव है कि भारतीय मस्कटों में फ्लिंट लॉक का प्रयोग सत्रहवीं शताब्दी के उत्तरार्ध में प्रारम्भ हुआ हो। बर्नियर कहता है कि एक समय भारतीयों ने यूरोप में निर्मित सामानों की हूबहू नकल तैयार की और उसके बाद वह कहता है कि 'अन्य वस्तुओं के साथ भारतीयों ने शानदार मस्कट और अन्य हथियार बनाए।' सन् 1663 में बर्नियर द्वारा दिल्ली में दिया गया यह वक्तव्य, मानरिक के वक्तव्य से बिलकुल भिन्न है जिसने लगभग बीस वर्ष पूर्व (1640 में) भारतीय 'आरक्यूबसेज (Arquebuses) को बहुत ही घटिया तरीके से निर्मित' बताया है। इन बीस वर्षों में भारतीय लोहारों द्वारा सफलतापूर्वक फ्लिंट लॉक (पलीते से बारूद जलाकर चलनेवाली बन्दूक) को आत्मसात किया गया और इस प्रकार अपने उत्पाद (माल) के लिए सम्मान पाया। हिसाब रखने सम्बन्धी एक ग्रन्थ *सियाकनामा* 1694-96 में लिखा गया, इस ग्रन्थ में भारतीय बन्दूकों के बीच फ्लिंट लॉक के प्रयोग के प्रमाण मिलते हैं। हालाँकि पेंटिंग से और समकालीनों के वर्णन से यह प्रतीत होता है कि अठारहवीं शताब्दी में भी भारतीय बन्दूकधारियों का सामान्य हथियार तोड़ेदार बन्दूक (मैच लॉक) ही थी। सम्भवतः इस बन्दूक को बनाना और इसकी मरम्मत करना दोनों आसान था।

हालाँकि भारतीय तोड़ेदार बन्दूकों (मैच लॉक) में भी परिवर्तन हुआ। यूरोप में सत्रहवीं शताब्दी के मध्य में लम्बी बैरेल वाली बन्दूक विकसित हुई। इस बन्दूक के लिए एक अवलम्ब आवश्यक था। भारत में भी लगभग इसी समय ऐसी ही बन्दूक विकसित की गई। अब बन्दूकधारियों को हमेशा अपने साथ एक अवलम्ब या सहायक ले जाना अनिवार्य था। इसलिए अठारहवीं शताब्दी के प्रारम्भ में चित्रित लघुचित्रों में अभिजात वर्गीय शिकारी को अपने सेवक के कन्धे पर लम्बी बन्दूक की बैरेल रखे चित्रित किया गया है। ऐसा चित्रण काफी जगह मिलता है। आगे एक (चित्र 3.7) में अभिजात वर्गीय शिकारी अपने सेवक के कन्धे पर बन्दूक की बैरेल का सहारा लेकर निशाना साध रहा है।

हमें स्मरण रखना चाहिए कि तोड़ेदार बन्दूक (मैच लॉक) (या फ्लिंट लॉक में भी) से दोबारा गोली दागने क लिए कुछ समय आवश्यक था, परन्तु धनुष-तीर

चित्र 3.7 : एक अभिजात व्यक्ति, लम्बी बैरेल की बन्दूक से काले हिरण पर निशाना साधते हुए : पेंटिंग सन् 1740

चलानेवालों को यह सुविधा थी कि वे जितनी तेजी से चाहें बन्दूकधारियों पर तीरों से हमला कर सकते थे। इसके अतिरिक्त सरपट दौड़ते या दुलकी चालवाले घोड़े पर सवार व्यक्ति, मस्कट से फायर नहीं कर सकता था जबकि धनुर्धर घोड़े की पीठ पर बैठकर भी अपने हलके धनुष से हमला कर सकता था। इन सुविधाओं के कारण पैदल और घुड़सवार बन्दूकधारी सेना के महत्त्व के बावजूद भारत में पूरी सत्रहवीं शताब्दी और इसके बाद भी धनुषधारी घुड़सवारों की सेना चलायमान सेना का मुख्य भाग बनी रही।

3.3 अन्तर्देशीय परिवहन और संचार व्यवस्था

मुग़ल-पूर्व काल

फ़िरोज तुग़लक (1351–88) के शासन काल में लोगों द्वारा कुतुब दिल्ली से फ़िरोजशाह कोटला तक की 5 *कुरोह* (या 15 किलोमीटर) की दूरी कैसे तय की गई, शमस सिराज अफ़ीफ़ इसका वर्णन करते हुए लिखता है कि वे बैलगाड़ी, ऊँट *(सुतर)* घोड़ा या पालकी से यात्रा कर सकते थे। यह सभी साधन भाड़े पर उपलब्ध थे। हमारी सुविधा के लिए उसने इन सबका तुलनात्मक भाड़ा भी लिखा है। एक बैलगाड़ी में एक सीट को 4 *जिटाल* में सुरक्षित कराया जा सकता था जबकि एक ऊँट का भाड़ा 6 *जिटाल* था, एक घोड़े को 12 *जिटाल* में और एक पालकी *(डोला)* को आधा *टका (24 या 25 जिटाल)* में भाड़े पर लिया जा सकता था। पैदल यात्रा न कर पाने वाले गरीब लोग यदि अति आवश्यक हो तो परिवहन के सबसे सस्ते साधन बैलगाड़ी का प्रयोग करते थे।

बैलगाड़ी धीमी गति से चलती थी परन्तु साधारण लोगों द्वारा इसे लम्बी यात्रा में प्रयोग किया जाता था। शेख़ निज़ामुद्दीन ने 1319 में इसका वर्णन किया है कि एक व्यक्ति ने दिल्ली से अजोधा की यात्रा प्रारम्भ की (यह स्थान वर्तमान में पाकपात्तान, पंजाब, पाकिस्तान में है), उसके साथ एक 'घुमन्तू गायक महिला' थी। अपनी यात्रा के अन्तिम चरण में उन दोनों को उसी बैलगाड़ी पर पाया गया। इससे प्रतीत होता है कि लम्बी यात्रा के दौरान लोग भिन्न-भिन्न स्थानों पर एक बैलगाड़ी से दूसरी पर स्थान बदलते थे। निश्चय ही यात्रा के लिए बैलगाड़ी का प्रयोग व्यापक रूप से किया जाता था। प्रसिद्ध अरबी भूगोलशास्त्री इदरीस (1154) ने लिखा है कि उसने गुजरात में बरुच (बरोच) से अनिल बारा (पट्टान) की यात्रा बैलगाड़ी द्वारा आठ दिनों में पूरी की थी।

कुछ अच्छी आर्थिक स्थिति वाले ऊँट को भाड़े पर लेते थे। शेख़ निज़ामुद्दीन ने 1354 में फिर अपने संस्मरण में लिखा कि उसने अवध (अयोध्या) से दिल्ली की यात्रा ऊँट द्वारा किस प्रकार पूरी की। दिल्ली में ठहरने के दौरान उसने उस ऊँट को पास के एक गाँव में रखा। इस पूरी यात्रा को उसने चालीस दिन में पूरा किया और वापस जाने में भी उसे चालीस दिन लगे। यह ऊँची ऊँट गाड़ी अब अधिकाधिक दुर्लभ हो गई है। यह गाड़ी प्रसिद्ध स्थान फ्रीजी और मंदौर (मारवाड़) के भित्तचित्रों में मौजूद है। इसका समय बारहवीं शताब्दी निर्धारित किया गया है (चित्र 1.6)। पालकी *(डोला)* शहर के अन्दर की सम्मानजनक सवारी थी। एक पालकी को चार पुरुष ढोते थे और चार पुरुष अपनी बारी के इन्तजार में साथ-साथ चलते थे। पालकी का प्रयोग थोड़ी दूरी जाने के लिए ही होता था।

अधिक मात्रा में माल ढोने और खासकर अनाज ढोने के लिए बैलगाड़ी में भार ढोनेवाले बैलों का व्यापक रूप से प्रयोग होता था। अलाउद्दीन ख़िलजी (1296-1316) के एक मन्त्री ने सुल्तान की बात स्मरण करते हुए कहा कि एक बार अनाज व्यापारियों के अगुआ या *नायक* करीब 10,000 जानवरों का प्रयोग कर दिल्ली तक अनाज लाए थे और एक बार उन्होंने इस कार्य के लिए 20,000 जानवरों का प्रयोग किया। मोहम्मद तुग़लक के शासनकाल में (1324-51), अमरोहा (पश्चिमी उत्तर प्रदेश में) के राजस्व कलक्टर को जब दिल्ली के लिए 30,000 मन (या 2,641 कुन्टल) अनाज पहुँचाने का आदेश हुआ तो उसने 3,000 बैलों का प्रयोग कर अनाज की ढुलाई पूरी की। इस प्रकार एक पशु ने औसत 88 किलो अनाज ढोया। इस प्रकार का कार्य स्पष्ट रूप से झुंड के रूप में किया जाता था और उन आदमियों को *कारवानीस* कहा जाता था। परन्तु बरानी के अनुसार इनको बोलचाल की सामान्य भाषा में *बनजारा* कहा जाता था। सामान्य व्यापारी भी परिवहन के लिए बोझा ढोने वाले बैलों का प्रयोग करते थे। इस सम्बन्ध में तेरहवीं सदी के गुजरात के टैक्स वसूली दस्तावेजों में विवरण मिलता है। बैलों के प्रयोग से

पाट्टन और नागासारिका (नवासारी?) के बीच सुपारी, नारियल, पीपर आदि ढोनेवाले व्यापारियों से टैक्स वसूला जाता था।

सड़कों के बारे में कुछ ही वर्णन उपलब्ध हैं। मिराज सिराज ने 1243–44 के दौरान जब बंगाल का दौरा किया तो उसने लखनौटी और देवकोट के बीच बँधे तटबन्ध के ऊपर सड़क देखी। यह दस दिन की यात्रा थी। तटबन्ध के नीचे की सारी जमीन वर्षा के दिनों में बाढ़ग्रस्त हो जाती थी। इस तटबन्ध और सड़क को बनवाने का श्रेय स्थानीय सुलतान इसामुद्दीन इवाज ख़िलजी (निधन 1227) को जाता है। दिल्ली से बाहर जाने वाली सड़कों में दक्षिण जाने वाली एक सड़क जो मालवा में धार तक जाती है। इस सड़क को चिह्नित किया जा सकता है। यह 24 दिनों की यात्रा है जिसमें दूरी दर्शाते हुए स्तम्भ लगे हैं। यही सड़क देवागिरी (दौलताबाद) तक जाती है और कहा जाता है कि मोहम्मद तुग़लक ने हर रोज की यात्रा समाप्त होने के स्थान *(मंजिल)* पर भोजन और पानी की व्यवस्था के साथ एक धर्मशाला निर्मित करवाई थी और सड़क के दोनों तरफ पेड़ लगवाए। मालावार में समुद्री तट पर सोनडापुर से कोलाम (कुलान) तक लगभग दो माह की यात्रा की दूरी तक सड़क के निर्माण से इब्ने बतूता (सन् 1340) बहुत प्रभावित था। पेड़ों की छाया के बीच गुजरती हुई सड़क के किनारे लकड़ी के आश्रय निर्मित थे जहाँ मुसलमानों और गैर मुसलमानों को अलग-अलग बैठने की और पीने योग्य पानी की व्यवस्था थी। यह आश्रय प्रत्येक आधे *मील* (1.5 किलोमीटर) पर निर्मित किए गए थे।

सामान्य रूप से जब नदियों में पानी कम होता है तो लोग पैदल ही पार करते हैं और पानी गहरा होने पर नदी पार करने के लिए नाव की आवश्यकता होती है। ख्वाजा जी खुजानदी नाम का व्यापारी अवध से कपड़े बेचने के लिए सड़क के रास्ते दिल्ली चल पड़ा। दिल्ली के पास यमुना के किनारे उसने कपड़े की गाँठ को नाव पर रखकर यमुना पार की। इससे यह स्पष्ट है कि यमुना को पार करने के लिए नावों का पुल भी उस समय (चौदहवीं शताब्दी में) निर्मित नहीं हुआ था।

अवध और दिल्ली दोनों ही गंगा की मुख्य सहायक नदियों के किनारे बसे हैं परन्तु नदियों के बहाव के रास्ते ऐसे हैं कि नाव द्वारा एक नदी से दूसरी नदी में माल ढोना वास्तव में एक बड़ी घुमावदार और लगभग असम्भव यात्रा करना है। इसके बावजूद एक ही नदी के किनारे पर बसी जगहों के बीच या नदी के मुख्य रास्ते के किनारे बसी जगहों के बीच नौ परिवहन बहुत सस्ता रहा होगा। अफ़ीफ़ (सन् 1400) लिखता है कि 'यमुना नदी पर बड़ी और चौड़ी नावें चक्कर लगाती थीं', कुछ नावें पाँच हजार *मन* (44 मीट्रिक टन) अनाज, कुछ सात हजार *मन* (62 टन) और यहाँ तक कि छोटी नावें भी दो हजार *मन* (17.6 टन) अनाज ले जा सकती थीं।

बरानी और इब्ने बतूता ने अपनी पुस्तकों में यह विवरण पेश किया है कि सरकार ने दो प्रकार की भिन्न व्यवस्थाओं के द्वारा अपने संचार साधनों को कायम रखा। सन्देश वाहकों की एक टोली घोड़ों पर आधारित थी (*उलाघ* या *उलाक*), दूसरी टोली में क्रमवार दौड़ने वाले मनुष्य धावक होते थे। प्रत्येक दिन की यात्रा समाप्ति *(मंजिल)* के स्थान पर मुख्य सड़क पर ही क्रमवार दौड़ने वाले घोड़े तैयार रहते थे। एक दिन की मंजिल चार मील या *कुरोह* (12 किलोमीटर) होती थी। सरकारी सन्देश वाहक और थके हुए घोड़े इन चौकियों पर बदल दिए जाते थे। मनुष्य धावकों के लिए प्रत्येक चौथाई, तिहाई या आधे *कुरोह* (0.75 या 1.00 या 1.50 किलोमीटर) पर स्थापित चौकियों को *धावा* कहा जाता था। प्रत्येक धावक एक चौकी पर पहुँचकर दूसरे धावक को पत्र सौंप देता था। यहिया सरहिन्दी लिखता है कि दिल्ली से देवागिरी तक सड़क के प्रत्येक *कुरोह* (3 किलोमीटर) पर धावा के रखरखाव के लिए कुछ जमीन अलग से छोड़ी गई थी। इब्ने बतूता इस व्यवस्था से अति प्रसन्न होकर लिखता है कि दिल्ली से सिन्ध की यात्रा सामान्य रूप से पचास दिनों में पूरी होती थी, परन्तु सुलतान के अफसरों ने दिल्ली में उसे बताया कि यह यात्रा केवल पाँच दिनों में पूरी की जा सकती है। धावा टोलियों द्वारा सन्देशों के अतिरिक्त सुलतान के लिए पीने का पानी, बन्दी और सन्देश वाहकों को भी ले जाया जाता था।

हालाँकि संचार के ये साधन जन सामान्य के लिए नहीं थे। इनका कार्य केवल प्रशासन के लिए ही नहीं बल्कि जनता के मनोबल के लिए भी महत्त्वपूर्ण था। सरकार द्वारा लम्बी दूरी तक पत्रों और सन्देशों को भेजने की क्षमता, व्यापारियों को सुरक्षा प्रदान करने में कितनी लाभप्रद थी इसका एक विवरण अवध के व्यापारी (जिनका जिक्र पहले हो चुका है) ख्वाजाजी खुजानदी की कहानी से मिलता है। ख्वाजाजी का गुलाम उनके रुपए चुराकर भाग गया। उस नौकर (चोर) को कारा के एक मदिरालय में पकड़ लिया गया। गुलाम द्वारा चोरी स्वीकार करने पर वहाँ पर तैनात अफसरों ने अवध को एक पत्र लिखा। ख्वाजाजी बाजार में इधर-उधर टहल रहे थे तभी उन्होंने देखा कि एक आदमी जोर से उनका नाम पुकार रहा है और उनके घर का रास्ता पूछ रहा है। अफसरों द्वारा भेजे पत्र में ख्वाजाजी खुजानदी से दो गवाहों के साथ कारा पहुँचने और अपने गुलाम और उससे प्राप्त धन को लेने के लिए लिखा था।

मुग़लों के शासनकाल में

भारतीय परिवहन व्यवस्था में पहले से ही मौजूद आश्चर्यजनक कमी को मुग़ल शासन में भी दूर नहीं किया जा सका। इस दौरान भी लम्बी दूरी के यातायात के लिए गाड़ी, बग्घी और भार वाहक गाड़ियों में भी घोड़ों का इस्तेमाल नहीं हुआ।

जैसा कि हम पहले (अध्याय 3.1) में उद्धृत कर चुके हैं, चीन में लम्बे इतिहास के बाद यूरोप में दसवीं शताब्दी के प्रारम्भ में घोड़े के गला का (सीना बन्द) पट्टा प्रयोग में आया और इसके प्रयोग से घोड़ा एक सशक्त भारवाहक पशु के रूप में प्रयुक्त होने लगा। हालाँकि भारत में घोड़े के गले के पट्टे के बारे में कोई जानकारी नहीं थी, मुग़लकाल में भी गाड़ियाँ और भारवाहकों को खींचने का काम अधिकांशतः बैलों से ही होता था (घोड़ों से खींचा जानेवाला अकबर का रथ, असाधारण अपवाद है)। जब मुग़ल चित्रकारों से महाभारत के नायकों (हीरो) द्वारा प्रयुक्त रथ को चित्रित करने को कहा गया तो उन्होंने बड़ी वफादारी से बैलगाड़ी के जुए को पुनः चित्रित कर दिया, इस प्रकार उन्होंने घोड़े के गले के पट्टे (कालर-हारनेस) (सीना बन्द) के बारे में अपनी पूर्ण अनभिज्ञता का परिचय दिया (चित्र 3.8)।

घोड़ों द्वारा चालित यूरोपीय बग्घी को भारत में निर्मित करने का एकमात्र प्रयास जहाँगीर द्वारा किया गया जिसने अपने व्यक्तिगत प्रयोग के लिए इंगलैंड से प्राप्त बग्घी की हूबहू नकल निर्मित करवाई परन्तु यह अभिनव प्रयोग शीघ्र ही तार-तार हो गया। हालाँकि बाद में सम्राट की तोपों को ढोने वाली गाड़ियों को खींचने में घोड़ों का प्रयोग हुआ।

इसलिए यह सुनिश्चित है कि *एक्का* और *ताँगा* (दोनों औपनिवेशिक काल के हैं और अब इनके विलुप्त होने का खतरा है) दोनों सत्रहवीं सदी के बाद का आविष्कार हैं। यह स्पष्ट है कि तीव्र गति से चलनेवाले, सवारियों के इस सस्ते वाहन से मुग़लकालीन भारत की जनता वंचित रही।

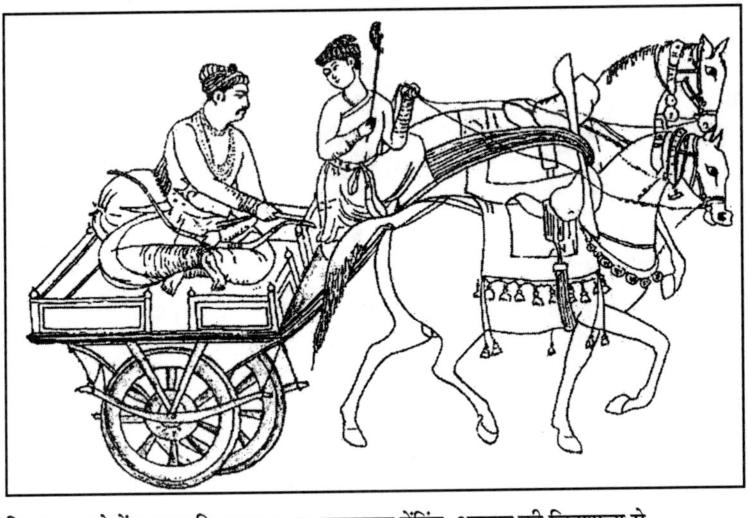

चित्र 3.8 : घोड़ों द्वारा चालित खुला रथ : राज्यनामा पेंटिंग, अकबर की चित्रशाला से
टिप्पणी—इसमें घोड़े के गलेवाले पट्टे के बजाय जुआ चित्रित है।

इस प्रकार भारत के अधिकांश भाग में पहिएवाले यातायात के साधन में बैलगाड़ी ही व्यवहार में प्रयुक्त होती थी। बैलों द्वारा चालित हलकी गाड़ियों में स्पोकदार पहियों का प्रयोग होता था जबकि बैलगाड़ी में 'ठोस लकड़ी' के पहियों का प्रयोग होता था। ऐसा विश्वास किया जाता था कि भारी होने के बावजूद ठोस लकड़ी के पहिए अधिक मजबूत होते हैं।

मुग़लकालीन सड़कों का अध्ययन करते समय हमें यह तथ्य ध्यान में रखना चाहिए कि एक अच्छी सड़क के मानकों के बारे में भारतीय और यूरोपीय अवधारणाओं में मूलभूत भिन्नताएँ थीं।

टेवरनियर ने कहा कि 'यात्रा की सुविधाओं और आराम की दृष्टि से भारत में यात्रा करना किसी भी प्रकार से फ्रांस या इटली की यात्रा से कम नहीं था। भारत का आदर्श राजमार्ग काफी चौड़ा था (सामान्य रूप से सड़क की चौड़ाई 40 कदम होती थी और राजमार्ग आगरा के पूर्व से शुरू होता था) इसके दोनों तरफ वृक्ष लगाए गए थे, सुविधाजनक दूरी पर यात्रियों को पानी की व्यवस्था

चित्र 3.9 : एक जोड़ी बैलों द्वारा चालित रथ : जहाँगीर के दरबार में अग्रणी कलाकार (चित्रकार) अबुल हसन की पेंटिंग।

टिप्पणी—पहियों में स्कोप और दोनों पहियों को जोड़ने के लिए धुरे का प्रयोग।

के लिए कुएँ बनाए गए थे, प्रत्येक मुग़ल *कुरोह* (3.5 किलोमीटर) पर एक मीनार बनी थी और प्रत्येक दिन की यात्रा समाप्त होने के स्थान पर ठहरने के लिए *सराएँ* बनी थीं। इस विशाल राजमार्ग पर यह आदर्श स्थिति लगभग सभी जगह मौजूद थी।

भारतीय सड़कों की सबसे बड़ी कमी उनके धरातल पर ध्यान न देना था। सन् 1666 की रिपोर्ट में कहा गया 'इस देश के ग्रामीण इलाकों में न तो कुटी हुई सड़कें हैं और न राजमार्गों की मरम्मत होती है'। वर्षा ऋतु में सड़कें कीचड़ में बदल जाती हैं और अधिकांश भागों में बैलगाड़ी नहीं चल सकती और वर्षा समाप्त होने के बाद जो बैलगाड़ी सबसे पहले चलती थी उसी के पहियों से (लीक) रास्ता बनती थी परन्तु इन कमियों के बावजूद कुछ अपवाद भी थे। कुछ दूरी पर बैलगाड़ियों के यातायात के लिए चट्टानों को काटकर मार्ग निर्मित किए गए। उदाहरण के लिए अकबर के शासनकाल में खैबर दर्रे के एक भाग में, जहाँ पर राजमार्ग सिन्ध सागर दोआब से मिलता है वहाँ पर 'बड़े-बड़े कठोर नीले पत्थर के टुकड़ों को फिट कर' सड़क पर खरंजा लगाया गया था और दौलताबाद-एलोरा सड़क पर पहिएवाले यातायात की सुरक्षा के लिए सड़क के किनारे 1.2 मीटर ऊँची दीवार निर्मित की गई है।

बैलगाड़ी परिवहन की सुविधा के लिए मुख्य सड़कों पर पत्थर और गारे (मसाले) से पुलों का निर्माण करना, मुग़लकालीन सड़क व्यवस्था का एक महत्त्वपूर्ण पहलू है। जिन महत्त्वपूर्ण पुलों का विवरण तत्कालीन दस्तावेजों में लिखा है या जिनको हमारे समय तक सुरक्षित रखा गया है ऐसे महत्त्वपूर्ण पुलों का नाम लेकर बताना तो सम्भव नहीं है। हिमालय से निकलने वाली विशाल नदियों पर तो पुलों का निर्माण नहीं हो सका, फिर भी अच्छी-खासी चौड़ाई वाली नदियों पर, जैसे अकबर के शासनकाल में गोमती नदी पर बना जौनपुर का पुल ऐसे पुलों का निर्माण हुआ। उत्तर के मैदानों से होकर गुजरने वाले प्रमुख राजमार्ग का निर्माण पश्चिम से पूरब तक, देघ, ब्लैक बेन, पश्चिमी यमुना नहर और सेंगर, रिन्द और कुडरा नदियों के ऊपर पत्थर या ईंटों के पुल बनाकर हुआ। इसी प्रकार आगरा से दक्कन जाने वाली सड़क को उटानगान और कुँआरी और बाद में सिन्ध नदी पर पुल निर्मित कर ही बनाया जा सका। आगरा और बाद में दिल्ली में भी यमुना को पार करने के लिए नाव के पुल निर्मित किए गए अन्यथा पैदल या नाव के द्वारा ही नदियों को पार करने की व्यवस्था थी।

परिवहन वाले माल और बिलों *(हुंडी)* का *बीमा (इंश्योरेन्स)* सर्वप्रथम सत्रहवीं सदी में सुना गया और यह नया विकास था। यह सम्पूर्ण बीमा का व्यापार सर्राफों या बैंकरों द्वारा संचालित होता था। हालाँकि किश्त (प्रीमियम) की दरें कम नहीं थीं परन्तु किसी प्रकार भी यह दरें व्यापार में बाधक नहीं थीं।

एक इंगलिश कम्पनी के रिकॉर्ड से चुनकर निकाला गया बीमा दरों का ब्यौरा निम्नलिखित है।

वर्ष	बीमाकृत माल	कहाँ से	कहाँ को	लगभग दूरी कि.मी. में	माल की कीमत पर प्रतिशत दर
1646	खजाना	दमन	सूरत	97	1.0
1647	व्यावसायिक माल	अहमदाबाद	थाटा	507	0.05
1655	बीर बहूटी	सूरत	आगरा	885	2.5
1655	नकदी	मछलीपटनम	सूरत	1086	1.0

कोई भी यह समझ सकता है कि बीमा व्यवस्था ने व्यापारी का व्यक्तिगत खतरा कम कर दिया। किश्तों (प्रीमियम) की दरें कुछ हद तक मार्गों पर सुरक्षा की स्थिति को भी दर्शाती हैं।

संचार व्यवस्था के बारे में हमारे स्रोतों से यह उद्घाटित होता है कि सरकार की डाक व्यवस्था भी मोटे तौर पर सल्तनत की लाइन पर ही संगठित की गई थी, केवल आम लोगों को इसके बारे में अधिक जानकारी प्रदान की गई थी। अकबर के समय में रिले स्टेशनों के लिए दिए गए नाम *धावा* को बदलकर *डाक चौकी* (पोस्ट स्टेशन) कर दिया गया। हर रिले स्टेशन (डाक चौकी) पर पैदल धावक, घोड़ेवाले और सवार तैयार रहते थे। वे अपने से पूर्व स्टेशन से आनेवाले धावक या घुड़सवार से डाक लेते और अगले स्टेशन तक पहुँचाने के लिए दौड़ पड़ते। यह कार्य दिन-रात होता था। पैदल धावकों या घुड़सवारों दोनों से ही संचार कार्य काफी तीव्र गति से होता था। अहमदाबाद से दिल्ली तक सरकारी डाक पहुँचाने का मानक समय 12 दिन निर्धारित था, परन्तु अति आवश्यक कार्य के समय यह दूरी सात दिनों में तय की जाती थी। आरिफ कन्धारी (1580) के अनुसार आगरा से अहमदाबाद के बीच क्रमवार चलने वाले घुड़सवारों के लिए केवल पाँच दिन का समय निर्धारित था।

विशेष अधिकारी को प्रत्येक रिले स्टेशन पर घोड़ा बदली के लिए अधिकृत कर भेजा जा सकता था। इतिहासकार भीमसेन ने 1675 में अहमदनगर से फरेंदा तक 33 घंटों में इसी साधन से यात्रा की थी अर्थात 6 किलोमीटर प्रति घंटा की रफ्तार से यह दूरी तय की गई। यह औसत तेज रफ्तार नहीं है, परन्तु चूँकि घोड़े बदले गए परन्तु घुड़सवार नहीं बदला इसलिए उसे भोजन करने और आराम देना भी आवश्यक था।

यह डाक व्यवस्था जन साधारण के लिए नहीं थी, डाक वाहकों को आमतौर पर निजी डाक न लेने का निर्देश दिया जाता था। जनसामान्य की निजी डाक भेजने

के लिए 'पट्टामार' था। *बाजार कासिद* (बाजार का कोरियर) होता था जो बाजार में आवाज लगाकर अमुक-अमुक स्थान पर जाने की घोषणा करता था और उस स्थान के लिए लोगों से अपना-अपना पत्र प्रेषित करने का आमंत्रण करता था। यह व्यवस्था लगभग हर कस्बे में थी। बैंकर और व्यापारी जिनको बहुत अधिक पत्र व्यवहार करना होता था, वह अपने कोरियर नियुक्त करते थे जो अन्य लोगों की डाक भी ले जा सकते थे। यदि कोई चाहे तो किसी कोरियर या कासिद को भाड़े पर भी ले सकता था और उससे अपना पत्र भिजवा सकता था। इंगलिश कम्पनी के रिकॉर्ड में एक 'एक्सप्रेस' पद्धति का उल्लेख है। यह बहुत ही खर्चीली व्यवस्था थी। क्रमश: बदलकर जानेवाले सरकारी रिले धावकों की तरह तो नहीं परन्तु पेशेवर कोरियर भी काफी तेज डाक ले जाते थे। सन् 1621 में एक कसाद (कासिद) ने आगरा से पटना की यात्रा ग्यारह दिनों में पूरी की। एक कासिद द्वारा सन् 1715 में दिल्ली से पटना की सामान्य रूप से 17 दिनों में यात्रा पूरी करने का विवरण प्राप्त है।

सरकारी डाक सेवा को जनता से निर्धारित फीस लेकर सभी के लिए खोलने की सत्रहवीं सदी की यूरोप की घटना को जी.एन. क्लार्क एक 'क्रांतिकारी' परिवर्तन मानते हैं परन्तु भारत में सरकारी और निजी डाक व्यवस्था का बिलकुल विभाजन ठीक उसके विपरीत था। जे. ओविंगटन जो 1690 से 1693 तक सूरत में था, उसने तत्परता के साथ इस पर ध्यान दिया कि 'निजी पट्टामारों' द्वारा पत्र भेजनेवाले भारतीयों ने हमारी तीव्र गति की डाक व्यवस्था से कुछ नहीं सीखा, हमारी डाक व्यवस्था से उसका अर्थ ब्रिटिश डाक व्यवस्था से था।

3.4 समुद्री नौकायन

तेरहवीं शताब्दी से लेकर सोलहवीं शताब्दी तक भारतीय जहाजों के बारे में बहुत कम विवरण प्राप्त है। मार्को पोलो (सन् 1290) ने फारस की खाड़ी में स्थित होरमूज से दक्षिण भारतीय बन्दरगाहों तक स्थानीय लोगों द्वारा निर्मित एक जहाज को समुद्री यात्रा में देखा। यह बहुत ही जोखिम भरा काम था क्योंकि यह जहाज बगैर किसी लोहे की कील से जड़े लकड़ी के पटरों को नारियल की रस्सी से एक साथ बाँधकर ही निर्मित किया गया था। इन लकड़ी के पटरों पर तारकोल भी नहीं लगा था बल्कि इन पर मछली का तेल लगा था। इसमें एक मस्तूल, एक पतवार और जहाज में बाँधने वाला एक ही तिरपाल था। यहाँ तक कि जहाज के ऊपर कोई छत भी नहीं थी, केवल जहाज में लदे माल को ढकने के लिए उसके निचले भाग को ढका गया था। मार्को पोलो की इस बात से कि भारतीय जहाजों में कील का इस्तेमाल नहीं होता था इब्ने बतूता सहमति प्रकट करते हुए इसका कारण बताता है। वह कहता है कि ऐसा विश्वास किया जाता था कि नारियल की रस्सी से बँधा

जहाज समुद्री थपेड़ों और चट्टान से टकराने पर लगे झटके को कील से जड़ित जहाज के मुकाबले अधिक सहन कर सकता था। हिन्द महासागर में 1490 के दशक में अपनी यात्रा के अनुभवों को लिखते हुए सैंटो स्टिफनो कहता है कि उस समय जहाज के तख्तों को रस्सी से बाँधा जाता था। वह लिखता है कि 1498 में मालक्का से कामबे जाते हुए उसके जहाज के डूबने का कारण उस पर छत का न होना था। छत न होने के कारण समुद्री तूफान के कारण जहाज के निचले भाग में पानी भर गया और उसे निकाला नहीं जा सका, अतः जहाज डूब गया। पुर्तगालियों के आने से पूर्व 'विदेशी *हबशियों*' द्वारा कालीकट में कम ऊँचाई वाले जहाज *('कीलड शिप')* के बारे में 1516 में बारबोसा लिखता है कि 'यह जहाज बगैर किसी कील के बने थे परन्तु सम्पूर्ण तख्ता जड़ाई का काम इन तख्तों को रस्सी से पूर्णतः लपेटकर किया गया था'। वह सैंटो स्टिफनो का समर्थन करते हुए कहता है कि जहाज के सम्पूर्ण ऊपरी भाग का कार्य यूरोपीय फैशन से बहुत भिन्न था और जहाज पर 'कोई छत नहीं थी'।

भारतीय जहाजों के बारे में तमाम आलोचनात्मक मूल्यांकन के बीच निकोलो कोंटी का मूल्यांकन एक अपवाद है। उसने 1419–44 के बीच इन जहाजों का इस्तेमाल किया और एक सकारात्मक वर्णन किया। वह कहता है कि 'इनमें से कुछ जहाज हमारे जहाजों से काफी विशाल थे। इनमें दो हजार लकड़ी के पीपे (कासक) पाँच तिरपाल और कई मस्तूल' रखे जा सकते थे। मजबूती की दृष्टि से जहाज के निचले भाग में तीन पटरों का प्रयोग होता था और कुछ जहाजों को ऐसे टुकड़ों में बनाया जाता था कि उनका एक हिस्सा ध्वस्त हो जाने पर भी वह पानी पर तैर सके।

जिस प्रकार के ढकी छत वाले विशाल जहाजों का वर्णन निकोलो कोंटी ने किया है, उनका डिजाइन निश्चित रूप से पन्द्रहवीं शताब्दी के मध्य में भारतीय बन्दरगाहों पर बड़ी संख्या में आने वाले चीनी जुंक *(जंक)* जहाजों के प्रभाव स्वरूप बना होगा। मार्को पोलो और इब्ने बतूता दोनों ने इन जहाजों का काफी उत्साहपूर्ण वर्णन किया है। इनमें चार डेक और अनेक केबिन थे तथा तख्तों को जोड़ने के लिए कील का इस्तेमाल हुआ था। एक 'जंक' में एक पतवार और चार या छह या इससे अधिक पाल होते थे परन्तु चीन की मिन्ज सरकार के निर्णय के बाद पन्द्रहवीं शताब्दी के मध्य तक हिन्द सागर में सभी चीनी जहाजों का आना बन्द हो गया।

निकोलो कोंटी, जिसने 1419 से 44 तक भारतीय समुद्रों में अनेक बार यात्रा की, उसने इन जहाजों में नाविकों द्वारा **चुम्बकीय कम्पास** के प्रयोग से इनकार किया है और मार्को पोलो तथा इब्ने बतूता ने भी चीनी या भारतीय जहाजों पर इस यंत्र के प्रयोग का कोई विवरण नहीं पेश किया है परन्तु यह काफी आश्चर्यजनक

है कि बहुत पहले 1119 और 1275 के चीनी ग्रन्थों में चीनी नाविकों द्वारा कम्पास प्रयोग का सन्दर्भ मिलता है। फारसी ग्रन्थों में इस उपकरण का उल्लेख सदरुद्दीन मोहम्मद 'औफ़ी' द्वारा लिखित *जवामीउल-हिकायत* में मिलता है। 'औफ़ी' ने अपना यह ग्रन्थ अलतमिश के दरबार में सन् 1231 में लिखा। नाविकों द्वारा मछली के आकार के एक चुम्बकीय लोहे की मदद से अपना मार्ग खोजने का उल्लेख इस ग्रन्थ में है, परन्तु 'औफ़ी' एक बेवकूफी करता है, वह दावा करता है कि कम्पास की सूई *किबला* (मक्का की दिशा) की ओर संकेत करती थी। बाइलाक अल-काबायकी (निधन 1282) द्वारा अरबी में लिखे ग्रन्थ *कुंज अल-तिजार* में लेखक कहता है कि 1242 में उसने भूमध्य सागर में कम्पास को तैरते हुए देखा है जबकि हिन्द महासागर में प्रयुक्त लोहे की पत्ती से बना मछली के आकार का कम्पास उत्तर-दक्षिण की दिशा का संकेत देता था। मछली के आकार वाले चुम्बकीय कम्पास का हिन्द महासागर में प्रयोग का अति विशिष्ट और स्पष्ट वर्णन मकरीजी (निधन 1441) ने किया है। वह लिखता है कि एक बार कम्पास द्वारा उत्तर-दक्षिण की दिशा निर्धारित हो जाती थी तो अन्य सभी कम्पासों की दिशा स्वाभाविक रूप से स्थापित हो जाती थी। मछलीनुमा इस कम्पास का मुँह दक्षिण की ओर तथा पूँछ उत्तर दिशा का संकेत देती थी। यह बड़ा स्वाभाविक प्रतीत होता है कि भारतीय और अरबी नाविकों ने चीनी जहाजों में यात्रा करते हुए यह यंत्र प्राप्त किया हो और इसके बाद समुद्री यात्रा और नौ परिवहन में इसका प्रयोग भूमध्य सागर में होने लगा हो जहाँ इसे धीरे-धीरे काफी विकसित किया गया। हिन्द महासागर में नौकायन में सहायक यंत्रों में और अधिक विकास हुआ। प्रसिद्ध मार्ग निर्देशक इब्ने माजिद ने नौकायन पर लिखे अपने ग्रन्थ में कम्पास और कम्पास काड्र्स के प्रयोग के बारे में लिखा है।

अकबर के प्रारम्भिक काल की *हमज़ानामा* पेंटिंग में सम्भवत: एक कम्पास चित्रित है और ऐसा ही मुग़लकाल की एक दूसरी पेंटिंग में भी चित्रित है (देखें चित्र 3.10 और 3.11)।

अकबर ने 1594 में लाहौर में समुद्री परिवहन के लिए विशाल जहाज निर्मित करवाया (यह जहाज नदी से समुद्र में जाना था)। इस जहाज में साल और देवदारु के 2,936 तख्तों को जोड़ने के लिए कीलें और अन्य प्रयुक्त लोहे के सामान का वजन 11.5 टन था। इस समय जहाज निर्माण में लोहा प्रयोग करने के प्रति कोई पूर्वग्रह नहीं था। शायद इसी के साथ भारतीय जहाजों में लोहे का प्रयोग सोलहवीं शताब्दी में प्रारम्भ हुआ।

अकबर के जहाज निर्माण सम्बन्धी अनुभवों में **शिप कैमेल** का निर्माण उल्लेखनीय है। जब 1594 में लाहौर में निर्मित जहाज सिन्ध के समुद्री बन्दरगाह लहरी बन्दार के लिए नदी में उतारा गया तो रावी नदी के संकरे और उथले रास्ते

चित्र 3.10 : इस पेंटिंग में 'नाविक सिराज' अमर को एक उपकरण (कम्पास) दिखा रहा है और वह जहाज के लट्ठे पर कुछ नोट कर रहा है। अकबर के प्रारम्भिक काल की पेंटिंग : हमज़ानामा। यही उपकरण चित्र 3.11 में भी देख सकते हैं।

के कारण इसके मार्ग में अत्यधिक बाधा पड़ी। इसलिए जब दूसरा 370 टन (भार) का जहाज बनाने की योजना बनी तो इसे एक माल ढोनेवाले, चौड़े पेंदे वाले जहाज (बार्ज) पर निर्मित किया गया। दिसम्बर 1596 में जहाज का निर्माण पूरा होने पर इसे सिन्ध नदी के लम्बे रास्ते से लहरी बन्दार ले जाया गया। ऐसा माना जाता है कि यहाँ पर बार्ज में छेद कर उसे डुबा दिया गया और जहाज को समुद्र में तैरा दिया गया। 'ऊँट' के रूप में इस बुद्धिमतापूर्ण यंत्र का निर्माण 1688 में पुर्तगाल के जहाज कारखाने में पूर्वानुमानित है क्योंकि वहाँ नवनिर्मित जहाजों को बार्ज पर ही लादकर जुईडर जी के उथले मार्ग से निकालने का फैशन था।

अकबर द्वारा लाहौर में निर्मित कराए गए दोनों जहाजों के डिजाइन के बारे में कोई साक्ष्य हमें उपलब्ध नहीं है। सम्भवतः उन्होंने विशाल भारतीय जहाजों की तरह ही योजना बनाई थी, यूरोपियों ने जिसका नाम 'जंक' रख दिया। इनमें से अधिकांश जहाजों को जब अंग्रेजों द्वारा 1612 में लाल सागर के बन्दरगाह और अदन से दूर बन्दी बना लिया तभी इनके आकार (साइज) और भार (टनों में) का रिकॉर्ड लिखा गया। यह 'जंक' जहाज, जिनमें से कुछ को तत्कालीन विश्व में सबसे विशाल माना जाता था, इनमें प्रचुर मात्रा में मुख्य पाल होते थे और इनका डिजाइन अपने माफिक हवा का सर्वोत्तम लाभ लेनेवाला था। अरब सागर और बंगाल की खाड़ी के आर-पार जहाँ नौकायन मानसून से नियन्त्रित होता था और जहाँ इनको चलाना काफी कठिन था वहाँ पर भी यह जहाज पूर्णतः फिट थे।

भारतीय जहाजों पर सूर्य और नक्षत्रों की स्थिति का आंकलन कर समय और अक्षांश को निर्धारित करनेवाले सबसे प्रसिद्ध उपकरण खगोलशाला का प्रयोग होता था। यह स्पष्ट नहीं है कि यह नाविकों की चलायमान खगोलशाला थी (जिसकी खोज 1535 के आसपास यूरोप में हुई) या वास्तविक खगोलशाला थी जैसा कि चित्र 3.11 में दर्शाया गया है। शायद यह बाद वाली ही खगोलशाला थी। इसके अतिरिक्त 'रेखांकित और क्रमवार अंशांकित' नाविकों के कार्डों का (मैराइन कार्ड) प्रयोग होता था। सर थामस रो ने खोजा कि इसके द्वारा इंगलिश उप राजदूत के यहाँ से जहाँगीर के दरबार के बीच जहाज का मार्ग निर्धारित होता था।

यूरोप के नौकायन में सन् 1600 तक यह उपकरण प्रचलित थे, परन्तु इसके बाद बड़ी तेजी से यह उपकरण अव्यवहार्य हो गए। सत्रहवीं शताब्दी के दौरान यूरोपीय जहाज, नौकायन के एकदम नए उपकरणों के सेट से लैश हो गए। जैसे 1609 तक टेलिस्कोप (दूरदर्शी) तैयार हो गया था, कम्पासों को लगाने के लिए जिम्बल, डेविस का चतुर्थांश और रात्रि यंत्र, मार्केटर का प्रोजेक्शन चार्ट और लालटेनें इन सब उपकरणों से यूरोपीय जहाज लैस हो गए थे।

चित्र 3.11 : एक भारतीय व्यापारिक जहाज समुद्र में तैरते हुए : मुग़ल पेंटिंग सन् 1615
टिप्पणी : एक मार्गदर्शक खगोलशाला के साथ और दूसरे के पास कम्पास है।

जब हम इंगलिश व्यापारिक रिकॉर्ड का अध्ययन करते हैं तो हमारी यह धारणा बनती है कि सत्रहवीं शताब्दी के पूर्वार्ध तक भारतीय जहाज निर्माण उद्योग पुराने ढर्रे पर ही चलता रहा जबकि पुर्तगालियों ने पश्चिमी समुद्र तट पर जहाज निर्माण का लाभप्रद उद्योग प्रारम्भ कर भारतीय ग्राहकों के लिए यूरोपीय डिजाइन के जहाजों का निर्माण किया। सन् 1636 में लोगों का मानना था कि 100 से 200 टन तक की दो मस्तूली लघु नौका का भारत में निर्माण इंगलैंड के मुकाबले तीन गुना कीमत पर होगा।

लेकिन इसके बाद भारत के जहाज निर्माण उद्योग में जो क्रान्ति हुई वह व्यवहारत: ऐतिहासिक है। इंगलिश ईस्ट इंडिया कम्पनी ने 1668 में जब सूरत में अपना जहाज बनाया तो उनके कारिन्दों ने जोर देकर यह घोषणा की कि—

> यदि कोई इस जहाज के आकार (शेप) पर उँगली उठाता है या कहता है कि यह जहाज हमारे इंगलिश जहाज के मुकाबले भंडारण और माल के लिए उतने लाभप्रद नहीं हैं तो मेरा उत्तर है कि यह बढ़ई अपने हुनर में इतने माहिर और विशेषज्ञ हैं कि यहाँ के अनेक भारतीय जहाज यूरोप और हॉलैंड से आने वाले जहाजों से बहुत अच्छे हैं।

तीन वर्ष बाद सूरत में मेन आफ वार ऐसे बड़े जहाजों सहित सौ से अधिक मालवाहक जहाजों का अवलोकन करने के बाद फ्रेयर ने उनको घटिया, तीसरे दर्जे के (इंगलिश नेवी में प्रयुक्त मध्यम दर्जे के) जहाज कहा और आरोप लगाया कि किसी अकिंचन जहाज के कारीगर (इंगलिश) ने देशी कारीगरों को नई कला सिखाई है। यह एक प्रकार की काल्पनिक कहानी है जो अकसर इस प्रकार के प्रौद्योगिकी संक्रमण में सुनने को मिलती है।

भारत यात्रा पर आए ओविंगटन ने (1690-93) में प्रशंसा करते हुए लिखा—

> सूरत के बढ़ई किसी भी इंगलिश जहाज का मॉडल बड़ी उत्सुकता से ग्रहण करते हैं और इसके निर्माण में कारीगरी में कृत्रिम कला तुरन्त लागू करते हैं। यह जहाज बोझा ढोने या तीव्र गति से नौकायन दोनों कार्यों के लिए उपयुक्त हैं। ये लोग इन जहाहों को वैसा ही निर्मित करते हैं मानो वे इसके प्रथम आविष्कारक हों।

जहाज निर्माण की इस प्रकार नकल करने में यह जानना काफी रुचिकर है कि भारतीय बढ़ई अपने कार्य में जहाज के यूरोपीय कारीगरों के समतुल्य या कभी-कभी उनसे श्रेष्ठ भी साबित हुए हैं। यह देखा गया कि जहाज के तख्तों को सन्धि बन्द करने की तुलना में उनको रिविट करने की भारतीय पद्धति जहाज को अधिक मजबूती प्रदान करती है और अब इसके लिए पुरानी रस्सी के टुकड़ों, राल, डामर और तारकोल की कोई आवश्यकता नहीं रही। भारतीय बढ़इयों द्वारा लकड़ी के

तख्तों से बनाए पानी के टैंक (पीपे) उतने ही अच्छे थे जैसे यूरोप के कास्क। यूरोपीय कला से बने इन लकड़ी के पीपों (कास्क) की देखरेख और मरम्मत के लिए हमेशा एक व्यक्ति की आवश्यकता थी परन्तु भारतीय जहाजों के तख्तों पर चूने का पुचारा लगा देने से समुद्री कीड़ों से असाधारण सुरक्षा होती थी। पानी बाहर निकालकर जहाज को मरम्मत के लिए जमीन पर रखने के लिए प्रयुक्त कार्ब और टाकिल को देखकर 1679 में बावरे ने इसकी तारीफ की। (अध्याय 2.2 को चित्र 2.12) के साथ देखें।

भारत के जहाज निर्माण उद्योग की यह अग्रगति निश्चय ही उल्लेखनीय थी परन्तु यूरोपीय और भारतीय नौ परिवहन के बीच मौजूद भारी अन्तराल को भरने में सफल नहीं हुई। वास्तव में जब यूरोपियन उसी प्रकार के जहाजों का निर्माण करने में सफल हो गए, भारतीय मार्गदर्शक, यूरोपियों के मुकाबले न तो उपकरण प्राप्त कर सके और न कौशल विकसित कर सके। ये दोनों बातें परस्पर जुड़ी हुई हैं। एक भारतीय कोशकार ने 1739 में अनुभव किया और लिखा कि टेलिस्कोप, नाविक (पाइलट) द्वारा देखने वाला उपकरण है परन्तु भारत में टेलिस्कोप निर्माण के लिए कोई भी प्रयास नहीं दिखता। नौ परिवहन के उपकरणों में सामान्य कमी। इंगलिश अधिकारियों द्वारा मुम्बई में 1677 में इंगलैंड से नौ परिवहन के उपकरणों को मँगाने के लिए तर्क पेश करते हुए लिखा कि यह उपकरण न सिर्फ अति आवश्यक है बल्कि यहाँ कम्पास, लालटेन, पाइलट के उपकरण, टप डोरी (लाल लाइंस), पाल सूइयाँ आदि सामान अप्राप्त हैं। इनमें से अतिरिक्त सामान्य और उपकरणों को हम कभी भी लाभ लेकर बेच सकते हैं। लोहे से निर्मित उत्तम सामानों का भी अभाव था, कीलें और जहाज के लंगर निरन्तर यूरोप से आयात होते रहे, इसलिए जहाजों के भारतीय मालिकों द्वारा अपने जहाजों के मार्गदर्शन और निर्देशन के लिए अकसर ही यूरोपियों और विशेष रूप से अंग्रेजों की ओर देखना पड़ा और उनको नौकरी पर रखना पड़ा।

तालिका 3.1 कालानुक्रम

अरबियों ने सिन्ध में नैपथा (ग्रीक फायर) और शिलाक्षेपक (मैन्गनेल) का प्रयोग किया	– सन् 712
घोड़े की पीठ पर काठी, खजुराहो की मूर्तिकारी	– सन् 950
भारत में सर्वप्रथम घोड़े की लोहे की नाल का उल्लेख (मसूद साद सलगान)	– सन् 1112
धातु से निर्मित घोड़े की रकाब का उल्लेख, दक्कन	– सन् 1130
इवाज खलजी द्वारा निर्मित बाँध के ऊपर राजमार्ग बंगाल	– सन् 1220
भारतीय सागरों में प्रयुक्त चुम्बकीय कम्पास (औफ़ी)	– सन् 1231

बाबर द्वारा पानीपत में प्रयुक्त मस्कट और तोपें	– सन् 1526
अकबर के शस्त्रागार में मस्कट की बैरेल (नली) तैयार करने के लिए लपेटी हुई लोहे की चादरें और कई बैरेलों को एक साथ अन्दर से चिकना करने के लिए प्रयुक्त लैन्टर्न व्हील	– सन् 1585
लाहौर में निर्मित शिप्स कैमेल	– सन् 1594–96
भारतीय बीमा (इंश्योरेंस) व्यवस्था स्थापना	– सन् 1600
कैप्सटन और टैकिलस का नरसापुर शिपयार्ड (आन्ध्र) में प्रयोग	– सन् 1679
भारतीय सेना में फ्लिंट लॉक के निश्चित प्रयोग का प्रथम प्रमाण	– सन् 1694–96

उद्धरण 3.1

सम्राट अकबर की आयुधशाला में मस्कट उत्पादन में सुधार

मस्कट उत्पादन (मैन्यूफैक्चर की पद्धति)

जहाँपनाह को मस्कट (बन्दूकों) से बहुत लगाव था। वे इन्हें निर्मित करने और इनसे फायर करने (गोली दागने) में बेमिसाल थे। उनके संरक्षण में एक बन्दूक निर्मित हुई जिसमें लबालब बारूद भरने के बाद भी फायर करने से वह विखंडित नहीं हुई। इसके बाद बन्दूक की बैरेल में चौथाई से अधिक बारूद नहीं भरा गया। इसके लिए उन्होंने नेहाई (एनविल) और हथौड़े द्वारा लोहे को पीट-पीटकर चौरस चादरें निर्मित कीं और बन्दूक की बैरेल बनाने के लिए लोहे की चादर के दोनों सिरों को एक साथ जोड़ दिया। अन्य लोगों में दूरदृष्टि की कमी के कारण समतल चादर के दूसरे सिरे को लपेटकर ऐसे ही छोड़ देते थे। बैरेल निर्माण की इन कमियों से अनेक लोग घायल हुए। जहाँपनाह ने एक शानदार पद्धति को लागू किया। उन्होंने लोहे की पतली चादरें निर्मित कर उनको कागज की तरह इस प्रकार गोल लपेटा कि वह लम्बी नली *(तूमार)* के आकार का हो जाए। उन्होंने एक चादर की धार को दूसरे से जोड़ने के बजाय एक के ऊपर एक लोहे की चादर लपेट दीं। इसके बाद एक लोहे की सलाक (रॉड) के चारों तरफ चढ़ाकर उसे आग में गर्म कर पीटा गया, इस प्रकार उसे और मजबूत (पुख्ता) किया गया और इस प्रकार बन्दूक की एक नाल (बैरेल) तैयार होती थी। एक बैरेल निर्माण के लिए तीन-चार चादरों का प्रयोग होता था। छोटी बन्दूकों के लिए एक बैरेल निर्मित करने में सामान्य रूप से दो चादरों का प्रयोग होता था। लम्बी बैरेल करीब दो गज (1.6 मीटर) लम्बी और छोटी बैरेल ¾ गज (1.0 मीटर) लम्बी होती थी। ऐसी स्थिति में इसे *दमानक* कहा जाता था। उन्होंने विभिन्न तरीकों से बन्दूक के कुन्दे निर्मित किए। जहाँपनाह की दक्षता से बगैर माचिस *(फतीला-ए-आतिश)* का प्रयोग किए मात्र छोटा सा बन्दूक का घोड़ा *(माशा)* दबा देने से विस्फोट हो जाता और गोली बाहर निकल जाती...

बन्दूक की बैरेल को अन्दर से चिकना *(साफ)* करनेवाला उपकरण जब तक नहीं निर्मित हुआ था तब तक एक बलिष्ठ पुरुष को भी बन्दूक चलाने में कठिनाई होती थी। जहाँपनाह ने अपनी बुद्धिमत्ता से बैलों द्वारा चालित एक ऐसी मशीन निर्मित की थी जो एक साथ सोलह मस्कटों (बन्दूकों) की बैरेल को बहुत कम समय में चिकना कर देती थी। पाठकों की जानकारी के लिए इसका एक चित्र प्रस्तुत किया गया है।

(एच. बलोचमान द्वारा सम्पादित, अबुल फ़ज़ल के *आइन-ए-अकबरी-I* से बिब. इंडिया, कोलकाता 1866-67, पृ-125-26)

> **नोट**—इस लेखांश के अन्त में सन्दर्भित चित्र जिसे हमने चित्र 3.6 में पुनर्मुद्रित किया है, एक बहुत ही रुचिकर यंत्र है। सामने की ओर से 'बैरेल को चिकना करने वाला पहिया', इसके नीचे *ऐवान* (हाल) लिखा है, यहाँ पर मशीन स्थापित थी। 'इस बड़े पहिए के रिम' के रूप में सफेद और काली पट्टी को चिह्नित किया गया है, इसमें चित्रित पट्टियाँ खूंटियों को दर्शाती हैं, ये खूंटियाँ दाँतेदार पहिए के दाँतों में फँस जाती हैं (इसे रिम के ऊपर त्रिकोण के रूप में दर्शाया गया है)। ये दाँतेवाले पहिए ड्रिलों (वर्मों) को उनकी धुरी पर दोनों तरफ घुमाते हैं, अतः इनको *कमान* कहते हैं। यही दाँतेवाले पहिए ड्रिलों (वर्मों) को बाहर भी निकालते हैं। इनमें से प्रत्येक के दोनों तरफ मस्कट की बैरेल हैं। (चित्र पर मस्कट को *बन्दूक* लिखा है)। इस प्रकार दाँतेवाले आठ चक्के (गियर व्हील 16 बैरेल को एक साथ चिकना करते हैं)। इस दाँतेवाले चक्के को सहारा देने के लिए मजबूत फ्रेम होता है, इसलिए अष्टभुज की आठों भुजाओं पर आठ बार *का-एमा-ए-कमान* (ड्रिल स्टैंड) लिखा है।

उद्धरण 3.2

नरसापुर के कुतुब शाही बन्दरगाह के समीप जहाज की मरम्मत

जैसा कि मैंने पहले ही बताया कि उनके द्वारा जहाजों को समुद्र में उतारने, उनको बाहर निकालने और पुनः समुद्र में जहाजों को उतारने का तरीका बहुत ही शानदार तरीका है, उनके इस कार्य पर अच्छी समीक्षा होनी चाहिए...।

इस सुविधाजनक बन्दरगाह या इसी के समीप गिंगाली (उत्तरी आन्ध्र के समुद्र तट पर) बन्दरगाह ऐसे स्थानों पर अनेक इंगलिश तथा अन्य व्यापारियों के जहाज और किश्तियों का निर्माण होता था।

यहाँ पर सर्वोत्तम और भली प्रकार तैयार की गई लकड़ी प्रचुर मात्रा में उपलब्ध है। इन बन्दरगाहों पर सर्वोत्तम लोहे के पुर्जे बहुत ही उचित मूल्य पर मिलते हैं और यहाँ बेहतर कारीगरी होती है। यहाँ पर भारतीयों द्वारा कील, बोल्ट, ऐंकर इत्यादि प्रत्येक लोहे की वस्तु बड़ी कुशलता से निर्मित होती है।

जैसा कि मैंने पहले ही कहा है कि उनके द्वारा समुद्र में जहाज उतारने, समुद्र से जहाज बाहर निकालने और उसे पुनः समुद्र में उतारने का कार्य बहुत ही उच्च कोटि का है, इसके लिए उनकी प्रशंसा की जानी चाहिए।

मैंने लाल सागर में स्थित मोचा तक व्यापार में प्रयुक्त विशाल भारवाहक जहाज को देखा है। यह जहाज गोलकुंडा के राजा का था। दो समुद्री यात्राओं के बाद नदी के पश्चिमी किनारे पर कस्बे से थोड़ा ऊपर इसकी मरम्मत और मढ़ाई के उद्देश्य से खड़ा किया गया। मेरे आंकलन के अनुसार इस जहाज का वजन 1000 टन से कम नहीं होगा। उन्होंने इस जहाज को निम्नलिखित साधनों की मदद से मनुष्यों द्वारा बाहर निकालकर खड़ा किया था। इसे उठाने के लिए उन्होंने 20 फीट लम्बी और 20 से 24 इंच मोटी दो मजबूत शहतीरों पर तख्ते लगाकर तैयार किए। दोनों मुख्य शहतीरों को इस प्रकार रखा गया कि तख्तों को जहाज के नीचे रखा जा सके, जहाज के पृष्ठ भाग में 8–10 फीट का स्कार्फ जो जहाज के अग्र भाग की लकड़ी से जुड़ा था और दूसरा इसके निचले भाग से जुड़ा था। उक्त तख्तों से लेकर जहाज के निचले पानी निकालने के स्रोत तक और इसके ऊपरी किनारे तक, गुटके (डाग) और बाँधने के पट्टे और आगे मुड़े हुए कड़े (हुक), 15–16 इंच के मोटे नारियल के रस्से, दो बहुत मजबूत हुक कुछ ऊँचाई पर लगाए गए थे। इनकी मदद से पहले जहाज के एक सिरे को 5–6 फुट ऊँचा उठाया जाता जब तक कि उसके नीचे रखे कुत्ते (गोल टुकड़े) अच्छी तरह घूमने नहीं लगते। जैसे निम्नलिखित रूप में दर्शाया गया है—

ए – एक कुत्ता जैसे–जहाज का सबसे पृष्ठ भाग
बी – चौकोर पिन (या खूँटा)
सी – रोलर
डी – जहाज का निकला तल
ई – पालना (कारडिल)
एफ – पालने को सहारा देने के लिए आधार और मेख (खूँटी)
जी – जहाज का कूड़ाखाना
एच – मस्तूल पर लगे बर्तुलाकार डंडे के किनारे या एक किनारे से दूसरे किनारे तक पाल
आई – निचले तख्ते से ऊपर तक का कटिबन्ध
के – कुत्तों (नीचे लगे गुटकों) को लपेटते हुए पट्टे
एल – ब्लाक
एम – रस्सी खींचने वाली हस्त चर्खी
एन – काँटा (कार्ब)
ओ – सलाखें

रस्से, बाँधने वाले पट्टे आदि नारियल की जटा (रेशों) से बनते हैं, जैसे नारियल के रेशों को बहुत महीन काता और बटा जाता है। यह सर्वोत्तम किस्म की सामग्री मालदीव के टापू से लाई जाती है।

(आर.सी. टेंपिल द्वारा सम्पादित, *ए जियोग्राफिकल एकाउंट ऑफ कन्ट्रीज राउंड दि बे ऑफ बंगाल,* 1669 से 1679, कैम्ब्रिज 1905 में थामस बावरे के लेख से)।

नोट—स्पेलिंगों में सुधार किया गया है, 'डाग' का अर्थ मजबूती से पकड़ने के लिए प्रयुक्त एक प्रकार का यंत्र है। 'काएन' किसी वस्तु को ऊपर उठाने या लुढ़कने से रोकने के लिए प्रयोग होता है। 'पाल' एक प्रकार की रॉड या कैप्सटन को रोकने के लिए यंत्र या पुनः लपेटने के लिए बनी बेलन चर्खी (दस्त चर्खी) है। बावरे द्वारा जहाज को खींचते हुए बनाया गया चित्र 2.12 में चित्रित है। 'जे' वर्ण न तो सन्दर्भ की सूची में है और न ही बावरे द्वारा चित्रित ड्राइंग में।

नोट 3.1

तकनीक की खोज और प्रसार

शिल्पकारों सहित तमाम सामान्य लोग आविष्कार नहीं करते, विभिन्न प्रकार के कार्यों की कुशलता या उनको जो निर्देश मिलता है या फिर यदि वे शिक्षित हैं तो पढ़कर वे सीखते हैं और उसे व्यवहार में लागू करते हैं। तकनीकों, उपकरणों और तकनीकी जानकारी का वास्तव में इसी प्रकार विस्तार होता है। जिस प्रकार तकनीक का एक तत्त्व एक जगह से दूसरी जगह प्रसारित होता है उसी प्रकार तकनीक का विस्तार व्यक्तियों, विभिन्न अंचलों और देशों में भी होता है। कागज उत्पादन ऐसी अनेक प्रक्रियाओं का विस्तार मध्यकालीन इतिहास में स्पष्ट रूप से दिखाई देता है, इसी प्रकार कालानुक्रम में विभिन्न क्षेत्रों के उपकरणों की उपस्थिति से उनको तार्किक रूप से चिह्नित किया जा सकता है जैसे धनुष-तीर की उत्पत्ति भारत में हुई और चरखे का विस्तार चीन से हुआ।

प्रौद्योगिकी के इतिहास में प्रसार एक महत्त्वपूर्ण कारक है। सामान्य रूप से यह कहा जा सकता है कि जितने व्यापक क्षेत्र में सम्पर्क स्थापित होता है (यहाँ तक कि यदि 'ए' भाग का सम्पर्क 'बी' से है और 'बी' का सम्पर्क 'सी' से है, इसके बावजूद 'ए' और 'सी' आपस में एक-दूसरे से परिचित नहीं हो सकते हैं) उतने ही विशाल स्तर पर प्रौद्योगिकीय विशेषज्ञता का विस्तार होता है। इसका चित्रण आस्ट्रेलिया, कोलम्बिया पूर्व के अमेरिका और पुरानी दुनिया के रूप में चित्रित किया जा सकता है। यद्यपि हमारी प्रजाति के लोग करीब 50,000 वर्ष

बाद आस्ट्रेलिया पहुँचे परन्तु अल्पसंख्यक होने तथा मानव जाति के अन्य लोगों से अलगाव में रहने के कारण वे व्यवहारत: अठारहवीं शताब्दी तक पाषाण काल में ही बने रहे। अमेरिका में मनुष्य 20,000 से 12,000 वर्ष पूर्व पहुँच गया था परन्तु उसने मैक्सिको और पेरू जैसे उपजाऊ देशों पर अधिकार और उनके साथ संवर्धन किया, इस प्रकार उन्होंने स्वयं धातु युग में प्रवेश किया, कृषि का विकास किया और मैक्सिको की **माया** और **अजटेक** तथा पेरू की **इनका** जनजातियों की तरह शहरी संस्कृति का विकास किया। पुरानी दुनिया से उनका पूर्णत: अलगाव होने के कारण वे पहिए के बारे में (गाड़ियों के पहिए और कुम्हार के चाक) तथा लोहा पिघलाने की जानकारी से पूर्णत: अनभिज्ञ रहे। वे भारवाहक पशुओं को भी नहीं प्राप्त कर सके क्योंकि अमेरिका में घोड़े और बैल थे ही नहीं। कोलम्बस ने जब 1492 में अमेरिका की खोज की उस समय तक पुरानी दुनिया के विशाल क्षेत्र और जनसंख्या में प्रौद्योगिकी के विशाल भंडार को संयोजित और संवर्धित किया जा रहा था। एक बार अमेरिका के साथ सम्पर्क स्थापित हो जाने से पुरानी दुनिया को नई दुनिया के अमेरिका आदिवासियों द्वारा पोषित पौधों से परिचित होने का अपरिमिति अवसर मिला। इन्होंने मक्का, आलू, तम्बाकू, अन्ननास ऐसे करीब सौ पौधों की जानकारी प्राप्त की। पौधों और फसलों के इस प्रसार से पश्चिमी यूरोप में 'नई खेती' सम्भव हुई जो अठारहवीं शताब्दी की इंगलिश औद्योगिक क्रान्ति का आधार बनी।

आविष्कार या आविष्कारों के सेट के आरम्भिक बिन्दु या उद्गम के समय प्रसार का हमेशा ही महत्त्व रहा है। यदि अमेरिका के आदिवासियों ने शताब्दियों तक खेती न की होती और इस प्रकार मक्के की घरेलू फसल को विकसित न किया होता तो पुरानी दुनिया में मक्के की खेती का विस्तार न हुआ होता। यदि लगभग दो हजार वर्ष पूर्व चीन में सम्भवत: एक रेशम को घिर्री (फिरकी) पर लपेटने वाली महिला ने चरखे का आविष्कार न किया होता तो चरखा भारत के कुटीर उद्योग *(स्वदेशी)* का प्रतीक न होता।

भिन्न-भिन्न आविष्कारों की परिस्थितियाँ भिन्न होती हैं। पूर्व आधुनिक काल के अधिकांश आविष्कारों के जन्मदाता अज्ञान किसान, बढ़ई, कारीगर और यहाँ तक कि गुलाम भी रहे हैं। उन्होंने पैदावार बढ़ाने या उत्पादन की गति बढ़ाने या कभी-कभी मात्र श्रम बचाने के लिए ये आविष्कार किए परन्तु महान ग्रीक प्रौद्योगिकीविज्ञ (टेक्नोलॉजिस्ट) आर्केमिडीज (सन् 287-212 ईसा पूर्व) और चीन तथा अन्य देशों में उसके समकालीनों के समय से ऐसे सिद्धान्तकार सामने आए जिन्होंने यांत्रिक सिद्धान्तों को स्थापित किया और विभिन्न उद्देश्यों के लिए उनको लागू किया। प्रारम्भिक तौर पर इस प्रकार की प्रक्रिया को सोद्देश्य **अन्तर-क्षेत्रीय प्रसारण** समझा जा सकता है, क्योंकि एक प्रकार के शिल्प में

पहले से प्रयुक्त यांत्रिक सिद्धान्त (मैकेनिकल प्रिन्सिपल) उत्पादन की विभिन्न प्रक्रियाओं में चिह्नित और प्रयुक्त होते हैं। हम अल-जजीरा (तेरहवीं सदी के प्रारम्भ में) में पिन ड्रम गियरिंग के अनेक प्रयोग (पानी निकालने के उपकरणों) से लेकर पनशक्ति (इसे पहले पनचक्की-(वाटर मिल) में देखा गया है) तथा बिलकुल भिन्न किस्म के कार्यों को सम्पन्न करने के लिए इसका प्रयोग होता है। इसमें से अनेक आविष्कार कागजों पर ही हुए परन्तु व्यवहार में लागू हुए। मशीनों (देखें नोट 1.1) की संख्या यूरोप में सन् 1500 के बाद कई गुना बढ़ गई, वहाँ पर इस प्रकार के यांत्रिक सिद्धान्तों के संयोजनों को हमेशा जटिलताओं को बढ़ाने वाला समझा जाता था।

इसके बाद लियोनार्डो डा विनसी (1452-1519) के बुद्धिमत्तापूर्वक पूर्वानुमानित प्रसिद्ध नोट के अनुसार यांत्रिक डिजाइन की कल्पना करने वाले सिद्धान्तकारों और उनके व्यावहारिक प्रयोग में उत्पन्न होने वाली समस्याओं के हल करनेवालों का दौर शुरू हुआ। लियोनार्डो डा विनसी ने पिस्टन चालित परस्पर गति के एक पहिए की गति को तेजी से चक्रीय गति में परिवर्तित करने वाले 'गवर्नर' के बारे में विचार किया। व्यवहार में यह समस्या जेम्स वाट (1736-1819) द्वारा वाष्प इन्जन से पहिए को घुमाने के समय सामने आई। इस उदाहरण से स्पष्ट होता है कि सिद्धान्तकारों द्वारा केवल प्रौद्योगिकीय सम्भावनाएँ बता देना ही काफी नहीं था बल्कि उनके साथ कार्यरत कारीगरों द्वारा इसे व्यवहार में लागू भी करना था। हम देखते हैं कि आविष्कार की प्रक्रिया काफी जटिल थी और आधुनिक काल के प्रारम्भ में आविष्कार करने के पेशे (प्रोफेशन) में वैज्ञानिक ज्ञान के विस्तार और शिल्पकारों (कारीगरों) के कौशल में विकास की समान आवश्यकता थी।

हम विगत दो-तीन शताब्दियों के आविष्कारों और उनके स्रोतों के बारे में काफी जानते हैं। इसका प्रसार इतना तीव्र है कि शायद ही कभी किसी आविष्कार को दोबारा या तिबारा करने की आवश्यकता पड़ी हो और पूर्व के आविष्कार की जानकारी न रही हो। आधुनिक काल की हमारी जानकारी से हमें मालूम है कि विभिन्न देशों में एक ही समय स्वतन्त्र रूप से शायद ही कभी कोई रेडिकल खोज हुई हो परन्तु कुछ मामलों में उत्तेजक विस्तार हो सकता है। उदाहरण के लिए जब 1945 में सोवियत नेताओं ने यह समझा कि अमेरिका ने एटम बम बना लिया है और उसने जापान पर इससे हमला भी किया है तो उन्होंने अपने वैज्ञानिकों को एटम बम बनाने के लिए प्रोत्साहित किया और आवश्यक कदम उठाने को कहा। यहाँ पर उत्पाद की जानकारी थी परन्तु उसकी तकनीक की जानकारी नहीं थी। यद्यपि दूसरी पद्धति से ही सही परन्तु इसे 'पुनः अविष्कृत' करने के लिए जबरदस्त उत्तेजना व्याप्त थी। इसी सन्दर्भ में मध्यकाल की पवन

चक्की (विंड मिल) का उदाहरण पेश किया जा सकता है। ईरान और अफ़ग़ानिस्तान के बीच सिस्तान में क्षैतिज पवन चक्की का प्रयोग आठवीं शताब्दी से हो रहा था। इसकी कुछ अफवाह ने शायद पश्चिमी यूरोप के प्रयासों को उत्साहित किया और उन्होंने तेरहवीं सदी के बाद ऊर्ध्वाकार पवनचक्की का निर्माण किया।

कभी-कभी समरूपता भी हो सकती है। समान परिस्थितियाँ समरूप या मिलते-जुलते उपकरणों के स्वतन्त्र निर्माण के लिए प्रेरित कर सकती हैं। ऐसा कोई भी साधन नहीं है जिसके द्वारा एशिया में दस हजार वर्ष पूर्व शुरू हुई कृषि के बारे में अमेरिका के आदिवासियों ने सुना हो। इसके बावजूद उन्होंने कुदाल, फावड़े से जमीन गोड़ना, पौधों को उगाना और ऊँट की नस्ल के पशुओं को पालना तथा कपास की विभिन्न किस्में उगाना प्रारम्भ किया। उन्होंने कपास और ऊन दोनों की कताई भी की। इन उपलब्धियों पर ध्यान देने की आवश्यकता है। ये तथ्य नीधम के इस विचार का खंडन करते हैं कि सूती कपड़े की बुनाई, पशुपालन, 'उन बुनियादी आविष्कारों' में है 'जिनका विकास एक ही केन्द्र से माना जा सकता है' परन्तु किसी भी आविष्कार के लिए दो या इससे अधिक केन्द्रों का दावा किया जा सकता है, आपको यह सुनिश्चित कर लेना चाहिए कि यह आविष्कार एक-दूसरे से पूर्णत: अलग क्षेत्रों में हुए हैं, जैसे 1492 से पहले पुरानी दुनिया और नई दुनिया अलग-अलग थी, इसलिए उक्त प्रसार असम्भव था। एक देश में एक आविष्कार की पहली तारीख निर्धारित होने से सामान्यत: उसे उस आविष्कार का केन्द्र माना जाता है और बाद में दूसरे देश में उसी उपकरण या विचार का पता लगने पर प्रसार की एक प्रक्रिया आरोपित कर दी जाती है परन्तु हमें याद रखना चाहिए कि कालक्रम से प्राप्त निष्कर्ष कितना भी सत्याभासी क्यों न प्रतीत हो, वह स्वयं कोई प्रमाण नहीं होता। दूसरे शब्दों में जब स्वतन्त्र, पुन: आविष्कार तुलनात्मक रूप से अपवाद हैं परन्तु हमेशा प्रत्येक मामले में उनको अलग करना सम्भव नहीं है जब तक कि सकारात्मक और सशक्त साक्ष्य उपलब्ध न हों।

नोट 3.2

ग्रन्थ सूची सम्बन्धी टिप्पणी

घुड़सवार सैनिकों का सज्जा-सामान, पी.के. गोडे का पेपर 'दि हिस्ट्री ऑफ दि स्ट्रिप्स' (1948), *स्टडीज इन इंडियन कल्चरल हिस्ट्री, वॉल्यूम, II,* पूना, 1960 में पुन: प्रकाशित। पद्धति की दृष्टि से यह बहुत ही ज्ञानवर्द्धक आलेख है। साइमन डिगबाई की पुस्तक *वार हार्स एंड एलीफेन्ट इन दिल्ली सल्तनत* का प्रथम अध्याय विशेष रूप से पढ़ें, ऑक्सफोर्ड, 1971। इसका एक सार संक्षिप्त

आलेख इरफ़ान हबीब की पुस्तक *मिडिवल इंडिया, दि स्टडी ऑफ के सिविलाइजेशन,* नई दिल्ली 2008 के पृष्ठ 15–18 पर उपलब्ध है। इक़्तिदार आलम खान ने अपनी पुस्तक *गनपाउडर एंड फायर आर्म्स : वार फेयर इन मिडिवल इंडिया,* नई दिल्ली 2008, पृष्ठ–111–211 पर बारूद के बारे में गहन अध्ययन प्रस्तुत किया है। जहाज निर्माण सहित प्रौद्योगिकी के क्षेत्र में अकबर द्वारा किए गए अभिनव परिवर्तनों के बारे में इरफ़ान हबीब द्वारा सम्पादित पुस्तक *अकबर एंड हिज इंडिया,* नई दिल्ली, 1997 में उनका ही लेख 'अकबर एंड टेक्नोलॉजी' पढ़ें।

अन्तर्देशीय परिवहन और महासागरीय नौकायन के बारे में अध्याय–3 में इरफ़ान हबीब के आलेख 'टेक्नोलॉजी एंड इकोनॉमी इन मुग़ल इंडिया' की आंशिक प्रस्तुति है। यह आलेख *इंडियन इकोनॉमी एंड सोशल हिस्ट्री रिविव, XIII (i)* 1980 में प्रकाशित हुआ था। अबुल खैर मोहम्मद फारुकी की पुस्तक *रोड्स एंड कम्युनीकेशन इन मुग़ल इंडिया,* दिल्ली, 1977, एक श्रेष्ठ कार्य है। इसके सम्पूरक के रूप में इरफ़ान हबीब का लेख 'पोस्टल कम्युनिकेशन इन मुग़ल इंडिया' को पढ़ना चाहिए। यह आलेख *प्रोसीडिंग्स ऑफ दि इंडियन हिस्ट्री कांग्रेस, 47 (अमृतसर 1985) सेशन* में उपलब्ध है। नौकायन के बारे में *इंडियन इकोनॉमिक एंड सोशल हिस्ट्री रिविव, V (2), 1928* में ए.जे. कैसर का लेख 'शिपिंग इन मुग़ल इंडिया' पढ़ें। शिरीन मुसवी ने अपनी पुस्तक *पीपुल, टैक्सेशन एंड ट्रेड इन मुग़ल इंडिया,* नई दिल्ली, 2008 के पृष्ठ 245–74 पर मुग़लों के जहाजरानी (मुग़ल शिपिंग) के विषय में लिखा है।

यहाँ पर नोट 3.1 में प्रौद्योगिकीय इतिहास की व्याख्या सम्बन्धी जिन सामान्य समस्याओं पर चर्चा की गई है, उसके विषय में जो कोई अधिक अध्ययन करना चाहे, उसे जोसेफ नीधम की पुस्तक *साइंस एंड सिविलाइजेशन इन चाइना, वॉल्यूम I,* कैम्ब्रिज 1954, 'जनरल आब्जरवेशन' (पृ–225–48) का अध्ययन करना चाहिए।

नक्शा 3.1 सन्दर्भ मानचित्र

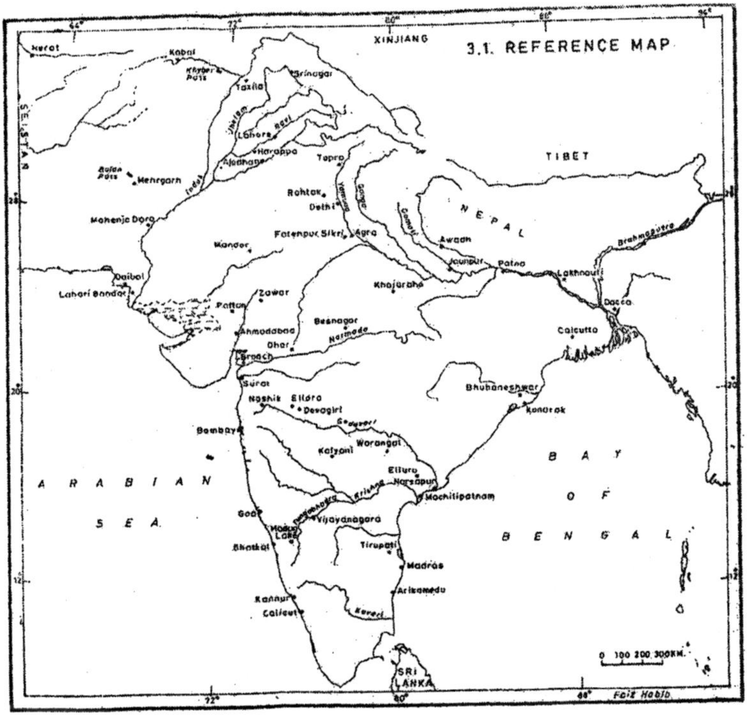

मध्यकालीन भारत की प्रौद्योगिकी और इसका सामाजिक और सांस्कृतिक वातावरण

हमने अपने अध्ययन में देखा कि भारतीय प्रौद्योगिकी किसी भी प्रकार से जड़ नहीं रही। वास्तव में भारत में विदेशों से आए प्रचार-प्रसार या देश के अन्दरुनी नवोन्मेश के द्वारा हमेशा प्रौद्योगिकी में परिवर्तन होते रहे। यह भी स्पष्ट है कि हर शताब्दी में परिवर्तन की लय (धारा) एक सी नहीं रही। तेरहवीं शताब्दी से लेकर पन्द्रहवीं शताब्दी तक व्यापक प्रभाववाले बहुसंख्यक परिवर्तन देखने को मिलते हैं। यदि 1500 तक पुरानी दुनिया के प्रौद्योगिक स्तर का अध्ययन किया जाए तो ज्ञात होता है कि भारत यूरेशिया के अन्य देशों से पीछे नहीं था। हमने नोट 1.1 में जिन महत्त्वपूर्ण यांत्रिक सिद्धान्तों की व्याख्या की है, उनमें से अनेक का ज्ञान भारत को था। सामान्य रूप से कहा जाए तो उस समय या उससे पूर्व के विदेशी (चीनी, उत्तरी अफ्रीकी और यूरोपीय) आगन्तुकों ने भारतीय तकनीक को अपने देशों में प्रयुक्त और परिचित तकनीक से (भारतीय तकनीक को) बहुत भिन्न या अति प्राचीन नहीं कहा। परन्तु इसके बाद विशेष रूप से सत्रहवीं शताब्दी में स्थिति ऐसी नहीं रही। पश्चिमी यूरोप के शिल्प और प्रौद्योगिकी विकास ने भारत सहित व्यापक क्षेत्र में मान्यता प्राप्त की और इसके साथ ही साथ आए दिन यूरोपीय कारीगरों के प्रति श्रेष्ठता के संकेत भी मिलने लगे।

विश्व के आर्थिक और सांस्कृतिक संतुलन में घटित यह अति महत्त्वपूर्ण परिवर्तन हमें इस पर विचार करने को बाध्य करता है कि भारत के प्रौद्योगिकीय व्यवहार और सामाजिक संरचना में विकास अवरोधी कौन से तत्त्व थे जिन्होंने अनुकरण की प्रेरणा से विकसित होने वाली प्रौद्योगिकी को भी नहीं लागू होने दिया। आइए, भारतीय प्रौद्योगिकी के विकास अवरोधी प्रतिबन्धों पर विचार करें।

इन कमियों, कमजोरियों की खोज में हमें सर्वप्रथम तथ्य प्राप्त होता है कि तमाम महत्त्वपूर्ण यांत्रिक सिद्धान्तों को आत्मसात करने के उपरान्त भी उनका प्रयोग साधारण और पृथक-पृथक ही होता रहा और उनके संयोजन से अपवाद स्वरूप ही मशीन का निर्माण हो सका। इसके अतिरिक्त प्रत्येक सिद्धान्त एक या दो उपकरणों

में लागू होता था परन्तु दूसरी दस्तकारी में जहाँ इसे लागू किया जा सकता था वहाँ नहीं है। दूसरे मामलों में भी किसी विशेष उपकरण के प्रसार के लिए दुरुह भौगोलिक सीमाएँ हैं (देखें मानचित्र 1.1)। इस प्रकार प्रौद्योगिकीय परिवर्तन का आन्तरिक रचनातन्त्र हालाँकि संचालन कर सकता था फिर भी वह अति मन्द गति में था। सोलहवीं और सत्रहवीं शताब्दी में भी भारत ने आधुनिक यूरोपीय प्रौद्योगिकी के प्रति कोई प्रभावशाली प्रतिक्रिया नहीं प्रदर्शित की।

भारत ने मुख्य यूरोपीय औजारों और औद्योगिकीकरण पूर्व की मशीनों की भी नकल नहीं की। मजबूत रिविट करनेवाले पेंच और सर्पिल (स्पाइरल) स्प्रिंग का अभाव, इनकी पश्चिम में महत्त्वपूर्ण अग्रगति के प्रति उदासीनता के लक्षण हैं। प्रौद्योगिकी के आयात के प्रति अगम्यता और देश के अन्दर नवोन्मेश के प्रति निष्क्रियता दोनों का उत्तर प्राप्त करना चाहिए। मध्यकालीन भारत में एक विशेष प्रकार का हस्तकौशल विकसित कर लिया था, जो कार्यान्वयन की अपरिपक्वता का पूरक था। उक्त निष्क्रियता का यह भी एक मुख्य कारण हो सकता है। 'ऐसे अनेक उदाहरण हैं।' बर्नियर (1663) कहता है कि 'अकिंचन औजारों से कारीगरों द्वारा खूबसूरत वस्तुओं का निर्माण... कभी-कभी वह यूरोपीय उत्पादों की इतनी अच्छी नकल करते हैं कि मूल वस्तु और नकल के बीच फर्क करना कठिन हो जाता है।' फ्रेयर (1674) ने सूरत के एक मूँगा दस्तकार के बारे में उसकी कला से अधिक उन औजारों पर आश्चर्य व्यक्त करते हुए कहा, 'यह यूरोप के औजारों को मात करते हैं परन्तु यह औजारों के आविष्कार से बहुत दूर है। यहाँ हाथ और पैर ही वाइस (एक प्रकार का यंत्र) हैं और अन्य औजार लोहे के टेड़े-मेढ़े टुकड़े हैं।' एक अन्य स्थान पर वह पुनः लिखता है—

> कष्टसाधक कार्य में उनकी अक्लान्तता का थोड़ा सा कौशल, उनका कठोर कार्य और प्रत्येक वस्तु का सस्तापन और उनकी अन्य शिल्पकारी को महत्त्व देना चाहिए, जो हमारे यूरोपियों की तुलना में बहुत ही कम मजदूरी पर कार्य करते हैं, यद्यपि कई मामलों में सूती कपड़े की छपाई करने और सोने-चाँदी पर बारीक काम करने में वे यूरोपीय लोगों से अति श्रेष्ठ हैं।

कुशल मजदूरों और कारीगरों की बहुतायत की कल्पना आसानी से की जा सकती है, उनकी अल्प आजीविका के कारण औजारों का विकास बाधित था। मशीन द्वारा निर्मित उत्पाद की तुलना में अधिक मजदूरों और कुशल कारीगरों द्वारा श्रेष्ठ उत्पाद काफी सस्ती दर पर प्राप्त किया जा सकता था। यह तरीका निश्चित रूप से सत या अल्कोहल आसवन में (इटालो-अरब आसवन पात्र भारत में तेरहवीं सदी में आया) नहीं लागू होता था। इस उत्पाद को निर्मित करने के लिए न अधिक मजदूरों की आवश्यकता थी और न ही कुशल कारीगर की। ऐसे भी मामलों में जहाँ बगैर किसी बड़ी राशि का निवेश किए कीमत घटाई जा सकती थी

वहाँ भी मशीनी विकास हो सकता था। इसकी सबसे अद्वितीय मिसाल सूती कपड़े पर रंगीन छपाई है। मूल रूप में 'छींट' (Chintz) (हिन्दी में छींट, संस्कृत में छित्रपाटा) छपा हुआ कपड़ा था। सत्रहवीं शताब्दी में मछलीपट्टम के कारीगरों ने विश्व बाजार के लिए रँगा हुआ छींट का कपड़ा तैयार किया परन्तु यह एक विलासिता का उत्पाद था। इसके बाद धीरे-धीरे इस छपी हुई छींट का स्थान चित्रित कपड़े ने ले लिया। छपाई का ठप्पा आने से एक पेंटर की तुलना में छपाई कारीगर कम श्रम और कौशल से सुन्दर सजावट वाला अधिक कपड़ा तैयार कर सकता था। यह सम्भव है कि भारत में कपड़ा छपाई का इतिहास चौदहवीं सदी से पुराना न हो परन्तु यह निश्चित है कि भारत इसके उद्‌भव का देश है। यद्यपि भारत को इसकी प्रेरणा मुग़लों की महान विजय के दौरान चीन में कागज की छपाई या इंक की सील (मुहर) से मिली होगी। हालाँकि भारत में कागज की छपाई को स्वीकार नहीं किया गया क्योंकि लिपिक अधिक सस्ता और सुन्दर लिख सकते थे।

श्रम बचाने वाले उपकरणों के निषेध का एक उदाहरण सूती उद्योग है जहाँ पर श्रम की 'क्षतिपूर्ति के लिए कुशल श्रमिक' आसानी से उपलब्ध थे। ईरान में बहुत पहले से ही कपड़ा बुनने के लिए ड्रा लूम उपकरण का प्रयोग होता था परन्तु भारत में शायद ही कभी इसका प्रयोग हुआ हो। सन् 1800 में पुष्प सज्जित मलमल के उत्पादन में ढाका के बुनकर जोड़ी में (दो एक साथ) बड़ी मेहनत से ताना के धागों को गिनते, उठाते और उनमें बाँस की कपास से हर बार शटल पार करते थे।

इसके महत्त्वपूर्ण निषेध का एक कारक बहुतायत में उपलब्ध कुशल श्रमिक थे, जिनको भारतीय सभ्यता ने सदियों से (बाजारोन्मुखी) माल उत्पादन के जरिए व्यवस्थित किया था। बाबर (1526-30) ने कहा था कि 'हिन्दुस्तान में एक अच्छी बात है' कि 'यहाँ हर प्रकार के असंख्य और अन्तहीन मजदूर हैं।' कुशल कारीगरों की बहुसंख्या के परिणामस्वरूप बहुत कम मजदूरी पर छोटे उत्पादन के लिए अपने औजारों सहित कारीगर उपलब्ध थे। प्रतिस्पर्धा की बाध्यता से अपने औजारों को उन्नत करने के बजाय उन्होंने अपना कौशल विकसित किया क्योंकि वह औजारों पर धन नहीं खर्च कर सकते।

कौशल विकसित करने का अर्थ चरम विशेषज्ञता हासिल करना था इसलिए भारत में अनेक पेशे विकसित हुए, जिसे देखकर यूरोपीय व्यापारी आश्चर्यचकित हो जाते थे। पेलसार्ट (1626) ने कहा कि आगरा के स्वर्णकार, छींट की छपाई करनेवाले, जरदोजी, कालीन बनानेवाले, सूती या रेशमी कपड़े के बुनकर, लोहार, ताँबे की वस्तुएँ बनानेवाले, दर्जी, राजगीर, भवन निर्माता, पत्थरकटे आदि कुल मिलाकर कम से कम सौ कार्यों को करनेवाले थे। एक कार्य जिसको हॉलैंड में एक आदमी करता है, 'वही काम भारत में तैयार होने से पूर्व चार आदमियों के हाथों से

गुजरता है।' अबुल फ़ज़ल द्वारा टकसाल के विभिन्न कार्यों के विवरण से यह बात और भी पुष्ट होती है। वह लिखता है टकसाल में सिक्का बदलनेवाला, वजन करनेवाला आदमी, कच्चे माल को गलानेवाला, सोने की चादर बनानेवाला, शोधित धातु को गलानेवाला, सिल्ली ढालनेवाले, नक्काश, चाँदी शोधक, शोधित चाँदी के लिए हथौड़ियाँ, पारखी तथा सोना और चाँदी को पृथक करनेवाले।

इस प्रकार की विशेषज्ञता, बहुत कुछ सामाजिक रूप से निर्धारित श्रम विभाजन अर्थात जाति व्यवस्था पर आधारित थी। इस व्यवस्था ने जहाँ एक तरफ कौशल को सुरक्षित रखने में सहायता की वहीं दूसरी तरफ पैत्रिक रूप से जाति के साथ शिल्प निर्धारण होने से अनभिज्ञतावश खड़े किए गए प्रतिबन्धों से आपसी समागम न होने से प्रौद्योगिकी का विकास अवरुद्ध हुआ। बाबर ने देखा 'प्रत्येक जाति के लिए एक प्रकार का कार्य और हर चीज निर्धारित है' और 'वह उसी काम को या उस वस्तु को पिता से पुत्र तक करता आ रहा है।' मैक्स वेबर का सुप्रसिद्ध तर्क है कि जाति ने 'कौशल का पृथककरण' किया और अन्तर शिल्प गतिशीलता पर प्रतिबन्ध लगाया, इसने प्रौद्योगिकी के विकास के लिए किसी भी प्रकार की उत्तेजना को रोक दिया। इस बात को पुनः याद किया जा सकता है कि भारतीय प्रौद्योगिकी में किसी खास उपकरण का अन्तर-संस्थागत प्रसारण दुर्लभ है और यह बात पूर्णतः बेवर की थिसिस के अनुकूल है।

सभी लोगों की व्यक्तिगत आकांक्षाओं को जातीय रूढ़िवादिता में डुबो देने पर बेवर ने एक और तर्क पेश किया। बर्नियर (1663) उसके अवलोकन से अवश्य सहमत होता : 'जिस व्यक्ति का जिन परिस्थितियों में जन्म होता था उससे आगे विकसित होने की उसमें कोई आकांक्षा नहीं होती थी। कसीदाकार का पुत्र कसीदाकार, स्वर्णकार का पुत्र स्वर्णकार और शहर का चिकित्सक अपने पुत्र को चिकित्सक के रूप में शिक्षित करता है।'

मोरिस डी मोरिस ने अपने एक महत्त्वपूर्ण लेख में वेबर की समस्त थिसिस (सिद्धान्त) को चुनौती दी है। इसमें कोई शक नहीं कि लम्बी अवधि के दौरान जातियों ने अपने पेशों में परिवर्तन किया और खास-खास पेशों में नए-नए लोगों की भागीदारी, नई जातियों के उदय और पुरानी जातियों के समागम से जातियों में परिवर्तन हुआ। उदाहरण स्वरूप फुकाजावा लिखता है कि महाराष्ट्र की दर्जी जाति ने अठारहवीं सदी के प्रारम्भ में रँगाई का कार्य शुरू कर दिया जबकि इस जाति के एक और हिस्से ने विशेष रूप से नील की रँगाई का कार्य शुरू किया। इस सबके बावजूद वेबर का तर्क बहुत सीमित है और सम्पूर्णता में लागू नहीं होता। आर्थिक परिवर्तनों को समायोजित और अपने अन्दर समाहित करने की क्षमता होने से ही जाति व्यवस्था बनी हुई है। मध्यकालीन अर्थव्यवस्था में किसी कौशल की विशेषज्ञता का दबाव इस जाति व्यवस्था के अनुकूल था और श्रम का पैतृक विभाजन और

सामाजिक रूप से निर्धारित 'कौशल का पृथक्करण', प्रौद्योगिकी के विकास में महत्त्वपूर्ण नकारात्मक पहलू थे।

यदि उस समय शिल्प प्रौद्योगिकी में परिवर्तन के लिए सीमित प्रोत्साहन था तो यह प्रश्न उठता है कि क्या इसे अनुत्पादक वर्गों द्वारा बाहर से प्रोत्साहन नहीं प्रदान किया जा सकता था। इसे एक उदाहरण से समझा जा सकता है। मुग़ल अभिजात वर्ग को इसके फलों का विशेषकर मध्य एशिया के फलों का स्वाद लग गया था। इसके लिए उन्होंने अपने बागीचों में रहट द्वारा पानी की व्यवस्था की, बागवान और बीज आयात किए तथा पौधों की कलम लगाने की पद्धति को प्रोत्साहन दिया। इस प्रकार सत्रहवीं सदी में नारंगी की गुणवत्ता में अत्यधिक विकास हुआ और अठारहवीं सदी में उत्तर भारत में कलमी आम की अनेक नस्लें विकसित की गईं। वास्तव में पुर्तगाली लोग सत्रहवीं सदी में *'अफानसो'* आम भारत लाए थे। क्या यांत्रिक प्रौद्योगिकी में इसी प्रकार के विकास नहीं हो सकते थे? यहाँ भी उत्पादन प्रक्रिया पर अभिजात वर्गों का ही नियंत्रण था। सम्राटों और अभिजातों के प्रतिष्ठानों की चारदीवारी में ही वर्कशाप या *कारखाने* स्थापित थे। इसी प्रकार जब व्यापारियों ने *कारखानों* या खदानों में और जहाज निर्माण उद्योग में सीधे काम शुरू किया (जहाँ एक ही स्थान पर बड़ी संख्या में मजदूर काम करते थे) तो वे प्रौद्योगिकीय विकास में सकारात्मक भूमिका निभा सकते थे।

यहाँ एक प्रश्न उठता है कि व्यापारी और अभिजात वर्ग के लोग उत्पादन पर सीधा नियंत्रण करते हुए, मजदूरों को औजारों की आपूर्ति करते थे या नहीं? मार्क्स ने प्राक पूँजीवादी, छोटे उत्पादन में, शिल्पकारों के औजारों पर स्वामित्व को विशेष महत्त्व दिया है। यह उल्लेखनीय है कि मध्यकालीन भारत में उत्पादन को संचालित करने का जो भी स्वरूप रहा हो, औजार हमेशा शिल्पकारों के ही होते थे, केवल कार्य स्थल और कच्चा माल नियोक्ता (मालिक) द्वारा उपलब्ध कराया जाता था। इस प्रकार सम्राट की वर्कशाप का विस्तृत विवरण पेश करते हुए अबुल फ़ज़ल छोटे से छोटे खर्च और नगण्य वस्तुओं की कीमत का हिसाब लिखता है परन्तु उसके हिसाब में 'औजारों या उपकरणों' पर कोई खर्च नहीं है।

यही प्रक्रिया व्यापारियों द्वारा नियन्त्रित उत्पादन में भी देखने को मिलती है। दक्कन की हीरे की खदानों में जहाँ हजारों खनिकों को नियुक्त किया जाता था और प्रत्येक नियोक्ता के अधीन 50 से 100 खनिक कार्य करते थे। इन खदानों के बारे में सत्रहवीं शताब्दी के विवरण से ज्ञात होता है कि इन खदानों के पट्टा मालिक किसी भी उपकरण पर कुछ भी खर्च नहीं करते थे। यहाँ तक कि खदानों से पानी भी बाल्टियों में भरकर हाथोहाथ निकाला जाता था। इसी प्रकार सूती उद्योग में जहाँ माल और धनराशि दोनों के बारे में सताने का प्रचलन था, वहाँ लूम बुनकरों के होते थे। बुनकरों के साथ लेन-देन करने वाले भारतीय व्यापारियों या ईस्ट इंडिया

कम्पनी द्वारा उनके लूमों के विकास सम्बन्धी चर्चा या चिन्ता का कोई विवरण भारतीय इतिहास में नहीं मिलता। लूम के सुधार या विकास सम्बन्धी केवल एक उदाहरण मिलता है जब एक खास चौड़ाई का कपड़ा उपलब्ध लूमों से नहीं बुना जा सकता था और लूम की चौड़ाई बढ़ाने के लिए बुनकरों ने अंग्रेजों से अग्रिम धनराशि की माँग की।

भारत के जहाज निर्माण उद्योग की घटना इससे भी अधिक असाधारण है। लगभग सत्रहवीं शताब्दी के मध्य से भारत में जहाज निर्माण उद्योग प्रारम्भ हुआ। जहाज निर्माताओं ने सूरत में पुर्तगाली और इंगलिश जहाजों की डिजाइन की नकल की और आश्चर्यजनक परिणाम हासिल किया। भारतीय कारीगरों ने इंगलिश या पुर्तगाली जहाजों की हूबहू नकल तैयार कर दी। इसके बावजूद इस उद्योग में एक भी यूरोपीय मशीन या उपकरण के प्रयोग की जानकारी उपलब्ध नहीं है। स्पष्ट है कि बढ़ई और अन्य कारीगर अपने तत्कालीन औजारों से ही काम करते रहे। यहाँ पर भी हमें उत्पाद (जहाज) की नकल मिलती है परन्तु प्रौद्योगिकी की कोई नकल भी नहीं मिलती।

दूसरे देशों में जब तक औजारों को शिल्पकारों/कारीगरों से अलग नहीं किया गया था और पूँजीवादी सम्बन्ध विकसित नहीं हुए थे, शिल्प की प्रौद्योगिकी चरम प्रभाववाले परिवर्तन की पहुँच से बाहर ही बनी रही। हालाँकि इस समस्या का इस प्रकार सूत्रीकरण अपरिहार्य रूप से एक विपरीत प्रश्न को सामने लाता है। वे वर्ग जो अतिरिक्त सामाजिक उत्पादन के एक भाग पर नियंत्रण करते थे उन्होंने प्रौद्योगिकी को विकसित करने और कारीगरों को औजार प्रदान कर, उत्पादन प्रक्रिया में प्रवेश क्यों नहीं किया, जैसा कि सोलहवीं सदी के बाद से आंशिक रूप से पश्चिमी यूरोप में घटित हुआ? यह तथ्य वैचारिक दिशा निर्धारण की समस्या को उद्‌घाटित करता है। भारत में उक्त वर्ग किस सीमा तक प्रौद्योगिकी और उसके विकास के बारे में रुचि रखते थे?

सिपोला ने यह तर्क पेश किया कि जब 'कमोबेश पेशेवर वैज्ञानिकों द्वारा विकसित वैज्ञानिक सिद्धान्तों को व्यवस्थित ढंग से लागू कर कारीगरों के संसाधनों को मजबूती प्रदान की गई तो आधुनिक औद्योगिक विकास की गति में गुणात्मक रूप से वृद्धि हुई।' उसको यह और जोड़ना चाहिए था कि इस स्थिति के आने से पूर्व बहुत पहले 'वैज्ञानिक' या वास्तव में शिक्षित कुलीन वर्ग ने शिल्पकारों के उत्पादन की ओर ध्यान दिया, उनके द्वारा खोजे गए अनेक यांत्रिक सिद्धान्तों को जाँचा-परखा और फिर दिमागी रूप से (या कागज पर) उनको जोड़ा और संशोधित किया और इनके प्रयोग योग्य उत्पादन के नए क्षेत्रों का पता लगाया। सोलहवीं सदी के एग्रीकोला के बारे में माना जाता है कि उसने खदान और भूवैज्ञानिक प्रौद्योगिकी (माइनिंग एंड जियोलॉजिकल टेक्नोलॉजी) पर किए गए अपने कार्य में

वह अवलोकन, विश्लेषण और सामान्यीकरण के एक आदर्श समुच्चय का प्रतिनिधित्व करता है।

यह सही है कि 'वैज्ञानिक' निष्कर्षों को शिल्पकारों की तकनीक में प्रयोग, कागज से लकड़ी या धातु पर उतार देने का सीधा और सरल मामला नहीं था। आविष्कारों को आर्थिक रूप से व्यवहार्य होने के लिए अनुकूल परिस्थितियों की प्रतीक्षा करनी होती थी परन्तु इसमें कोई शंका नहीं है कि पश्चिमी यूरोप में उत्पादन की वास्तविक प्रौद्योगिकी पर वैज्ञानिक प्रभाव सोलहवीं सदी और उसके बाद पड़ा और शिल्प प्रौद्योगिकी और सैद्धान्तिक विज्ञान दोनों परस्पर तेजी से करीब आते गए और अन्त में औद्योगिक क्रान्ति ने दोनों को एक व्यावहारिक व्यवस्था में समाहित होने की परिस्थिति पैदा की।

प्राचीन भारत में उत्पादन प्रौद्योगिकी और सैद्धान्तिक विज्ञान के बीच स्पष्ट रूप से कोई स्वीकार्य सम्बन्ध नहीं स्थापित किया गया। भोज के विलक्षण उपकरण, अकसर जिनको समझाना कठिन है, व्यावहारिक प्रौद्योगिकी से उनका कोई सम्बन्ध नहीं प्रतीत होता, जैसे वह उत्पादन प्रक्रिया से बिलकुल अलग-थलग हो। विश्व संस्कृति के स्रोतों में एक दूसरी प्रकार का भूमध्य सागरीय यूनानी मतावलम्बी व्यवहार व्याप्त था जिसने आर्कमडीज को और इसके रोमन अवतार विट्रवस को पैदा किया। अस्तित्व में आने पर पहली दो शताब्दियों (सातवीं और आठवीं सदी) में इस्लाम ने उत्तराधिकार स्वरूप यूनानी विज्ञान का बड़ा भाग प्राप्त किया और इस्लामी जगत में प्रौद्योगिकी के प्रति रुचि का चरमोत्कर्ष अल-जजीरा (1204-06) के समय प्रतीत होता है। अल-जजीरा का अरबी में किया गया कार्य परिकल्पना के रेखाचित्रों (डाइग्राम) और आकृतियों (फीगर) में चित्रित है। अल-जजीरा पर यूनानी प्रभाव दिखाई देता है परन्तु अनेक उपकरण जिसमें उसने समकोणीय (पिन ड्रम) गियरिंग का प्रयोग किया है स्वयं उसके द्वारा *साकिया* (या 'परसियन व्हील') के अवलोकन का परिणाम है। पनचक्की (वाटर मिल) से उसे जल से चालित घड़ी यंत्र (क्लाक वर्क) की दिशा मिली।

परन्तु अल-जजीरा का भी कोई उत्तराधिकारी नहीं है, केवल नकल नवीस और साहित्यचोर हैं। यह आश्चर्यजनक नहीं था क्योंकि लगभग उसी समय से सम्पूर्ण इस्लामी जगत में विज्ञान को धक्का लगा। इसके आखिरी महान प्रतिनिधि बू अली सीना (अवीसीना—निधन 1037), अलबेरुनी (निधन 1030) और इबन रुसद (अवररोजे, निधन 1198) थे। उस समय तर्क *(मकूलात)* और दर्शन *(फलसफा)* पर जबरदस्त आघात हुआ जिसमें गजाली (निधन 1111) ने महत्त्वपूर्ण भूमिका निभाई।

भारत के अधिकांश भाग में जब इस्लाम का प्रवेश हुआ (तेरहवीं सदी में) उस समय पहले से ही इस्लाम की वैज्ञानिक परम्परा का क्षरण हो रहा था।

सोलहवीं सदी के अन्त में अबुल फ़ज़ल ने 'परम्परा (तकलीद) की जोरदार बयार और प्राचीन ज्ञान के बुझते हुए चिराग का विलाप किया और आगे कहा कि 'क्यों' और 'कैसे' के दरवाजे बन्द हो चुके हैं और प्रश्न करने और जाँच-पड़ताल को व्यर्थ और विधर्मी कार्य समझा जाता है।' अबुल फ़ज़ल जो अकबर का मन्त्री और सिद्धान्तकार था, कम से कम वह स्वयं इस परम्परावाद का अपवाद था। उसने यूनानी विज्ञान के प्रति पूर्ण सम्मान को महत्त्व दिया और शास्त्रीय इस्लामी विवेकपूर्ण दर्शन का हवाला दिया। इस्लामी जगत में नहीं बल्कि भारत में, वैज्ञानिक तरीके से एल्कोहल आसवन का वर्णन करनेवाला वह पहला व्यक्ति था। अबुल फ़ज़ल ने उन परिकल्पनाओं को भी उन्नत किया जिनका श्रेय अकबर को प्राप्त है। यह मनोरंजन के लिए नहीं बल्कि जमीनी स्तर पर कार्यान्वयन के लिए कल्पित थी। बन्दूकों की बैरेल चिकनी करना, अनाज पीसना या पानी निकालना आदि इसके उदाहरण हैं। अबुल फ़ज़ल जोर देकर कहता है कि बन्दूकों और मस्कटों के निर्माण (मैन्यूफैक्चर) में भी आविष्कार हुए और अकबर द्वारा निर्माण कराए गए शिप्स 'कैमेल' उपकरण का वर्णन करता है, यूरोप में इसका आविष्कार करीब एक सदी बाद हुआ। रसायन शास्त्र में शोरे के प्रयोग से पानी ठंडा करने की पद्धति विकसित हुई, जो सम्भवत: यूरोप के किसी भी आविष्कार से स्वतन्त्र प्रतीत होती है।

ये उपलब्धियाँ अपनी अन्तर वस्तु के कारण ही नहीं बल्कि जिस भावना से प्रेरित थीं उसके कारण भी प्रभावशाली हैं। हालाँकि यह भावना केवल दरबार तक ही सीमित थी और शीघ्र ही इसका वहीं अन्त भी हो गया। सैद्धान्तिक रूप से शायद यह रहस्यवादी ढाँचे में भी जकड़ी हुई थी, जिस कारण विचारधारा में एक अयोग्यतापूर्ण विश्वास होने से विज्ञान की सहनशीलता ने इसका डटकर मुकाबला नहीं किया, जैसा कि इसने सर्वेश्वरवाद में गहरी आस्था के साथ किया, जो कि विभिन्न विचारों का सम्मान करना सिखाता है। इसी समय इब्न अल-अराबी (निधन 1240) का सिद्धान्त भारत में आया (सन् 1400), मुसलमानों के दिमाग पर सर्वेश्वरवाद का जबरदस्त असर होने लगा और अकबर ने तत्काल इससे अपनी धार्मिक नीति और संसार में खुद भगवान का प्रतिनिधि होने का दावा स्पष्ट करने को कहा। इस प्रकार अकबर के दरबार से विज्ञान की पुनर्स्थापना के लिए या विवेकवाद के लिए कोई स्पष्ट और सशक्त अपील नहीं की गई। इस प्रकार रहस्यवादी दावेदारी और अटकलबाजी अबाधित रही।

इसके अतिरिक्त अभिजात वर्ग ने सामान्य लोगों के प्रति तिरस्कारपूर्ण रवैया अपनाया। जनसाधारण को शिक्षा प्रदान करने के सन्त्रास पर अकबर से लेकर उनके कटु आलोचक बदायुनी तक ने विचार किया। शाह तमास एक कविता की एक कड़ी (पंक्ति) भूल गया था, उसके सहायक ने उसे वह पंक्ति बता दी। इससे

नाराज होकर शाह ने सहायक को दंड घोषित किया परन्तु सम्राट ने इस निर्णय को वापस ले लिया। शासकों के इस प्रकार के व्यवहार से आम जनता द्वारा प्रयुक्त प्रौद्योगिकी के विकास में अवरोध उत्पन्न किया। मुग़ल साम्राज्य में कविता तथा ऐतिहासिक कहानियों पर अनेक ग्रन्थ लिखे गए परन्तु कृषि या शिल्पकारी पर एक भी काम योग्य ग्रन्थ नहीं लिखा गया।

लघुकारक परिस्थितियों पर ध्यान न देने से मूल्यांकन एकांगी हो जाएगा। भारत ही नहीं बल्कि प्रौद्योगिकी के प्रति उत्पादकता का दीर्घकालीन लगाववाली महान चीनी संस्कृति सहित सम्पूर्ण गैर यूरोपीय दुनिया, यूरोप के विकास की तुलना में असफल हो गई। जेसुइट द्वारा सत्रहवीं सदी के प्रारम्भ से ही चीन में (दरबार के संरक्षण में) यूरोपीय गणित, खगोल विज्ञान और भौतिक शास्त्र की व्यापक प्रस्तुति में चीनी विद्वानों की मंडली ने थोड़ी भी रुचि नहीं दिखाई, हालाँकि चीनियों को छपाई का ज्ञान था जिससे ज्ञान का व्यापक प्रसार हो सकता था। मध्य यूरोप के ठीक पास तुर्की द्वारा यूरोपीय 'चमत्कारों' को आत्मसात करने में असफलता को आज भी समझना कठिन है।

यूरोप द्वारा प्रौद्योगिकी में की गई प्रगति की तुलना में भारत की असफलता पर तर्कसंगत ढंग से बहस करते समय हमें यूरोप की अग्रगति के कारकों पर भी एक नजर डालनी चाहिए न कि सिर्फ बाकी दुनिया की असफलता के सामान्य कारकों को ही खोजा जाए। लिन व्हाइट जूनियर ने यूरोप में सुविधाजनक उपकरणों के निर्माण के पीछे एक अतिरिक्त कारक ईसाइयों द्वारा काम का बोझ कम करने का आह्वान बताता है।

तत्काल आर्थिक लाभ पहुँचानेवाली और श्रम बचानेवाली कोई भी पद्धति सभी सभ्यताओं में स्वीकृति होती है और यूरोप में ऐसे कुछ ही मामले हैं जब अलाभकर आविष्कारों को सिर्फ इसलिए अपनाया गया कि वह श्रम बचानेवाला था। दूसरी तरफ कोई भी व्यक्ति स्पेन द्वारा अमेरिका में वहाँ के आदिवासियों के वास्तविक जनसंहार का तार्किक उदाहरण दे सकता है और सभी पश्चिमी राष्ट्रों द्वारा निर्दयतापूर्वक ट्रांस-अटलान्टिक दासों के व्यापार की मिसाल दे सकता है, जहाँ पर आर्थिक लाभ के अभियान में ईसाई धर्म की प्रारम्भिक चेतना और करुणा को भी भुला दिया गया। स्पष्ट रूप से यूरोप की अग्रगति का मुख्य आधार किसी भी धार्मिक विचार के आह्वान पर आधारित नहीं है। इसके बजाय यूरोप के विकास को विवेकवाद (रेशनलिज्म) सोलहवीं और सत्रहवीं शताब्दी की 'वैज्ञानिक' क्रान्ति और प्रौद्योगिकी प्रयोग के लिए उपलब्ध विशाल धनराशि में खोजना चाहिए। इसके लिए आवश्यक पूँजी, वहाँ के आन्तरिक वाणिज्यिक विकास और बाहर के देशों की औपनिवेशिक लूट से मिलती थी। अठारहवीं सदी के अन्त तक यूरोपीय प्रौद्योगिकी के विकास की व्याख्या करने से पहले इन सभी कारकों के समुच्चय पर

अवश्य ही विचार करना चाहिए ताकि सम्पूर्णता में यह समझा जा सके कि यूरोप बाकी दुनिया से आगे कैसे निकल गया। इस प्रकार कोई भी विशेष परिस्थितियाँ यूरोपीय शिल्पकारों को उनकी उपलब्धियों से पीछे नहीं हटा सकीं। प्रौद्योगिकी के साथ उनके रोमान्स ने अन्ततोगत्वा उनको सम्पूर्ण विश्व को पुनर्गठित करने में सहायता प्रदान की।

नोट 4.1

यूरोप से बाहर विश्व में मध्यकालीन प्रौद्योगिकी

यूरोप की मध्यकालीन और आरम्भिक आधुनिक प्रौद्योगिकी के बारे में जानकारी पाठ्य पुस्तकों में उपलब्ध है (देखें नोट 4.2), लेकिन पूर्व-आधुनिक चीन और इस्लामी जगत (पश्चिमी एशिया और उत्तरी अफ्रीका) में प्रौद्योगिकी विकास से पाठक कम परिचित हैं। भारत के प्रौद्योगिकीय इतिहास को समझने के लिए चीन और इस्लाम के प्रौद्योगिकी इतिहास को जानना प्रासंगिक है। इस नोट में अत्यावश्यक जानकारी को ही प्रस्तुत करने का प्रयास किया गया है।

पन्द्रहवीं शताब्दी तक चीन प्रौद्योगिकी के क्षेत्र में अन्य संस्कृतियों से स्पष्ट रूप से आगे था, इस दावेदारी पर विवाद करना आसान नहीं है। चीन से प्राप्त सन के रेशों से तैयार कागज के अवशेष का काल निर्धारण ईसा पूर्व प्रथम सौ वर्ष किया गया है और सातवीं शताब्दी तक चीन में कागज के व्यापक प्रयोग के प्रमाण मिलते हैं। यहाँ ग्यारहवीं शताब्दी में चुम्बकीय कम्पास का प्रयोग होता था। दसवीं सदी से पूर्व चीनियों ने शोरे और गन्धक के मिश्रण से ज्वलनशील पदार्थ तैयार किया और यदि दसवीं शताब्दी में नहीं तो बारहवीं शताब्दी में चीन में दुनिया का सबसे पहला बारूद चालित रॉकेट 'फायर लान्स' देखने को मिला। इसके बाद चौदहवीं सदी में तोप का निर्माण हुआ। शान्तिपूर्ण व्यवसाय के लिए ब्लाक प्रिन्टिंग का आविष्कार भी अति महत्त्वपूर्ण था। चीन में सन् 868 में मुद्रित प्रथम पुस्तक आज भी है। सन् 1041-48 के दौरान स्थानांतरणीय टाइप का आविष्कार हुआ और लगभग उसी समय विश्व की पहली मुद्रित मुद्रा चीन में प्रचलित हुई। चीन से हुए चरखे के प्रसार के बारे में कम ही लोगों को जानकारी है और लूम में ट्रिडिल (पैर से चालित यंत्र) द्वारा विभिन्न रंगों के धागों पर नियंत्रण के बारे में भी लोग नहीं जानते हैं। पन्द्रहवीं सदी तक पुरानी दुनिया के विभिन्न इलाकों तक यह जानकारी पहुँचने से सूती कपड़ा उद्योग में चारों तरफ क्रान्तिकारी परिवर्तन हुआ। ग्यारहवीं शताब्दी तक कोयले के प्रयोग और भट्ठी के प्रयोग से तैयार ढलुआ लोहे (कास्ट आइरन) के निर्माण से जलावन और धातु विज्ञान के क्षेत्र में चीन अन्य लोगों से आगे था। कृषि के क्षेत्र में चीन ने *ओसावन* पंखे *(विनोइंग फैन)* का योगदान किया, यूरोप की नई कृषि के लिए एक पुर्तगाली द्वारा इसका आयात हुआ।

मशीन डिजाइन के क्षेत्र में भी चीन का उल्लेखनीय योगदान है। वांगजेन ने 1313 में सन को कातने वाली अनेक तकुओंवाली, जलशक्ति से चालित कताई मशीन का वर्णन किया है। सांग यिनशिंग ने *तान गांग की वू* (1637) में एक-दो पिस्टन की धौंकनी और धमन भट्टी का वर्णन किया है और उसका चित्र भी बनाया है, एक तीव्रगति से चालित पहिएवाली रेशमी धागे को लपेटनेवाली मशीन, जो पैर द्वारा चालित शक्ति से मुख्य धुरे से जुड़ी बेल्ट ड्राइव से घूमती है, कैप्सटन और घिर्री (पुली) के द्वारा गहराई तक ड्रिल करनेवाले यंत्र और एक ड्रा लूम का वर्णन है। यह सब उपकरण आश्चर्यजनक रूप से परिष्कृत हैं। नीधम हमें याद दिलाता है कि यूरोप से चार सौ वर्ष पूर्व लगभग 1300 में चीनी लोग पहले से ही सूती कपड़ा मशीनरी में जलशक्ति का प्रयोग कर रहे थे।

यदि आप **इस्लामी जगत** पर नजर डालें तो सन् 1500 के करीब ईरान और अफ़ग़ानिस्तान में पनचक्की में जलशक्ति का यथेष्ट प्रयोग मिलता है और सिस्तान क्षेत्र में पवन शक्ति द्वारा पवन चक्की (विंड मिल) का प्रयोग होता था। सीरिया और ईराक़ में पानी के प्रवाह को मोड़कर पानी निकालने वाले उपकरण (*नोरिया* और *साकिया* दोनों का) का प्रयोग होता था। इस्लामी प्रौद्योगिकी में विशेष रूप से पानी निकालने वाली मशीन में पिन ड्रम गियरिंग बहुत प्रचलित थी।

इसके अतिरिक्त इस्लामी सभ्यता के लोगों ने तकनीक के प्रसार में महत्त्वपूर्ण भूमिका निभाई है। इन्होंने चीन से कागज उत्पादन, ड्रा लूम और ट्रिडिल की तकनीक को यूरोप तक प्रसारित किया। यूनानी भूमध्यसागरीय क्षेत्र से प्राप्त कैप्सटन और गियरयुक्त *साकिया* (लोहे के पहिए पर बर्तनयुक्त माला और गियर) का प्रसार पूर्व दिशा के क्षेत्रों में किया। आधुनिक काल के प्रारम्भ से पूर्व ईरान, पश्चिम एशिया और उत्तरी अफ्रीका में प्रौद्योगिकी के स्तर और उसके प्रयोग के बारे में बुल्फ, अल हसन और हिल ने शानदार परिचयात्मक विवरण पेश किया है।

हमने अपने सर्वेक्षण में देखा है कि भारत ने भी कुछ महत्त्वपूर्ण प्रौद्योगिकीय प्रक्रियाओं को विकसित किया है। रूई से बिनौला (बीज) निकालने के लिए प्रयुक्त ओटनी (मिलिंग रोलर) और गन्ना पेरने का कोल्हू का प्रसार भारत से पश्चिम दिशा की ओर हुआ। सत्रहवीं सदी तक कपड़ा प्रिंटिंग की भारतीय पद्धति ईरान में प्रयुक्त और प्रचलित हो गई थी और भारतीय कपड़ा प्रिंटिंग पद्धति अठारहवीं सदी में इंगलैंड में सूती कपड़ा प्रिन्टिंग के लिए प्रेरणा का स्रोत बनी। सम्राट अकबर के शासनकाल (1556 1605) के दौरान उसके दरबार में भी महत्त्वपूर्ण आविष्कार हुए, जिसका वर्णन अध्याय 4.1 में हो चुका है। यह उल्लेखनीय है कि इन आविष्कारों में शोरे से पानी ठंडा करने और 'शिप कैमेल' का प्रयोग यूरोप के इन आविष्कारों से काफी पहले ही हो चुका था।

तालिका 4.1 : प्रमुख घटनाओं का कालनुक्रम और विश्व भर में उसके प्रसार की स्थिति सन् 100 से 1750

चरखी पर रेशम लपेटना और चरखे का चीन में आविष्कार इससे पहले हुआ	– सन् 100
पश्चिमी चीन के जिंग जियांग में प्राप्त कागज के अवशेष का काल निर्धारण इससे पहले है	– सन् 200
रूई धुनने के लिए धुनकी का आविष्कार भारत में इससे पूर्व हुआ	– सन् 300
रूई को ओटनेवाली पुरानी ओटनी (रोलर) भारत	– सन् 550
चीनी शिल्पकारों ने समरकन्द (मध्य एशिया) में कागज का उत्पादन किया	– सन् 751
भारत में ड्रा बार प्राप्त होने का समय	– सन् 800
चीन में बारूदी रॉकेट का आविष्कार इससे पूर्व हुआ	– सन् 1000
चीनियों द्वारा नौकायन में चुम्बकीय कम्पास का प्रयोग इससे पहले किया गया	– सन् 1100
फारसी कविताओं में चरखे का चित्रण इससे पूर्व हुआ	– सन् 1133
अल-जजीरा : पानी निकालने में पिन ड्रम गियर के व्यापक प्रयोग के साक्ष्य	– सन् 1206
इटालो-अरब आसवन पात्र का वाणिज्यिक प्रयोग-इटली में	– सन् 1320
भारत में गन्ना मिल और सूती मिल में वर्म गियरिंग का प्रयोग	– सन् 1400
भारत में सूती कपड़े पर प्रिंटिंग इससे पहले प्रारम्भ हुई	– सन् 1400
यूरोप में धुनकी का प्रयोग सर्वप्रथम	– सन् 1409
कोलम्बस द्वारा नई दुनिया की खोज	– सन् 1492
जार्जी एग्रीकोला (निधन 1552) का खनन और धातु विज्ञान पर, पुस्तक प्रकाशित	– सन् 1556
अकबर के प्रौद्योगिकी सम्बन्धी प्रयोगों में 'शिप कैमेल' का निर्माण सर्वोच्च खोज-भारत	– सन् 1594-96
यूरोप में आविष्कृत फिन्ट लॉक मस्कट	– सन् 1600
गेलीलियो का टेलिस्कोप-इटली	– सन् 1609
ई. टारी सेल का आविष्कार कि वायु में भार होता है	– सन् 1643
अइजक न्यूटन के गति के तीन सिद्धान्त	– सन् 1687
यूरोप के जहाजों के नवकायन में प्रयुक्त चालक व्हील (स्टियरिंग व्हील)	– सन् 1705
न्यूको मेन का वाष्प इन्जन, इंगलैंड	– सन् 1712
जॉन के का फ्लाई शटल (तेजी से घूमनेवाली शटल) का आविष्कार, इंगलैंड में सामान्य प्रयोग	– सन् 1733
इससे पहले हुआ	– सन् 1760

नोट 4.2

ग्रन्थ सूची सम्बन्धी टिप्पणी

यह अध्याय मुख्यत: अनिरुद्ध रे और एस.के. बागची की पुस्तक, *टेक्नोलॉजी इन एन्सिएंट एंड मिडिवल इंडिया,* दिल्ली 1985 में प्रकाशित इरफ़ान हबीब के लेख 'कैपेसिटी ऑफ टेक्नालॉजिकल चेन्ज इन मुग़ल इंडिया' पर आधारित है। एक भिन्न परिप्रेक्ष्य के लिए ए.जे. कैसर की पुस्तक *'दि इंडियन रिसपॉन्स टु यूरोपियन टेक्नोलॉजी एंड कल्चर',* दिल्ली, 1982 देखें।

चीन के बारे में जोसेफ नीधम की पुस्तक *'साइंस एंड सिविलाइजेशन इन चाइना, वॉल्यूम-I,* कैम्ब्रिज 1954 हमें शानदार ज्ञानवर्धक जानकारी प्रदान करती है। कई खंडों (वॉल्यूम) में प्रकाशित शृंखला की यह पुस्तक अति महत्त्वपूर्ण है। माआो यीशेंग (द्वारा सम्पादित) *एन्सिएंट चाइनीज टेक्नोलॉजी एंड साइंस,* बेजिंग 1983 (पेपरबैक) में भी काफी महत्त्वपूर्ण जानकारियाँ मिलती हैं। इस पुस्तक में अपने शीर्षक से अतिरिक्त चीनी प्रौद्योगिकी के सम्पूर्ण इतिहास के बारे में भी वर्णन है।

ईरान के बारे में ई.एच. वुलफ, *दि ट्रेडिशनल क्राफ्ट ऑफ परशिया,* कैम्ब्रिज मास 1966, एक उत्कृष्ट ग्रन्थ है। इस्लामी जगत के बारे में सामान्यत: देखें ए.वाई. अल-हसन और डी.आर. हिल की पुस्तक *इस्लामिक टेक्नोलॉजी : ऐन इलस्ट्रेटेड हिस्ट्री,* पेरिस, 1986 और डी.आर. हिल की पुस्तक *इस्लामिक साइंस एंड इन्जीनियरिंग,* इडिनबर्ग, 1993 (पेपर बैक)

यूरोपीय प्रौद्योगिकी के बारे में देखें एक छोटी पुस्तक ए.पी. अशर, *ए हिस्ट्री ऑफ मैकेनिकल इनवेन्शन्स,* कैम्ब्रिज 1954, अच्छे पुस्तकालयों में सी. सिंगर तथा अन्य द्वारा सम्पादित *हिस्ट्री ऑफ टेक्नोलॉजी,* 5 वॉल्यूम में, ऑक्सफोर्ड 1954-58 इस शृंखला में मुख्यत: यूरोप के सन्दर्भ में सामग्री उपलब्ध है। एक समय की कल्पनाशीलता पर आधारित दो पुस्तकें भी पढ़ने योग्य हैं : लिन व्हाइट जूनियर की पुस्तक *मिडिवल टेक्नोलॉजी एंड सोशल चेंज,* न्यूयार्क, 1966 (पेपर बैक) और सी.एम. सिपोला की *यूरोपियन कल्चर एंड ओवरसीज इक्सपैन्शन,* पेलीकान, 1970

अनुक्रमणिका

❑❑❑